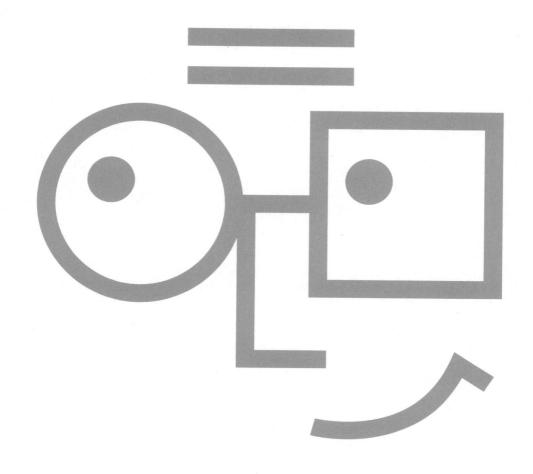

고령사회의
사회보장과
세대충돌

오영수 지음

고용, 사회보험, 민간보험, 조세의 조합을 통한 대안 모색

박영사

차례

02부
사회보장의 한계와 세대충돌

03부
세대 내 연대와 자조 노력을 통한 세대충돌 완화

세대충돌을 어떻게
볼 것인가

▌시대적 이슈가 된 세대충돌

우리 사회에서는 2010년대 들어 치른 두 차례의 대통령 선거를 거치면서 세대충돌이 새로운 정치적 이슈로 부각되었다. 세대충돌이 처음 등장했다기보다는 경제적 이슈와 맞물리면서 구체성을 가진 이슈로 사회 전면에 등장했다는 표현이 옳을 것이다. 18대 대통령 선거가 치러진 후인 2013년 아산정책연구원의 조사에 따르면 60대 이상을 제외한 전 연령층에서 세대 간 갈등이 크다고 응답한 비율이 50%를 넘었다. 구체적으로는 20대가 71.9%로 가장 높았고 60세 이상은 44.6%로 가장 낮았는데, 연령이 낮을수록 세대 간 갈등이 크다고 응답한 비율이 높아지는 추세를 보였다.[1] 그리고 19대 대통령 선거가 치러진 직후인 2017년 5월에 중앙SUNDAY가 한국정당학회와 공동으로 114명의 정치학자를 대상으로 행한 설문조사에서는 한국 사회가 안고 있는 갈등 과제 중 우선적으로 해결해야 할 것으로 세대갈등24%이 빈부갈등31%, 이념갈등27%에 이어 세 번째로 꼽혔다.[2]

세대충돌이 직접 드러난 사건은 박근혜 정부가 들어서고 기초연금을 도입하는 과정에서 국민연금과 어떻게 연계할지를 논의하며 발생하였다. 이 충돌은 정치적 요소가 없지 않으나 경제적 이해가 직접 대립하여 생겨났다. 연령이 낮을수록 국민연금에 대한 부담은 커지는 데 반해 청년층은 고연령층에 비해 수익비가 낮아질 것으로 추정되었기 때문에 반발하는 움직임이 나타났다. 또한, 국민연금 소득대체율을 40%에서 50%로 상향 조정하는 이슈에 대한 논의나 공무원연금 개혁 논의에서도 이와 비슷한 양상의 세대충돌이 나타났다. 먼저 급여를 늘려 받는 세대는 이러한 이슈에 찬성하는 반면에 급여를 받기 전에 부담을 장기간 해야 하는 세대는 반대하였다. 결국에는 19대 대선에서 문재인 후보는 기초연금액과 국민연금 가입 기간을 연계시키지 않겠다는 공약을 내놓기에 이르렀다.

그런데 우리나라에서 세대충돌에 대한 논의는 애초에는 경제적 측면보다는 문화와 가치관의 차이에 대한 진단에서 비롯되었다. 송호근 교수는 18년 전에 세대 문제를 진단하면서 '2002년 세대'라는 개념까지 만들어내며 "세대갈등 혹은 충돌의 양상은 결코 우려할 수준이 아니며 오히려 전반적으로 가치관의 세대 간 격차가 줄어들고 있다"고 진단하였다.[3] 물론 송호근 교수의 진단은 문화와 가치관의 측면에 국한된 것이었다.

그 이후 고려대학교 한국사회연구소가 2007년, 2010년 2014년에 행한 설문 조사 결과에 따르면 계층갈등, 노사갈등, 지역갈등은 심각성이 낮아진다고 인식 되는 반면에 세대갈등은 지속적으로 높아져 2014년 기준으로 33.9%로 계층갈등 (42.8%)에 이어 두 번째로 높아졌다.[4] 또한 2013년 이후로 매년 사회통합실태를 조사하는 한국행정연구원의 보고서에 따르면 세대 간 소통 수준은 2014년 이후 로 악화되는 추세를 보이고 있다. 세대 간 소통이 이루어지지 않고 있다는 비율 은 2013년에 47.0%였는데 2019년에는 61.1%로 높아졌다.

이 두 조사는 같은 주제에 대해 일정한 시간 간격을 두고 이루어져 시간의 흐름에 따른 변화를 알려주는데, 주로 사회적 측면에 초점이 맞추어져 있다. 경 제적 측면에 초점을 맞추어 이러한 방식으로 행한 조사는 아직은 없다. 현재의 세대충돌은 문화, 가치관, 사회적 측면과 아울러 경제적으로도 가능성이 커지고 있어 체계적 분석이 필요하다.

[그림 1] 우리 사회 세대 간 소통 수준(2013~2019년)

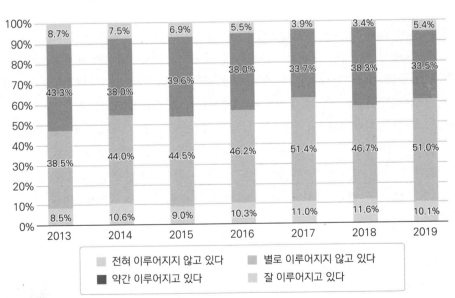

자료: 한국행정연구원, 『사회통합실태조사』, 각 연도.

▎세대충돌이란 무엇인가

　먼저 '세대'란 사전적 의미에서조차 여러 가지 뜻을 가지는 단어이다. 일반적으로는 생물학적 차원에서 한 생물이 태어나서 생을 마칠 때까지의 평균적 기간이라고 할 수 있다. 따라서 세대를 연구한다는 것은 개인이 아니라 특정 기간에 태어난 것을 동질적 기반으로 삼는 집단을 연구하는 것이다. 그런데 세대는 연대상으로는 같은 해에 태어났더라도 사회적, 문화적, 정치적, 경제적 차원에서 다른 위치에 있을 뿐만 아니라 생물학적으로도 이질적 집단들로 구성된다. 이들 이질적 집단들은 경계가 명확하게 구분되는 것이 아니라 일부 요소는 동일한 기반 위에 존재하나 다른 요소에서는 다른 기반 위에 존재할 수 있으므로 부분적으로만 동일한 집단으로 분류될 수 있다. 또한 동일한 시기에 동일한 생물학적 기반 위에 있다 하더라도 겪는 사건에 대한 이해관계와 그에 대한 해석에 따라 소속하는 집단을 달리할 수도 있다.

　이렇듯 인간과 사회에 세대라는 개념을 적용할 때는 생물학적 접근 이외에 다양한 접근이 추가될 필요가 있다. 사회학에서 세대 문제를 최초로 체계화한 카를 만하임은 세대 문제를 '세대 위치', '실제 세대', '세대 단위'라는 세 가지 중심 개념을 사용하여 분석하였다.[5] 만하임은 이러한 분석에서 태어난 시기를 중심으로 결정되는 '세대 위치' 이외에 '실제 세대'라는 개념을 통해 역사적-사회적 통일성이라는 공동 운명에 대한 참여를 덧붙임으로써 세대가 단순히 생물학적 개념을 넘어서 사회학적 개념임을 밝혔다. 또한 '세대 단위'라는 개념을 통해 동일한 '실제 세대' 범주 안의 양극에서 적대적으로 다투고 있는 다수의 '세대 단위'들이 형성될 수 있으며, 다수의 세대들이 서로 다투면서 서로 조화를 이루기 때문에, 여러 '세대 단위'들은 하나의 실제 세대를 구성한다고 보았다.[6]

　이와 같은 카를 만하임의 접근법 이외에도, 현대에 들어서는 연령계층이론과 생애주기접근법이 대표적 접근법으로 남아 있다. 연령계층이론은 같은 연령층의 사람들이 같은 시대적 경험을 통하여 유사한 가치, 관념, 태도, 전망 등을 가지게 되고 다른 연령층과 구별된다는 것이다. 그리고 생애주기접근법은 세대를 특정한 역사적 시간을 공유하는 집단으로 보는데, 특정 세대가 공유한 역사적 경험은 해당 세대 특유의 가치관을 형성하는 데 기여하는 것으로 본다.[7] 그런데 이러한 접근법은 세대를 태어난 시기와 그에 따른 몇 가지 공통적 특징을 중심으로 분류함에 따라 세대가 가지는 생물학적 의미는 약화되어 사용되고 있지만, 오히려 만하임의 체계적 분석에는 미치지 못한 채 '세대 위치'라는 개념에 따른 세대만 강조하고 있다고 생각된다.

그런데 "세대는 시간의 흐름 속에서 저절로 형성되는 것이 아니라, 전면적이고 모든 생활 영역을 변화시키는 체제의 변혁이 일어나서 기존의 질서가 해체되고 정치적, 사회적, 경제적, 문화적 방향이 새롭게 설정될 때 형성되는 것"으로 보인다.[8] 이렇게 형성된 세대는 시간이 흐르면서 다양한 요소의 영향을 받아 변화되는데, 세대 형성 초기의 속성과 동질성이 변화를 겪게 된다. 예를 들어 특정 세대가 동일한 정치적 사건을 경험한 것을 강조하여 명명된 4.19세대, 6.3세대, 386세대 등의 변화를 보면, 이들 세대가 시간적으로는 동일한 명칭하에 있으면서도 시간의 흐름 속에서 분화되어 단일한 이념과 이해를 갖는 세대로서 평가되기에 어려울 정도의 모습을 보여주는 데서 알 수 있다. 이렇듯 세대는 어느 측면에서, 어느 시점에서 분석하는가에 따라 달라지기 때문에 분석의 목표를 명확히 할 필요가 있다.

따라서 세대충돌을 분석하기 위해서는 먼저 세대가 어떻게 구분될 수 있는지에 관한 명확한 입장이 필요하며, 동일한 세대 내에서 집단들이 어떻게 구성되어 있는지 아는 것도 중요하다. 이렇게 동일 세대 내에서 이질적 집단들은 다른 세대 내의 이질적 집단들과 동질성과 연대의식을 가질 수 있다. 이러한 면에서 세대 연구는 시간을 기준으로 수직적 관계가 맺어지는 측면과 수평적 관계가 맺어지는 측면으로 나뉘며, 이들 두 측면이 종합될 때에 비로소 체계적인 세대 연구가 완성된다고 할 수 있다.

한 사회가 영구히 존속하기 위해서는 세대가 이어지지 않으면 안 되기 때문에 세대는 적절한 수준에서 재생산되고 연대해야 한다. 과거에는 현세대가 전세대를 부양하는 것이 주로 가족 단위에서 이루어졌다면, 사회보장제도가 확립된 제2차 세계대전 이후에는 사회적 차원에서 해결되도록 제도화되었다.[9] 이렇게 세대를 이어가는 가장 중요한 기능인 부양이 가족에서 사회로 바뀜에 따라 세대 문제도 개인 또는 가족 간 문제에서 사회문제로 전환된다. 그럼에도 불구하고 세대 간에는 충돌이 불가피하면서도 이해를 같이 하고 동일한 세대 내에서도 한편으로는 이해를 같이 하면서도 다른 한편으로는 충돌하면서 세대를 이어가게 된다.

그런데 세대 간 충돌은 반드시 나쁘다기보다는 새로운 것을 만들어내고 발전시키기 위한 것이므로 긍정적 측면을 가진다. 즉, 세대 간에는 경험과 자산의 전수를 통해 공유하는 측면이 있는 반면에 새로운 트렌드를 향해 가려는 움직임을 둘러싸고 갈등도 존재하게 마련이다. 그러므로 세대 간에는 항시 보이지 않는 팽팽한 긴장의 끈이 존재하지만 그것이 끊어질 경우에는 사회적으로는 엄청난 파국이 발생할 수밖에 없다.

이러한 맥락에서 볼 때 세대충돌이란 세대 간 이해관계의 차이로 인해 갈등이 확대되면서 충돌하는 것을 말한다. 과거에는 세대 간 이념, 문화의 차이로 인해 세대 간 충돌이 일어났으나 최근 들어서는 인구구조의 고령화, 경제성장의 저조, 청년 세대의 높은 실업률 등을 배경으로 경제적 이해관계를 둘러싼 충돌이 더 부각되고 있다. 따라서 세대충돌을 경제적 이해관계의 충돌, 특히 고령사회에서 고령화가 더 진전되어 초고령사회로 전환되면서 사회보장을 둘러싸고 생기는 정치·경제적 충돌에 한정하여 원인 및 현상을 분석하고 대안을 제시할 필요가 있다.

▌ 세대충돌을 어떻게 접근할 것인가

그동안 우리나라에서는 세대 연구가 사회학 분야에서는 다수 이루어졌으나 경제학 분야에서는 세대회계 개념에 기초한 연구가 일부 있을 뿐 제한적이다. 그조차도 정부의 재정 문제를 분석하는 데 세대 개념이 주로 사용되었다. 더구나 세대회계적 접근방법은 한 세대를 100년으로 보는 데다 동질적이라 보기 때문에 분석을 통해 얻는 시사점을 가지고 대안을 모색하기에는 한계가 많다.

이 책에서는 한 사회에는 3개 세대가 있으며, 동일한 시기에 태어난 세대라 하더라도 이해관계와 이념이 다를 수 있음을 전제한다. 따라서 세대를 크게 이미 은퇴를 하여 부양을 받아야 하는 세대와 은퇴자의 부양을 책임질 세대로 나눈다. 은퇴자로서 부양을 받는 세대는 전세대라 하고, 은퇴자의 부양을 책임질 세대를 다시 현재 경제활동을 하고 있는 현세대와 아직 경제활동을 시작하지 않았거나 태어나지 않은 후세대로 나눈다.[10] 이들 전세대, 현세대, 후세대는 각 세대 내에 소득으로 표현되는 경제력의 차이를 반영한 다른 세대 단위들을 가지고

있다고 설정한다. 다만 분석의 복잡성을 완화하기 위해 고소득층, 중소득층, 저소득층으로 나눈다.[11]

이에 고령화가 진전됨에 따라 정부가 제시하는 정책방안들에 대해 세대 간에도 의견의 차이가 생길 가능성이 있지만, 동일 세대 내에서도 이해관계의 차이에 따른 정책대안에 대한 의견의 차이가 생길 가능성도 받아들인다. 이러한 의견 차이는 결국 정치적 의견으로서 표출되고, 자신들의 의견을 실현하고자 하는 정책 경쟁으로 나타나게 된다. 따라서 노후소득보장제도를 둘러싸고 맺은 세대 간 약속은 단기적인 정치권력의 변동을 통해 흔들리게 되고 결국은 세대 간에 공정성이 훼손되는 결과로도 이어질 수 있다고 본다.

이러한 분석틀을 전제하면서 우리나라 인구구조의 변화와 국민연금 제도를 중심으로 한 노후소득보장제도의 발전 과정도 고려하여 추가적인 세대 개념을 보완적으로 사용한다. 1954년 이전 세대, 1955년에서 1963년 사이에 출생한 1차 베이비붐 세대와 1968년에서 1974년 사이에 태어난 2차 베이비붐 세대를 통합한 베이비 붐 세대와 그 이후 세대로 구분해볼 수 있다. 그런데 본서에서는 베이비붐 세대라는 개념을 1955년에서 1974년까지 20년간에 걸쳐 태어난 세대를 지칭하는 개념으로 사용하며, 1차 베이비붐 세대와 2차 베이비붐 세대를 포괄하는 개념으로 사용한다.[12] 이들 베이비붐 세대 간에는 정치, 경제, 사회, 문화적 경험의 차이가 어느 정도 존재함은 분명하나 베이비붐 세대 전후의 세대와 비교할 때 크지 않고, 또한 세대의 지나친 세분화가 분석의 어려움을 가져오므로 분석의 편의를 위해 이들 세대를 통합하여 분석한다. 따라서 본서에서 베이비붐 이전 세대, 베이비붐 세대, 그리고 베이비붐 이후 세대라는 구분을 필요에 따라 사용한다.

이렇게 현존하는 세대를 3개 세대로 나눈 후에는 고령화를 둘러싼 주요 이슈에 대해 이들 세대가 어떠한 이해관계를 가지며, 그에 따라 어떠한 태도로 이슈에 대응하는가를 분석한다. 그리고 이들 세대 간에 갈등과 연대가 어떻게 나타나는지도 살펴보기로 한다. 또한, 세대 간 갈등과 연대 못지않게 세대 내 갈등과 연대에 대해서도 살펴본다.

대량 은퇴의 충격

베이비붐 세대의 대량 은퇴가 가져오는 충격파

▌ 대가족 시대의 마지막 세대인 베이비붐 세대

우리나라의 베이비붐 세대는 미국의 베이비붐 세대나 일본의 단카이 세대와 마찬가지로 특정 시기에 다른 세대에 비해 많은 인구가 출생하였다는 점과 함께 대가족 시대의 마지막 세대라는 특징을 가지고 있다. 2015년 인구총조사 결과를 기준으로 베이비붐 세대는 1,642만 명으로 전체 인구 중에서 33%를 차지하고, 베이비붐 이전 세대(1955년 이전 세대)가 864만 명으로 17.4%를 차지하며, 베이비붐 이후 세대(1974년 이후 세대)가 2,465만 명으로 49.6%를 차지한다.

1차 베이비붐 세대는 일반적으로 산업화 시기인 1963년 전후에 초등교육을 받기 시작하여 1990년 정도에 고등교육을 마쳤고, 1980년을 전후하여 직장생활을 시작하여 대개는 1955년생이 만 55세가 되는 2010년부터 정년을 맞이하기 시작하였다. 2차 베이비붐 세대는 평균적인 사람의 경우 1976년에 초등교육을 받기 시작하여 2001년 전후로 고등교육을 마쳤고, 1990년대부터 직장생활을 시작하여 아직은 대부분 경제활동을 활발히 하고 있다.

이렇듯 1차 베이비붐 세대는 산업화 이후의 경제발전의 혜택을 입으며 경제·사회활동을 해왔다. 정치적으로는 유신에 대한 저항과 1980년대에 민주화 운동을 해온 세대이며, 중고등학교를 졸업하고 바로 사회에 진출한 경우든 대학을 졸업하고 사회에 진출한 경우든 경제발전과 민주화를 위해 노력해온 세대라고 할 수 있다.[13]

2차 베이비붐 세대는 1차 베이비붐 세대와 비교하면 10년 정도 시차를 두고 있으므로 성장기에는 경제개발계획에 따른 산업화의 혜택을 1차 베이비붐 세대보다 더 많이 받았다. 그러나 사회에 진출해서는 얼마 지나지 않아 외환위기를 경험하였고, 그 이후로도 주기적인 경제위기에 따른 불안정을 많이 경험한 세대라 할 수 있다.

그런데 1차 베이비붐 세대는 부동산 붐의 혜택을 가장 많이 받았고, 더 나은 자녀교육을 위한다는 명분으로 공교육이 아닌 사교육을 확대한 세대라는 점도 빼놓을 수 없을 것이다. 베이비붐 세대가 경제적 활동을 한 시기에는 아파트를 중심으로 한 부동산 가격이 꾸준히 상승하던 시기이므로 대출을 받아 부동산을 구입한 후 큰 규모의 거래차익을 거둘 수 있었다. 그렇기 때문에 안정적 직장을 얻은 후에는 그를 기초로 주택과 자동차를 구입하는 등 중산층으로서 자산을 확보하기 쉬운 조건에 있었다.

이에 따라 2015년 기준으로 1차 베이비붐 세대의 순자산은 3억 1,204만 원으로 전체 세대의 순자산 2억 3,886만 원에 비해 높게 나타나고 있다. 이러한 차이는 주로 금융자산보다는 부동산에서 차이가 나고 있는데, 1차 베이비붐 세대는 2억 9,680만 원으로 전체 세대 2억 2,600만 원에 비해 높다. 금융자산도 1차 베이비붐 세대는 5,020만 원으로 전체 가구 3,841만 원에 비해 높다.[14]

물론 모든 1차 베이비붐 세대가 자산증식 효과를 누린 것은 아니나 다른 세대에 비해 상대적으로 높은 비중의 사람들이 자산증식 효과를 누렸다. 반면에 근로소득이나 가구 총소득 혹은 저축을 기준으로 보았을 때 1차 베이비붐 세대는 한창 왕성하게 활동하는 2차 베이비붐 세대에 비해서는 낮게 나타났다. 그러나 2차 베이비붐 세대는 사회에 진출하면서 부동산 가격 급등을 경험해야 했기 때문에 대부분은 자산을 증식하기보다는 급격히 높아진 주거비로 고통을 겪어야 했다. 이러한 점들을 고려할 때 1차 베이비붐 세대는 나이가 많을수록 평균적으로 자산이 많아지는 연령효과를 고려하더라도 다른 세대에 비해 경제적 측면에서 세대 운이 좋았다고 평가할 수 있다.

세대 분석을 위한 편의상 제1차 베이비붐 세대와 2차 베이비붐 세대를 함께 묶어 분석하지만, 이렇듯 두 세대 간에는 세부적인 내용에서 동일한 세대라고 하기에는 다른 측면들을 많이 가지고 있음도 염두에 두어야 할 것이다. 한편 통계적 제약으로 1차 베이비붐 세대의 자산 통계를 가지고 곧바로 세대 간 비교를 할 수는 없을 것이다. 자산의 축적은 시간의 영향을 크게 받는 점에서 예를 들어 10년간 자산을 모은 세대, 20년간 모은 세대, 30년간 모은 세대를 비교할 때 기본적으로는 30년간 자산을 모은 세대가 자산을 가장 많이 가지고 있을 가능성이 높기 때문이다. 그러므로 동일한 연령대의 자산이 10년 전, 20년 전에는 규모가 얼마나 되었는지를 밝혀야 제대로 된 비교할 수 있을 것이나, 현재로서는 그를 입증할 자료가 없기 때문에 이러한 수치에서 세대 간 문제를 끌어낼 시사점을 찾을 수는 없다.

일자리 면에서도 1차 베이비붐 세대는 운이 좋은 세대라 할 수 있다. 1차 베이비붐 세대는 취업할 당시 경제가 호황이었기 때문에 취업이 상대적으로 용이했고, 이후 외환위기를 겪었지만 직접적 타격을 크게 받지 않았기 때문이다. 오히려 외환위기 이후 구조조정으로 생긴 승진의 기회를 안정적으로 확보하는 경우도 많았다. 반면에 2차 베이비붐 세대는 호황이 하향세로 접어들기 시작하고 외환위기가 발생할 즈음에 취업했기 때문에 1차 베이비붐 세대보다 상대적으로 취업이 어려웠다.

▌ 조기퇴직을 요구받는 베이비붐 세대

베이비붐 세대는 인구 규모가 클 뿐만 아니라 동 세대 내에서 경쟁 압력도 높아 IMF 외환위기 이후로 지속적으로 조기퇴직을 요구받아 왔다. 승진하지 못하면 퇴직하는 것이 당연한 회사가 많고, 승진을 하더라도 후배들을 위해 오랫동안 그 자리를 유지하는 것이 쉽지 않은 상황이다. 상황이 이렇다 보니 임원이 임시직원의 줄임말이라는 자조적인 소리가 나온 지는 오래되었다.

실제로 경제협력개발기구OECD 회원국 가운데 우리나라 근로자의 근속연수는 2019년 임금근로자 기준으로 5년 11개월로 OECD 회원국 중 조사된 어느 국가에 비해서도 짧았다. 2019년 기준으로 조사된 OECD 회원국의 평균 근속연수는 10.0년이었는데, 우리나라는 이탈리아13.1년, 프랑스10.9년, 독일10.6년, 스페인10.6년, 스웨덴8.5년, 영국8.0년 등에 비해 노동시장 안정성이 매우 떨어지는 것으로 나타났다.[15]

2016년부터 부분적으로 시행하기 시작하여 2017년부터는 전면적으로 시행하고 있는 「고용상 연령차별금지 및 고령자고용촉진에 관한 법률」이하 고령자고용촉진법은 조기퇴직의 압박을 어렵게 했으나, 명예퇴직이나 희망퇴직이라는 이름으로 행해지는 구조조정은 정년까지 근무하는 것을 어렵게 한다. 또한 경기불황으로 인한 구조조정도 계속해서 이어졌다. 2016년 말에는 정부가 조선, 철강, 해운, 석유화학 등 4개 경기민감 업종에 대한 구조조정 세부 액션플랜을 공개하였다.[16] 건설업계는 정부 주도의 구조조정에 앞서 선제적으로 몸집을 줄였다.[17] 2018년 들어서도 금호타이어, STX조선해양, GM군산공장 폐쇄 등 구조조정은 이어졌다. 정년을 60세까지 연장하는 제도가 마련되었지만 경기의 불황 등으로 구조조정이 상시화가 되는 한에는 한 직장에서 정년을 맞이하기 어렵다.

조기퇴직을 당한 임직원들은 그중 극히 일부가 기존에 종사하던 동종의 기업에 재취업하기도 하나 대부분은 새로운 일자리를 찾거나 자영업의 길로 들어서는 것이 일반적이라 할 수 있다. 이러한 현상이 일어나는 것은 우선은 일정 연령을 넘어서면 새로운 기업환경에 적응하기에 어려운 측면이 있다는 것도 있지만, 연공서열 위주의 보상체계하에서 기업의 인건비 부담을 가중시키기 때문이다. 이러한 보상체계는 고령자 비중이 높아지는 상황을 고려하여 탄력적인 성과급 체계로 바꾸지 못하여 잔존하며, 고용의 지속성을 떨어뜨리고 있다. 물론 급여체계가 성과급이었다고 하여 조기퇴직이 없었을 것이라고 단정 짓기는 어렵지만, 성과급 체계였다면 획일적인 대량 조기퇴직을 요구하기는 어려웠을 것으로 생각한다.

2020년 들어서는 코로나19를 계기로 무급휴직과 함께 해고가 증가했다. 경영이 악화된 탓도 있지만 기존에 하려던 정리해고를 단행했던 것이다. 공장을 해외로 이전하기 위해, 노동조합원을 내보내기 위해 정리해고를 했다. 점포를 폐쇄하여 원거리로 배치하여 스스로 직장을 그만두게 하는 사례도 있었다.[18]

문제는 이러한 대량 조기퇴직이 사회적 비용을 발생시킨다는 점이다. 새로운 직장을 구하거나 새로운 사업을 시작하는 데 모두 성공하면 경제적 활력을 일으키는 요소로 작용할 것이나, 대다수가 그렇지 못할 경우 사회적 비용을 발생시킨다. 특히 창업을 하였다가 실패하여 폐업하는 경우가 많이 발생하는데, 서비스업, 소매업, 음식점업을 운영하다 폐업하는 자영자의 비율이 높은 것으로 나타났다. 2019년 국세통계연보를 보면 2018년에 폐업한 일반사업자, 간이사업자, 면세사업자 83만 884명 중 서비스업을 운영하다가 폐업한 사업자가 17만 5,333명으로 전체 폐업자 가운데 21.1%를 차지해 가장 많았고, 그다음으로 소매업이 16만 2,884명으로 19.6%, 음식업이 15만 7,990명으로 19.0%를 차지하였다. 이들이 폐업한 사유를 보면 사업부진이 가장 많았는데, 서비스업은 44.3%, 소매업은 48.7%, 음식업은 46.7%였다. 기간별로는 1년 이내에 폐업하는 비율은 26.1%, 2년 이내로 폐업하는 비율은 46%로 높았다.

기업이 비용을 효율화하기 위해 행한 인력구조조정이 유발하는 사회적 비용은 사회적 부담이 공평한 사회라면 크게 부각되지 않을 수 있으나, 그렇지 못한 사회라면 문제는 크게 부각될 수 있다. 더구나 사회적 부담을 야기하는 기업들의 대부분은 각종 조세 및 준조세 부담 증가에 대해 동의하지 않는 경우가 많기 때문에 이로 인한 갈등은 커질 수밖에 없다. 그리하여 이러한 부담이 세대 내에서 해결되지 않은 채 정부 부채로 누적되면 이는 세대 간 문제로 전환되어 나타난다.

▌ 확산되는 세대 간 일자리 전쟁

청년 세대에게 최근 10년간은 과거 어느 시기에 비해서도 취업이 어려웠던 시기이다. 15세에서 29세 사이의 연령층에 속하는 청년층의 매년 5월 말 기준 실업률은 2008년 글로벌 금융위기 이후 2014년까지는 7~8%대를 유지하다 2015년부터 2018년까지는 9%대로 높아졌다. 이에 따라 2007년에 소위 '88만 원 세대'라는 신조어가 나온 데 뒤이어 2011년에는 '삼포 세대'가, 2014년에는 '오포 세대'라는 신조어까지 나왔다. '오포 세대'란 20대에서 30대까지의 젊은 층이 연애, 결혼, 출산, 취업, 내집마련을 포기하는 것을 말한다.

이러한 상황에서 정부는 2018년 3월 15일에 문재인 대통령 주재로 열린 청년 일자리 대책 보고대회에서 베이비붐 세대의 자녀 세대인 에코 세대가 구직을 하며 경제활동 인구에 유입되는 2018년부터 2021년까지 18만 명에서 22만 명가량 추가 고용을 창출하겠다는 목표를 제시했다. 에코 세대 실업자 14만 명을 고용 시장에 흡수할 뿐 아니라, 기존 청년 실업률도 1~2%p 가량 낮춰 2021년까지 청년 실업률을 8%대 이하로 대폭 낮추겠다는 계획이었다. 이러한 목표 아래 정부는 △'청년에 대한 실질적 지원'을 통한 체감도 제고, △'민간부문'의 청년 일자리 수요 창출, △한시적 재정 직접지원 등 3대 원칙을 수립했다.[19]

그 결과 2019년에는 청년의 고용률이 43.6%까지 높아지고 실업률은 9.9%로 낮아졌으나 2020년에는 코로나19의 영향을 그대로 받아 고용률은 42.2%로 낮아지고 실업률은 10.2%까지 높아졌다. 그 이후 경기가 다소 호전되고 취업포기자 수가 늘면서 12월에는 실업률이 8.1%로 낮아졌다. 이는 경제활동인구 전체의 실업률이 3%대에서 큰 변동 없이 유지되는 것에 비해 대단히 높은 수치라 하지 않을 수 없다.

청년 세대가 취업을 포기하거나 실업률이 높아진 원인은 여러 가지 측면에서 찾을 수 있을 것이다. 근본적으로는 이들 세대를 모두 수용할 일자리를 만들어 낼 정도로 경제가 성장하지 못했고, 그나마 편중되어 성장했기 때문에 성장의 혜택이 고르게 돌아가지 않았다는 점에 기인한다. 2008년 금융위기 이후 2010년에서 2019년까지의 경제성장을 보면 실질GDP 기준으로 평균 3.3%의 성장을 하여 그 이전 9년간의 평균인 6.1%에 비해 크게 낮으며, 특히 3%에도 미치지 못하는 경제성장을 한 해가 5개년이나 된다. 이에 따라 새로운 일자리가 창출되지 못하면서 청년 세대의 입직이 점점 더 어려워지는 상황이 발생하였다.

[그림 2] 청년층 고용률 및 실업률

주: 1) 청년층은 15세에서 29세에 속한 인구계층을 말함
  2) 각 연도 5월 기준임
자료: 통계청, 「경제활동인구조사」.

또한 구인하는 일자리와 구직하는 일자리가 서로 일치하기 어렵기 때문인 것으로 보인다. 특히 구직자가 원하는 수준의 일자리가 부족하여 취업자 수가 구인 수에 미치지 못하는 것으로 생각한다. 이에 청년 세대는 급여 수준이 높고 직장의 안정성이 높아 사회에서 상대적으로 인정받는 대기업, 금융회사, 공기업 등에 들어가기가 더 어려워져 더욱 치열한 경쟁을 벌일 수밖에 없었다.[20] 특히 이들 기업의 대부분은 강력한 노동조합이 있어 기존 취업자들의 고용은 상대적으로 안정되어 있다는 것과 비교하면 대조적이다.

다음으로 4차 산업혁명에 따른 기술혁신으로 경제구조가 바뀌고 전통적 산업에서 인력을 퇴출시킬 수밖에 없는 상황이 생기고 있다. 물론 4차 산업혁명으로 새로 생기는 일자리도 있을 것이나 없어지는 일자리와 대체될 수 없는 것이 현실이다. 4차 산업혁명으로 인해 없어진 일자리에서 일하던 사람이 곧바로 4차 산업혁명이 만들어내는 소위 '좋은 일자리'에 취업하기는 어렵다. 그렇다 보니 최근의 고용시장을 보면 지속적인 구조조정 및 임금피크제의 적용과 함께 플랫폼 노동자 등 비정규직의 고용이 두드러진 상황이다. 산업별로 볼 때도 고용 비

〈표 1〉 우리나라 고용유발계수 추이

(단위: 명/10억 원)

산업/연도	고용 비중	2008	2009	2010	2011	2012	2013	2014	2015	2016	2017	2018
농림어업	0.19	7.16	6.99	5.12	4.73	4.4	4.33	4.32	4.67	4.53	4.17	4.19
광업	0.07	8.01	7.82	7.93	6.81	6.2	6.41	6.48	6.66	7.63	8.23	7.77
제조업	18.47	5.89	6.15	5.44	4.92	4.89	5.06	5.32	5.76	5.36	4.92	4.68
전기가스 수도	0.38	2.82	2.87	2.57	2.36	2.13	2.09	2.09	2.27	2.43	2.27	2.26
폐수처리 및 자원 재활용	0.41	N/A	N/A	9.09	9.75	9.5	8.06	8.45	9.69	9.6	8.91	8.73
건설	6.66	12.6	12.48	10.43	10.18	10.4	9.95	10.03	10.13	8.93	8.49	8.47
서비스업	73.83	11.92	12.18	11.73	11.76	11.73	11.69	11.54	10.84	10.28	9.86	9.41

주: 1) 고용비중은 1인 이상 전국 산업별, 사업체별 2018년 기준 종업원 수의 비중임.
   2) 2016년과 2017년은 생산자가격 기준의 산업연관표 사용함. 이전은 기초가격 기준임.
자료: 한국은행 경제통계시스템(ecos.bok.or.kr)의 13. 산업연관표.
   ISTANS(https://istans.or.kr/mainMenu.do).

중이 큰 제조업과 서비스업에서 고용유발계수의 하락이 두드러지면서 고용이 늘어나지 못하는 상황이다.

마지막으로 임시일용직 채용에 비해 상용직 채용의 규모가 더 크게 줄어들고 있다. 2020년 5월을 기준으로 보면 임시일용직 채용은 6천 명이 줄어들었으나, 상용직 채용은 3만 9천 명이 줄었다. 경제의 불확실성이 크고 침체가 장기화하는 상황에서 기업들이 상용직 채용은 줄이고 고용 구조조정이 용이한 비정규직 채용을 선호하기 때문이다.

이렇듯 여러 이유에서 청년 세대의 취업이 어려워지자 청년 세대의 일자리 창출을 위해 기성세대의 조기은퇴를 주장하는 목소리가 나오기 시작했다. 기성세대의 조기은퇴 주장은 주로 고령자고용촉진법 개정을 통한 정년연장과 관련하여 경제단체를 중심으로 나왔다. 고령자고용촉진법 개정안의 통과를 앞둔 2012년 당시에 경총한국경영자총협회은 대학취업준비자의 66.4%가 신규채용 감소로 이어질 것이라고 응답했다는 조사 자료를 내놓으면서 정년연장을 청년 세대의 신규고용에 장애요소로 부각시켰다. 대한상공회의소는 고령자고용촉진법이 개정된 후인 2015년 6월에 『청년실업 전망과 대책』 보고서를 내고서 임금피크제 도입을 강조하였다. 동 보고서는 제조업체 생산직 근로자의 초임 대비 30년 근속자 임금 배율 기준으로 신입직원 평균연봉의 3.1배인 고임금 근로자의 은퇴가 지연되어 청년실업이 생기고 있다는 점을 지적했다. 경제단체들이 기성세대의 조기은퇴를 주장하는 것은 단체의 회원인 대부분 기업에서 급여 수준이 높은 고령자의 비중이 높아졌기 때문으로 보인다.

이렇게 현직에 있는 기성세대가 은퇴해야 새로운 세대의 일자리가 생긴다고 인식하면 세대 간 일자리 전쟁이 일어날 수밖에 없다. 세대 간 일자리 전쟁이란 동일한 일자리를 두고 세대 간 경쟁이 극심해지는 상황이라 할 수 있을 것이다. 일자리의 수가 동일하다면 세대 간 일자리 경쟁은 일반적으로 발생한다기보다는 직장의 안정성이 높고 근로조건이 좋은 기업을 중심으로 발생할 가능성이 있다. 다른 기업에 비해 좋은 조건이기 때문에 청년 세대의 선호도가 높으나 고령의 근로자도 더 오래 근무하기를 원하면서 세대 간 갈등이 심화될 수 있다. 특히 이러한 상황에 더해 노조가 강력하여 기업에서 정년에 이르기 전에 내보내기 어렵거나 더 나아가 정년을 연장하는 경우에는 세대 간 갈등이 심화될 수 있다.

따라서 강력한 노조가 있는 대기업, 공기업 등만이 아니라 공무원이나 사립학교를 대상으로 일자리를 둘러싼 세대 간 갈등이 발생할 수 있다. 그러나 아무리 급여 등 근무 조건이 좋은 직장이라 하더라도 효율적 경영을 위해 구조조정이 빈번하게 발생하는 기업의 경우에는 청년 세대의 선호도가 상대적으로 낮을 뿐만 아니라 청년 세대의 채용이 지속되므로 세대 간 일자리를 둘러싼 경쟁은 약할 것이다.

우리 사회에서는 이들 요인보다는 기성세대가 과도하게 법률적으로 보장받는 것이 청년실업의 원인으로 크게 부각되어 있다. 그런데 사실 정년연장으로 인해 혜택을 볼 수 있는 계층은 제한적일 것으로 보이므로 정년연장으로 인해 청년 세대의 실업에 미치는 영향은 제한적일 것으로 보인다. 지금은 법으로 60세 정년이 규정되어 있지만, 그 이전에 기업 또는 업종별로 55세나 58세를 정년으로 할 때도 그 연령에 도달하기 전에 구조조정 또는 명예퇴직 등으로 많은 인원을 퇴직시키는 경우가 매우 빈번했기 때문이다. 다만 노조가 영향력을 강하게 유지하고 있거나 성장하는 업종의 경우에는 이러한 현상이 다소 완화될 수는 있었다. 더구나 정년연장은 단순히 퇴직연령만을 높이는 방식으로 추진되는 것이 아니라 임금피크제든 연봉제든 급여를 줄이는 조치를 동반하였으므로 정년연장 자체가 청년 세대의 고용에 장애요인으로 작용하는 정도는 제한적이었다고 할 수 있다.

▌ 베이비붐 세대의 대량 은퇴로 경제활력이 떨어진다

베이비붐 세대는 정년까지 이르지 못한 채 주된 직장을 그만둔 경우가 많았고 주된 직장에서 정년퇴직하더라도 모두 경제활동을 그만두지는 않았다. 일부는 경제활동을 완전히 그만두겠지만, 일부는 다른 직장을 구하거나 창업을 하여 경제활동을 계속할 것이고, 다른 일부는 파트타임 등의 형태로 계속해서 근로하는 한편으로 여가활동을 하거나 봉사활동을 하는 부분적 은퇴상태에 있을 수 있다. 그렇기 때문에 대량 퇴직이 곧 대량 은퇴라고 보기 어려우며, 다른 시각에서 본다면 이들을 위한 일자리가 어떤 형태든 필요하다고 할 수 있다.

<표 2> 고령층 고용 국제비교

(단위: %)

	한국	미국	영국	독일	프랑스	이탈리아	스페인
고령층 고용률[1]	48.1	38.4	30.6	29.7	21.6	20.2	19.8
임시직 비중[1]	41.3	3.9[2]	5.8	3.9	9.4	5.9	10.4
단기 고용 비중[3]	25.4	5.5[4]	3.9	2.8	2.7	2.8	4.2
노인 상대적 빈곤율[5]	48.8	20.6	13.5	8.4	3.5	9.3	5.5

주: 1) 55세 이상(2015년), 2) 2005년, 3) 재직기간 6개월 미만의 비중, 55~64세(2015년), 4) 2014년,
　　5) 65세 이상, 2014년 기준
자료: 한국은행(2016), p.16.

　　그 결과 우리나라는 노동시장에서 완전히 빠져나와 더 이상 경제활동을 하지 않는 나이로 실질적 은퇴시점을 의미하는 '유효은퇴연령'이 2018년 남자 기준으로 72.3세인 것으로 나타났다. 이는 일본70.8세 이외의 미국67.9세, 영국64.7세, 독일64.0세, 프랑스60.8세, 이탈리아63.3세, 스페인62.1세 등 주요 선진국보다 4~11년 더 긴 것이다.[21] 우리나라 고령자의 고용률은 꾸준히 높아지는 추세에 있는데, 2019년 기준으로 60~64세 연령층은 60.4%이고 65세 이상의 연령층은 32.9%이며, 2020년 기준으로 60세 이상의 연령층은 40.4%다.

　　이렇듯 60세 이상 고령층의 고용률은 높지만 근로형태 면에서 비정규직의 비율이 71%로 질적으로 취약한 상태에 있다. 2019년 기준 65세 이상 고령자의 산업별 취업자 비중은 사업·개인·공공서비스 및 기타가 42.8%로 가장 높았으며, 농림어업이 25.6%, 도소매·음식숙박업이 14.6% 순으로 높았다. 직업별로는 단순노무종사자가 35.8%, 농림어업 숙련종사자가 24.6%, 서비스·판매 종사자가 17.7%, 기능·기계조작 종사자가 13.5% 순으로 나타났다. 관리자·전문가 및 사무 종사자의 비중은 각각 5.5%와 3.0%로 상대적으로 낮았다.

　　그럼에도 베이비붐 이전 세대와 베이비붐 세대 중에서도 노후준비가 충분하지 않은 사람들은 가능한 은퇴를 늦추려고 할 것이다. 그런데 이들 세대가 은퇴를 늦추고자 하더라도 계속해서 일자리를 유지할 수 있는지는 다른 문제이다.

　　먼저 정부는 베이비붐 세대가 근로를 연장할 수 있도록 제도적 여건을 마련했으나 기업들이 그를 수용하는 데는 여러 제약점이 있다. 고령자고용촉진법은

1991년에 제정된 후 2008년 개정 시 연령차별 금지 조항을 포함시켰고, 2013년 개정 시에는 60세로 정년을 의무화하였다. 2013년 고령자고용촉진법 개정안은 2016년 1월 1일부터 공공기관과 공사를 비롯해 직원 수 300인 이상 기업에서 시행되었고, 2017년 1월 1일부터는 300인 미만 기업과 지자체 등에서 시행되었다.

대한상공회의소가 2016년 4월에 상시근로자 300인 이상의 기업 300개사를 대상으로 행한 조사에 따르면 고령자고용촉진법 개정안이 시행된 후 실제로 악영향을 겪고 있다고 응답한 기업이 67.3%에 달한 것으로 나타났다. 복수응답을 허용한 조사에 따르면 '인건비 증가'(53.0%)라는 응답이 가장 많았고, '신규채용 축소 등 인력운용 애로'(23.7%), '고령근로자 비중 증가에 따른 생산성 저하'(21.7%) 등의 순이었다. 이는 정년연장에 따른 기업의 애로를 잘 나타낸 것이지만, 근로자의 입장에 대해서는 조사하지 않은 한계가 있다.

문제는 저성과자 퇴출을 위한 상시적인 구조조정을 유도하는 일반해고지침이었다. 기업들은 일반해고지침에 70%가 찬성하는 데 반해[22], 근로자들은 노조를 중심으로 반대해왔기 때문이다. 일반해고지침은 2017년 9월에 폐지되어 그 이후로 이슈가 되지 않았다. 그러나 고령자고용촉진법 개정안이 시행되기에 앞서 많은 기업들은 명예퇴직 또는 희망퇴직 등의 이름으로 임금 수준이 높은 고령의 근로자들을 퇴출시켰다.

이에 대한 우려는 그에 앞서 2014년 9월 한국노동연구원이 1천 명의 근로자를 대상으로 한 설문조사 결과에 잘 나타나 있다. 설문조사 결과를 보면 '만 60세 정년시대'의 현실성을 묻는 질문에 "지켜질 것"이라고 응답한 사람은 38%에 불과했으며, "지켜지지 않을 것"이라고 응답한 사람은 33%, "중립"은 29%로 60% 이상이 정년 보장에 대한 확신이 없었다. 이를 사무직에 국한해서 보면 정년 보장은 더 어려운 것으로 나타났다.

노동연구원의 다른 연구를 보면 정년 60세의 법정화가 고용에 부정적인 것으로 나타났다. 이 연구는 고령자고용촉진법 2013년 개정안이 시행되기 전인 2011년과 2015년에 대해 패널자료를 사용하여 2018년에 실증분석하였는데, 정년을 60세로 연장하는 개정안이 시행되지 않았음에도 고용에 부정적인 영향을 미치고 있다고 분석했다.[23] 통계청의 2020년 조사자료를 보면 30년 이상 근속한 근로자의 비율은 17.0%였고, 평균 근속기간은 142개월이었다.

이러한 우려 속에서 고령자고용촉진법 개정안이 2017년부터는 모든 기업에 적용되어 현직에 있는 근로자들은 60세까지 정년을 법적으로 보호받게 되었으나, 임금피크제가 적용되는 기업에서는 정년과 조기퇴직 중 하나를 선택해야 하는 상황에 처하게 되었다. 명예퇴직, 희망퇴직 등이 상시화되어 있는 가운데 임금피크제가 고령층 근로자의 퇴직을 압박하는 수단, 임금을 삭감하는 수단으로 기제로 역할하고 있는 것이다. 그러한 점에서 제도적 여건은 조성되어 있음에도 불구하고 베이비붐 세대가 생애 주된 일자리에서 정년까지 일하기는 쉽지 않다고 볼 수 있다.

다음으로 베이비붐 세대는 제도적 여건 마련 여부와는 별개로 4차 산업혁명 등 근로 여건의 변화를 수용할 수 없으면 취업이 곤란해질 것이다. 이와 관련한 학자들의 연구에 따르면 근로 여건의 변화를 수용하는 데 대체로 부정적인 것으로 나타나고 있다. 다만 부정적인 정도에 대해 견해가 조금씩 다른데, 이는 이용하는 통계나 연구의 목표 등에 따라 달라질 수 있다.[24] 사실 신기술의 대부분은 기존의 기술을 대체하면서 노동력 이용을 줄인다. 그리고 원천 기술 또는 응용 기술을 개발하는 데는 고도의 학습과 경험이 필요하기 때문에 현실적으로 기존 인력을 무조건적으로 투입하기도 어려운 측면이 있다. 이러한 점들을 고려할 때 끊임없는 R&D투자와 재교육을 통해서 적응시키려는 기업의 노력이 없다면 근로자는 물론이고 기업조차도 새로운 기술환경에 적응하지 못할 것이다.

그러나 2010년부터 정년 연장을 실시한 자동차부품 제조업체 동아특수정밀 DASCO의 사례[25]를 보면 기술을 경쟁력의 기반으로 삼을 경우 경력이 오래된 고급 숙련 직원들을 내보내는 것을 회사에 큰 손실로 생각한다. 그렇기 때문에 정년을 넘길 경우 재입사 형식으로 계속 고용을 하는데, 임금은 정년 시점과 동일하게 하되 보너스를 조금 줄이고 성과급도 일반직원과 차이를 둔다고 한다. 물론 하나의 사례를 가지고 일반화하기는 어렵지만, 고령이라 하여 무조건 생산성이 떨어진다거나 신기술의 수용 능력이 떨어진다고 획일적으로 이야기하기는 어려울 것이다.

이렇게 고령자의 취업이 지속된다고 하면 고령화로 인한 경제활동인구의 부족과 생산성 저하의 문제는 예상보다 크지 않을 수 있다. 베이비붐 세대의 은퇴가 노동시장에 충격을 주는 시점도 1차 베이비붐 세대 모두가 65세를 넘어서는 2028년이라기보다는 2040년대로 미루어질 가능성도 있다.[26] 더구나 고령화와는 다른 측면에서 이민 인구의 증가와 단기적 외국인 취업의 증가도 인력 부족의 문제를 완화시키는 데 기여할 수 있다는 점에서도 그러한 예상이 가능하다. 또한 인력을 줄이는 방향으로 기술발전이 가속화될 경우 줄어든 경제활동인구만으로도 생산이 유지될 수 있을 것이며, 오히려 문제가 되는 것은 취업이 제대로 이루어지지 않아 소득의 불안정으로 인한 소비 여력이 부족할 가능성이다. 물론 1차 베이비붐 세대가 신기술에 적응하고 생산성을 유지하기 위해서는 직장 내 재교육이 필요할 것이며, 퇴직자에 대해서는 저가치의 일자리로 내몰리지 않도록 재취업 교육과 함께 새로운 일자리 창출을 위한 시스템적 접근이 필요할 것이다.[27]

한편 통계청의 조사에 따르면 2020년 5월 현재 65세 이상의 고령자는 41.9%가 경제활동에 종사하고 있고 고용률이 40.4%인데, 이는 2005년 5월의 36.3%와 36.0%에 비해 크게 높아진 수치이다. 이를 산업별로 보면 사업·개인·공공서비스 등에 42.6%가 종사하고 그 뒤를 이어 농림어업에 24.8%가 종사하고, 도소매·음식숙박업에 14.1%가 종사하는 것으로 나타났다. 이러한 수치는 2005년 5월 기준으로 농림어업에 55.4%가 종사하고, 그 뒤를 이어 사업·개인·공공서비스 등에 17.9%가 종사하며, 도소매·음식숙박업에 16.0%가 종사하는 것에 비할 때 큰 구조적 변화가 생겨난 것이다.

그리고 2020년 5월에 조사한 바에 따르면, 55세에서 79세인 고령자의 경제활동의 목적은 '생활비에 보탬'이 58.8%로 가장 높았고, 그다음으로 '일하는 즐거움'이 33.8%를 차지하였다. 이는 2005년 5월에 조사하였을 때 '생활비에 보탬'이 53.8%로 가장 높았고, 그다음으로 '일하는 즐거움'이 34.7%를 차지하였던 것에 비해 구조적으로 큰 변화는 없었으나 생활비를 보충할 필요성이 더 커진 것으로 나타났다. 또한 장래 근로를 원하는 비중은 67.4%로 2005년 5월 기준의 58.8%에 비해 크게 높아져 고령자의 근로 욕구는 높아지고 있는 것으로 나타났다.

이렇듯 우리나라 고령자들은 기존의 농림어업에서 3차 산업으로 일자리를 이동하고 있으며, 주로 생계비 마련을 위해 경제활동을 하는 것으로 나타났다. 그리고 베이비붐 세대는 대량으로 퇴직하더라도 바로 은퇴하지 않는 사람이 많아 고령층 노동시장의 경쟁 압력을 높인다.

한편 노후준비가 제대로 되지 않은 가구들은 수입의 부족을 소비지출을 줄여서 대응하므로 경제의 활력을 떨어뜨릴 수 있다. 일반적으로 고령사회에 이르면 소비지출이 감소하는 것으로 나타나는데, 이는 교육비, 문화비 등 생산적 지출은 감소되는 반면에 의료비 등 소비적 지출이 증가하여 소비의 구조변화가 생기기 때문이다.

▌ 아직 노후준비가 제대로 되어 있지 않다

베이비붐 세대의 노후준비는 적절하게 이루어지지 않은 것으로 평가된다. 통계청이 금융감독원 및 한국은행과 함께 2020년 12월에 발표한 2020년 가계금융복지조사 결과에 따르면, 2020년 3월 말 기준 가구주의 예상은퇴연령은 68.1세이며, 실제 은퇴한 연령은 63.0세로 나타났다. 가구주가 은퇴하지 않은 가구 81.5% 중 가구주와 배우자의 노후 준비상황이 '잘 된 가구' 8.2%, '잘 되어 있지 않은 가구' 38.9%, '전혀 준비 안 된 가구' 15.9%였다. 그리고 가구주가 은퇴한 가구18.5% 중 생활비 충당정도가 '여유 있는 가구'는 8.7%이며, '보통인 가구'는 32.0%, '부족한 가구'는 40.6%, '매우 부족한 가구'는 18.8%로 나타났다. 이를 통해 알 수 있듯이 많은 가구가 은퇴준비가 잘 되어 있지 않아 은퇴를 늦추려 하나 의지대로 되지 않아 원하는 시기보다는 일찍 은퇴하는 것으로 보인다. 그러나 은퇴하더라도 생활비 충당에 어려움이 있는 가구가 59.4%에 이를 정도로 은퇴자의 생활에는 어려움이 많이 있는 것으로 보인다.

이렇게 노후준비가 되지 않은 데는 여러 가지 이유가 존재하지만 은퇴 전의 생활이 제대로 안정되지 않은 사람들이 많기 때문으로 보인다. 행정연구원의 2019년 사회통합실태조사에서 현재 생활의 안정 정도를 묻는 10점 척도 질문에 대해 2019년 기준으로 50대는 5.2점, 60~69세는 5.0점으로 나타났다. 5점 이하라고 응답한 비중은 50대의 경우는 58.5%였고, 60대의 경우는 63.9%로 나타날 정도로 현재 생활이 안정되어 있지 않아 노후 준비를 제대로 못하는 것으로 보인다. 실제로 베이비붐 세대는 낀 세대로서 부모 부양은 물론 자녀도 부양해야 하는데, 그리 높지 않은 소득으로 노후준비까지 감당하기에는 어려울 것으로 판단된다.

60세 이상 고령자의 생활비 마련 방법을 보면 69.9%는 본인 및 배우자가 마련하며, 자녀·친척에게 생활비를 의존하는 경우는 17.7%로 과거 10년 전에 비하여 13.7%p나 감소하였다. 은퇴를 늦추고 근로에 참여하여 수입을 얻거나 국민연금 등의 연금 수령 등으로 생활비를 마련하면서 자녀나 친척에게 의존하는 경우는 크게 낮아진 것으로 보인다. 그러나 2019년에 국민연금 전체 수급자의 월평균 수령액이 63만 원인 점을 보면 국민연금만으로는 노후준비가 되지 않을 것이다. 공적 연금이 노후생활비에서 상당한 비중을 차지하지 않는다면 은퇴 전의 양극화가 은퇴 후 노후생활에서도 그대로 나타날 가능성이 높은 것으로 판단된다.

우리나라의 66세 이상 노인빈곤율은 2017년 기준으로 43.8%로 OECD 40개국 중 가장 높았다. 이러한 수치는 2013년 49.6%에 비해서는 크게 낮아진 것이다. 대표적 실물자산인 주택까지 고려하면 노인빈곤율은 상당히 낮아진다.[28] 국민연금 수급자가 더 늘어나면 노인빈곤율은 더 낮아질 것이다. 그러나 다른 OECD 국가들에 비해 상당히 높은 수준의 노인빈곤율이 급격히 낮아지지는 않을 것이다. 이에 따라 고령에도 근로를 지속하는 비율이 유지되어 2020년 8월 기준으로 35.9%인 65세 이상 고용률은 크게 낮아지지 않고 오히려 높아질 가능성도 있다. 이렇듯 사회보장제도의 혜택이 제대로 작동하지 않는 상황에서 고령자들은 일자리를 통해 소득을 얻는 쪽을 불가피하게 선택하고 있다.

CHAPTER 02 베이비붐 세대의 점진적 은퇴

▮ 점진적 은퇴가 필요하다

우리나라 베이비붐 세대나 베이비붐 이전 세대 모두 노후준비가 충분하게 되어 있지 못하다. 이에 최대한 은퇴 시기를 늦추어 자력으로 노후준비 기간을 더 길게 갖는 것이 필요하다. 은퇴 시기를 늦추는 방법은 적어도 국민연금의 노령연금을 받을 수 있을 때까지, 그리고 가능하다면 노령연금을 받을 수 있는 연령 이후에도 자신의 여건에 맞는 형태의 근로에 종사하는 방법이 있다. 어떠한 방식이든 은퇴를 늦추는 것은 아직 노후준비를 마치지 못한 고령자들에게 필요할 것이다. 이는 은퇴를 늦춤으로써 은퇴 생활에 필요한 자금을 직접 조달할 수 있을 뿐만 아니라 국민연금이나 퇴직연금 등 각종 연금의 가입 기간을 늘려 연금자산을 확충할 수 있기 때문이다.

실제 은퇴연령을 60세로 법에 정했다 할지라도 명예퇴직 등으로 다니던 직장을 60세 이전에 그만둘 수도 있고, 60세에 정년을 맞이하여 그만둘 수도 있다. 그런데 문제는 2033년까지 점진적으로 65세까지 높아지는 국민연금 수급 연령[29)]에 도달하기 전에 경제활동을 그만둘 수밖에 없게 되는 경우이다. 즉, 제도적으로만 따진다면 60세에 정년퇴직을 하여 은퇴한다고 전제할 경우 대부분의 국민들은 국민연금을 받기까지 최대 5년의 은퇴 갭이 생긴다. 따라서 가교연금이나 다른 자산 등으로 갭을 메울 준비가 되어 있지 않다면 자영자이든 계약제로 고용된 근로자이든 경제활동을 하여 국민연금을 수급할 자격이 생기는 연령까지는 근로에 종사할 필요가 있다. 만약 노후준비가 되어 있지 않은 채 베이비붐 세대가 국민연금을 수급할 연령 이전에 대량으로 은퇴할 경우 국민연금 노령연금 수급자격 이전에 연금을 받게 되어 은퇴기간 내내 예상보다 적은 연금을 받을 것이기 때문이다.

그런데 베이비붐 세대의 점진적 은퇴는 노후준비라는 측면에서만이 아니라 경제활동인구의 확보라는 측면에서도 필요할 것이다. 2018년부터 고령사회에 진입하면서 생산가능인구가 줄어들기 시작하였는데, 이는 잠재경제성장률을 낮추는 요인으로 작용한다. 따라서 생산가능인구의 부족을 보충할 수 있는 대안을 찾아야 하는데, 여성과 고령층이 대안이라 할 수 있다. 여성의 경제활동이 필요하고 환영받는 것처럼, 고령자의 경제활동도 필요하고 환영받아야 한다. 따라서 근로능력이 있는 베이비붐 세대는 경제활동을 계속하는 것이 노동력 부족을 해소하기 위한 측면에서 필요할 것이다.

어쨌든 베이비붐 세대는 정부가 점진적 은퇴를 요구하지 않아도 점진적으로 은퇴할 것으로 보인다. 앞서 통계청이 금융감독원 및 한국은행과 공동으로 행한 설문조사에서 보았듯이, 베이비붐 세대는 현실적으로 노후준비가 충분히 되어 있지 않기 때문이기도 하고, 과거에 비해 은퇴하기에는 상대적으로 젊고 건강하기 때문에 은퇴보다는 일하는 것을 원하고 있다. 문제는 근로에 의욕을 보이는 고령자들을 수용할 고용 시장을 어떻게 만들어낼 것인가 이다.

▍고령자 고용 시장은 어떻게 바뀔까?

점진적 은퇴는 근로자의 주관적 의지만으로 이루어지지 않는다. 이를 위해서는 점진적 은퇴를 위한 일자리가 제공되어야 하고, 근로자도 그 일자리에 적합한 능력을 갖추어야 한다. 그러나 구조조정이 일상화되어 있고 고령자를 위한 새로운 일자리가 쉽게 개발되기 어려워 객관적 상황은 그다지 좋지 않다고 할 수 있다.

경제가 성장하면서 일자리가 확대되어야 고용 총량도 확대될 수 있다. 그렇지 않고 고용을 늘리는 방법은 기존의 근로자들과 일자리를 나누어 갖는 것이다. 그러나 후자의 방법은 기존의 근로자들이 과도한 근로를 하고 있고 근로시간을 줄여 받는 임금이 표준적인 생활을 할 만해야 가능할 것이다. 문제는 현재의 고용 위기는 경제의 저성장에 따른 것이기도 하지만, 인력을 절감하는 기술을 사용하여 절대적인 고용량이 줄어들었거나 기업이 내놓은 일자리가 구직자들이 원하는 수준과 맞지 않아서 발생하는 측면도 있다는 점이다. 예를 들어 금융보험업은 4차 산업혁명과 함께 시작된 디지털 전환으로 인해 고용규모가 줄고 있다.

고용시장이 이렇게 바뀌는데도 구직자들은 금융보험업이나 대기업 등 고소득을 제공하는 일자리를 선호하고 있다. 이는 고용 규모가 커져 취업이 상대적으로 용이한 다른 산업이나 중소기업은 임금 수준이 높지 않기 때문으로 보인다. 고용 규모 증가율이 높은 보건 및 사회복지 분야의 2019년 기준 월 급여 수준은 261만 원으로 제조업 371만 원이나 전산업 평균 314만 원은 물론 사업지원 관리 및 사업지원 서비스업 282만 원에 비해서도 낮았다. 더욱이 전 산업 평균과의 격차가 글로벌 금융위기 직후인 2009년에는 25만 원이었으나 그로부터 10년이 지난 2019년에는 53만 원으로 확대된 것으로 나타났다.

더구나 우리나라처럼 대외의존도가 높은 경제는 수출부문에서 부가가치를 많이 창출하는 기업이나 독과점적 시장구조하에 있는 기업이 양질의 일자리를 제공하고 내수부문의 서비스업에 속하는 중소기업이나 개인사업자들은 양질의 일자리를 제공하기 어려울 수 있다. 그렇기 때문에 수출경쟁력이 있는 반도체, 디스플레이, 통신장비 등을 수출하는 기업이나 은행과 같이 규제로 보호되는 기업, 또는 상대적으로 고용안정성이 나은 공기업에 취업하거나 공무원이 되는 것이 선호된다. 물론 수출부문이라 하더라도 경쟁력을 잃게 되면 구조조정을 하게 되어 양질의 일자리는커녕 심각한 고용 문제에 부딪히게 된다.

이러한 상황은 조선산업을 통해서 확인할 수 있는데, 2017년 3월 27일에 발표된 한국은행의 『지역경제보고서』에 따르면, 2016년 10월 울산 내 조선산업의 고용보험 가입자 수는 2015년 10월 약 62,700명에서 1만 명 넘게 줄어 약 52,300명으로, 전년 동기 대비 16.6% 감소했다. 고용보험 가입자 수는 1년 전인 2016년 3월까지만 해도 6만 명 초중반대를 꾸준히 유지했으나, 4월에 약 59,900명으로 줄어든 후 10월에는 약 52,300명으로 감소한 것이다. 이는 1년만에 1만 명이 넘는 근로자가 실업 상태에 처하게 되었음을 의미하는 것이다. 구조조정은 이렇게 실업자 수의 증가만으로 끝나지 않고 임금체불 증가로도 이어지는데, 2016년 1~10월 중 울산의 체불임금액은 전년 동기 대비 13억 원 증가한 316억 원을 기록했고, 체불근로자 수도 지난해 10월 7,251명에 달했다.

자동차산업이나 전자산업도 국제경쟁력을 잃게 되면 곧바로 조선산업과 같은 상황에 처할 수 있다. 2018년에 GM은 군산공장을 폐쇄하는 조치를 취하였고, 이로 인해 2018년 상반기 실직 인원희망퇴직, 계약해지, 폐업 등은 약 6천 명~1만 명으로 추정되며 부동산, 지역상권, 연관 서비스 연쇄 침체에 따른 추가 폐업 및 실직규모도 20% 이상이 될 것으로 예상되었다.30)

딜로이트 글로벌과 미국경쟁력위원회가 3년 간격으로 발표하는 국제제조업 경쟁력 지수Global Manufacturing Competitiveness Index에 따르면 2016년 기준으로 우리나라는 중국, 미국, 독일, 일본에 이어 5위에 있는데, 2020년에는 인도에 추월당하여 6위로 1단계 낮아질 것으로 전망되었다. 산업별로 볼 때 LCD, TV, 메모리, 조선 부문은 1위를 차지하고 있으나, 스마트폰 제조 부문은 2위, 자동차 제조 부문은 5위를 차지하였다. 이렇듯 1위를 차지하고 있던 조선산업이 순식간에 구조조정을 겪어야 하는 상황에 부닥쳤던 데서 알 수 있듯이, 자동차산업이나 전자산업 또한 결코 안심할 수 있는 상황은 아닌 것으로 판단된다. 더구나 한국 무역협회의 조사에 따르면, 2019년 기준 우리나라 세계 수출시장 1위 품목 수는 전년 대비 12개 감소한 63개를 기록하며 13위를 차지했는데 1위 품목 중 다수는 주요 수출국과의 경쟁 관계가 심화하고 있는 것으로 파악되었다.31) 따라서 자칫하다가는 주요 기업의 국제경쟁력이 저하되어 산업 전반에 걸친 구조조정이 진행될 우려도 없지 않다고 할 수 있다.

한편 2016년 3월에 있었던 알파고와 이세돌 간의 바둑 대결에서 부각되었듯이, 인공지능의 발달 등 인력을 대체 또는 절감하는 기술이 사용되면서 인력에 대한 수요가 줄게 되면 고용 위기가 야기될 수도 있다. 이에 대해서는 세계경제포럼WEF이 2016년 1월에 발표한 『미래의 직업』 보고서가 지적하였다. 즉 로봇, 자동화, AI 발달 등으로 2020년까지 2백만 개의 일자리가 생기는 반면에 710만 개의 일자리가 없어져 510만 개의 순 일자리가 사라질 것이라고 예측하였다.32) 그러나 세계경제포럼이 2018년 9월에 내놓은 『미래의 직업』 보고서는 2022년까지 기술발전으로 세계에서 창출될 일자리는 1억 3,300만 개에 달할 것으로 추산한 반면 로봇에 의해 대체될 일자리는 그 절반 수준인 7,500만 개로 예상하였다. 이어 2020년 10월에 발표한 『미래의 직업』 보고서에서는 8,500만 개의 일자리가 기계에 의해 대체되는 반면에 9,700만 개의 일자리가 생겨날 것으로 예측했다.

또한 2020년에 EC의 JRCJoint Research Center에서 내놓은 보고서33)에 따르면,

유럽 국가들의 경우 1995년에서 2015년 사이에는 로봇의 사용과 총고용 간에 유의미한 양의 상관관계가 있는 것으로 나타났다. 이러한 관계는 제조부문에서 가장 현저했는데, 비제조부문에서도 들어맞았다. 근로자 1천 명당 로봇 1기를 추가하면 해당 산업 부문의 총고용이 1.3% 증가하며, 로봇의 사용과 저숙련고용 간에 부정적 관계도 발견할 수 없었다고 보고했다.

이렇듯 4차 산업혁명에 따른 로봇의 사용 확대로 일자리가 없어질지 여부는 좀 더 관찰이 필요할 수 있다. 더구나 고용제도 등이 그대로 유지되는 것이 아니고 바뀔 수 있다면 로봇의 사용 확대가 고용에 반드시 부정적이지 않을 수도 있다. 그러나 '생애 주된 일자리'에서 은퇴한 고령자에게 주어질 수 있는 일자리는 많지 않으리라고 본다. 현재도 고령자를 대상으로 주어지는 일자리는 대부분 일용직 위주로 제공되고 있고, 고령자의 고용을 위한 교육의 기회는 제한적이기 때문이다. 따라서 고령자들이 부가가치가 낮은 단순노동을 하는 위치에서 벗어나 경제의 흐름과 선순환을 유지하기 위해서는 새로운 취업교육을 받을 수 있게 해야 한다.

향후 경제는 디지털 혁명을 넘어선 기술혁신이 뒷받침된 근로혁명이 일어날 것이기 때문이다. 이는 근로자에 국한되지 않는다. 향후 자영업을 하려 할지라도 신기술을 적용하여 사업을 계획하여 수행하지 않는다면 성공할 가능성이 낮기 때문이다. 실제로 향후 전개될 신기술혁명은 제조업에서도 일어나지만, 유통 및 중개 분야에서 일어날 것으로 예측된다. 관리자나 종업원이 없는 무인점포가 대표적인 사례가 될 것이다. 인증된 소비자가 물건을 선택하여 출입문을 지나는 순간에 자동으로 결제가 될 것이므로 현재와 같은 유통점은 줄어들 것이다. 또한 로봇이 자유롭게 이동하며 매장을 정리할 정도가 되어서 이제 매장관리도 대부분을 로봇이 인간을 대행하는 시기가 빠르게 정착할 것이다.

고용노동부와 한국고용정보원은 2016년에 베이비붐 세대가 퇴직하여 재취업할 때 도전할 만한 직업 30개를 선정했다.[34] 이렇게 정부와 공공기관 차원에서 일자리를 제시하고 있지만, 일자리 30개 중에는 퇴직을 하였거나 퇴직을 앞둔 베이비붐 세대가 당장 진출하여 적정한 급여를 받을 만한 일자리는 그다지 많지 않음을 알 수 있다. 안정적이며 적정한 생활 수준을 유지할 수 있는 급여를 제공할 일자리가 많지 않다면 적극적 취업 노력이 약해질 수밖에 없다. 기존 직장에서 퇴직하였으나 노후소득이 크게 부족하지 않은 경우에는 그 전 수준의 급여를 받지는 못한다 하더라도 지나치게 급여가 낮거나 근무 여건이 맞지 않는다면 굳이 취업하려고 하지 않을 것이기 때문이다.

그럼에도 불구하고 청년 세대의 취업자 수가 감소하는 데 반해 55~64세 연령구간 취업자 수는 증가하고 있어 대비된 모습을 보이고 있다. 과거에 비해 경제활동을 그만두는 연령이 이렇게 높아진 데는 노후준비를 위해 은퇴시기를 늦출 필요성이 커졌기 때문이고, 동일한 고령의 연령이라 하더라도 과거에 비해 건강상태가 양호하여 근로에 종사할 수 있게 되었기 때문이기도 한다.

우리나라는 15세~64세 인구가 2019년부터 줄기 시작하였는데, 2018년 3,680만 명에서 2023년에는 3,610만 명, 2028년에는 3,420만 명으로 감소될 것으로 전망되고 있다. 그러나 15세 이상 취업자 수는 2018년 2,682만 명에서 2023년에는 2,786만 명, 2028년에는 2,810만 명으로 늘어나는 것으로 추정되고 있다. 그리고 15세 이상 인구의 고용률은 2018년에 60.7%, 2023년에 61.2%, 2028년에 61.0%일 것으로 예측된다.[35) 경제가 낮은 수준에서라도 일정 정도 성장하는 상황에서 생산가능인구가 감소된다는 것은 중장기적으로 노동력 부족으로 이어질 수 있다. 만약 부족한 노동력이 충원되지 않을 경우 그를 보완할 생산성이 높아지지 않으면 성장이 제약받을 것이다.

그런데 총량 측면에서 노동력 부족이 나타나지만 산업별 또는 직업별로는 과잉하거나 부족한 현상이 나타날 수 있을 것이다. 이는 산업 또는 직업이 성장하느냐 쇠퇴하느냐에 따라 결정될 것이며, 노동력 부족을 기계화 및 생산성 향상 등으로 대응할 수 있는지 여부에 따라 다를 것이기 때문이다.

고용노동부가 2019년에 내놓은 전망[36)에 따르면 제조업 취업자의 증가 폭은 크지 않은 반면에 서비스업 취업자는 큰 폭의 증가가 예상된다. 서비스업 중 '전문과학기술 서비스업'과 '정보통신업'은 디지털화 등 기술발전의 영향으로 증가하고, '공공행정, 국방 및 사회보장 행정'은 공공서비스 수요 증대로 증가하며, '도·소매업'과 '숙박·음식점업'은 경제성장에 따른 소득 증대, 내수시장 확대로 점진적으로 증가할 전망이다. 반면에 제조업의 경우는 '전자' 업종은 빅데이터 처리용 메모리, 반도체 생산 확대로 증가하고, '의료·정밀기기'와 '의료용 물질·의약품' 업종은 헬스 케어 등 보건 수요 확대로 증가하며, '조선업'이 포함된 '기타운송장비'는 취업자 증가 추세를 이어갈 전망이다. 그리고 고용 규모가 큰 '자동차, 트레일러'는 소폭 증가하고, '기타 기계 및 장비'는 큰 변화가 없을 전망이다.

우리나라는 이렇듯 수출부문과 내수부문, 대기업과 중소기업, 첨단산업과 사양산업 등 부문 간 격차가 확대되는 상황에 있다. 더구나 저성장이 구조화되었을 뿐만 아니라 성장의 과실이 편중되어 분배되는 불균형이 확대되고 있다. 부문 간 격차가 확대되면 소득격차가 확대되고 이는 다시 사회보장지출의 확대로 이어져 그에 대한 부담을 둘러싸고 세대 내뿐만 아니라 세대 간에도 충돌할 가능성이 커지게 된다.

▍베이비붐 세대의 점진적 은퇴가 청년실업을 야기하는가

베이비붐 세대의 점진적 은퇴가 필요하다는 주장이 나올 때 같이 제기되는 이슈가 높은 수준의 청년실업이다. 고령자가 은퇴를 늦추면 청년 세대는 그만큼 일자리가 생기지 않아 실업이 늘어날 수밖에 없다는 것이다. 그러나 이러한 주장은 단순하게 가정하여 일자리 수가 고정되어 있어 매년 입직하는 근로자 수만큼 퇴직하는 근로자가 생기지 않을 경우나, 입직하는 근로자 수와 퇴직하는 근로자 수가 같더라도 일자리 수가 줄어들 경우라면 타당할 것이다. 그러나 입직하는 근로자 수가 줄면서 노동력 부족이 예상된다면 달리 생각해야 한다. 우리는 그러한 사례를 일본에서 확인할 수 있다. 얼마 전까지도 일본은 고령화와 함께 경제의 저성장으로 청년실업이 심각했는데, 경제가 과거에 비해 특별히 나아진 것이 없음에도 15~29세의 2019년 기준 완전실업률은 2.4%로 청년실업의 문제는 거의 해소된 상황이다. 그리고 2014년에 27.9%로 가장 높았다 그 이후로 감소하기 시작한 25~34세 청년층의 비정규직 고용자 비율은 2019년에는 24.8%까지 낮아졌다.

일본의 청년실업이 상당 수준 극복된 데는 초고령사회가 되면서 단카이 세대가 은퇴한 데다 인구가 감소하여 노동력이 부족하기 때문이기도 하다. 그렇기 때문에 일본은 고령자는 물론 외국인 노동자까지도 유입하는 노력을 강화하고 있다. 이렇듯 경제 전체에 걸친 노동력 부족을 해결하기 위해서는 여성인구의 적극적 노동시장 참여는 물론 고령자의 경제활동 참여도 필요할 것이다.

그러한 상황에서는 사실 청년실업을 언급하는 것이 의미가 없을 수 있다. 우리나라는 2019년부터 15세 이상 64세 이하 생산가능인구가 감소하기 시작하여 앞으로는 청년층의 일자리 문제는 크게 완화되는 반면에, 60세 이상의 연령층을 위한 일자리 문제가 더 큰 이슈로 부각될 수 있다. 즉, 60세 이상의 연령층을 위한 일자리는 공급이 부족한데 이들이 공적 연금을 받기 전까지는 은퇴를 늦춤에 따라 일자리에 대한 수요가 커서 수급불일치가 가장 클 것이기 때문이다.

하지만 일본의 경험을 살펴보면 고령화가 진행되면서 일자리를 둘러싼 세대충돌이 곧바로 해소된다고 보기는 어려울 수도 있다. 왜냐하면 양질의 일자리에서는 고령자의 영향력이 여전히 클 수 있으며, 2017년부터 전체 사업장에 적용된 「고령자고용촉진법」과 같은 법령 등 각종 제도적 장치에 의해 보호될 가능성이 높기 때문이다. 물론 제도적 장치가 있다 하여도 희망퇴직 등의 형태로 구조조정이 진행되어 60세 정년을 채우지 못하고 퇴직해야 하므로, 노동조합에 의해 보호를 받을 수 있는지 여부도 중요할 것이다. 그렇기 때문에 현장에서는 "희망퇴직으로 전 직원 400여 명 중 30%에 해당하는 120명이 회사를 떠났지만, 회사는 이에 멈추지 않고 희망퇴직에 응하지 않은 직원들에게 부당한 대기발령을 냈습니다."[37]라는 호소가 나오기도 하였다. 이렇듯 우리나라 노동시장은 '평균적인 의미'에서는 경직되어 있다고 보기 어려우며 오히려 상당히 유연한 편으로 평가[38]되기 때문에 이러한 현상이 나온다고 본다. 즉, 제도적인 측면을 OECD 고용보호법제 지수를 통해서 보면 우리나라의 고용보호의 엄격성 수준은 대체로 OECD 평균 수준이지만, 실태적인 측면을 노동이동률을 통해서 보면 OECD 국가 가운데 유연성이 가장 높은 편에 속하는 것으로 평가되기 때문이다.

어쨌든 일본은 정부의 노력 덕분에 55세에서 64세에 속하는 연령층의 고용률이 2012년 이후로 꾸준히 증가한 결과 2012년 63.1%에서 2017년 68.4%까지 높아졌으나 2020년에는 코로나19의 영향 등으로 66.9%로 낮아졌다. 또한 2016년에 60세 정년제 준수 지도를 강화하여 2015년에 59.8세이던 정년 연령이 2016년에 처음으로 60세를 넘어 60.3세가 되는 등 산업현장의 변화가 가시화되기도 했다.[39] 그 외에도 2014년 9월에는 「장년고용 종합대책」, 2016년 10월에는 「장년 고용서비스 강화 방안」이 나왔다.

일본에서는 학교 졸업 시 실업률이 높은 세대는 무직이 될 확률이 높은 한편으로 정규직 취업 확률은 낮고, 실질 연수입도 낮은 것으로 조사되었다.[40] 더구나 이 영향은 학교 졸업 후 10년 이상을 지나도 계속되며, 특히 중졸과 고졸의

학력층에서는 졸업 후 10년 이상을 경과하여도 수입이 개선되는 경향이 보이지 않는 등 심각한 상황에 있다.

한편 일본과 대조적으로 미국에서는 고학력층 쪽이 부정적 영향이 지속되는 경향이 있고, 저학력층의 경우에는 졸업 후 3년 이상 경과하면 영향이 거의 소실된다. 또한 학력을 묻지 않고 학교졸업 시의 고용상황이 미치는 영향은 일본보다 미국 쪽이 큰 폭으로 작다. 캐나다의 경우에도 졸업 후 8년 정도에 부정적인 영향은 없어진다고 보고되고 있다.[41]

이렇게 미국이나 캐나다와 달리 일본에서 세대효과가 지속되는 이유는 고등학교를 경유하는 직업소개 시스템과 해고 규제에 있다고 한다.[42] 일본에서는 일단 정사원으로 채용한 근로자의 해고가 곤란하므로 기업은 우수한 근로자만을 극소수 선별하여 채용한다는 것이다. 그 과정에서 학교의 직업소개 기능이 중요한 역할을 하는 고졸자 취직에서는 학교를 졸업하며 바로 취직하지 못한 사람에게는 생산성이 낮은 근로자라는 꼬리표가 붙어버린다. 더욱이 가장 훈련효과가 높은 청년기에 무직이거나 비정규직으로 있으면 직업훈련 기회를 잃어버려 충분한 인적자본을 축적할 수 없게 된다. 그 때문에 전직하여 보다 좋은 직업 기회를 얻는 것은 어렵게 되고 장기적으로 저수입 상태에 머무르게 되는 것이다. 결국 사회에 진출하는 시기의 행운 또는 불운이 가져오는 영향은 여러 나라에서 관찰되었음에도 불구하고, 그것이 언제까지 지속하는지 여부는 그 나라 특유의 취업 방식과 노동시장제도에 의해 좌우됨을 알 수 있다.[43]

독일에서는 1차 석유파동의 영향으로 1974년에 급격히 청년실업률이 높아진 후 낮아지지 않자 1984년에 실업보험 급여를 더 관대하게 주는 제도 변경을 통해 고령자의 조기은퇴를 유도하여 청년실업 문제를 극복하고자 했다. 이를 위해 55세에서 59세까지의 근로자에 대한 실업급여를 실업 전의 순임금의 63% 또는 68%로 32개월까지 받을 수 있도록 완화하였다. 소위 '은퇴에 이르는 다리bridge to retirement'라고 일컬어진 이 개혁은 실업률이 상승하는 가운데 "청년층에 일자리를 양보하기 위해" 실시된 것이 특징이다. 그러나 55세에서 59세에 이르는 고령층의 실업률은 급격히 상승했으나 청년층의 실업률을 낮추는 데는 성공하지 못했다.[44] 이는 고령층이 그만둔 일자리를 바로 청년층이 채울 수 없는 기술 및 경험상의 격차가 있었기 때문이다. 고령층이 연령순으로 은퇴한 자리를 채우고 나면 맨 하단의 일자리가 남는데, 그 자리가 청년층이 연령순으로 선호할 만큼

매력적인 일자리가 아니었던 데 맹점이 있었다고 한다. 결국 청년층이 선호하지 않는 일자리는 외국인 근로자들에게 돌아가고, 청년층의 실업률은 그다지 개선되지 않았다.[45] 또한 청년층을 고용한다 하더라도 정규직은 최소화하고 비정규직을 확대한다면 청년층의 고용은 불안정성이 높아질 수밖에 없을 것이다. 결국 청년층의 고용 창출을 위해 시작된 고령층의 조기은퇴가 고령층의 은퇴만 당기고 근로자 전체의 고용을 줄일 수도 있다.

프랑스에서도 1981년에 모로와 수상이 "당신들의 자식과 딸들에게 일자리를 주기 위해서 조기퇴직을"이라고 근로자들에게 호소하는 연설을 하고 이것을 받아 1983년 연금 개혁에서는 연금지급 개시 연령을 65세에서 60세로 낮추었다. 그러나 독일과 마찬가지로 프랑스의 개혁도 결과적으로 청년 실업 문제의 해결책이 되지는 못했다. 더욱이 인구고령화에 따른 사회보장부담의 증가 때문에 그 후 유럽 제국의 많은 국가들은 연금지급 개시 연령을 높이는 쪽으로 방향을 바꾸었다.[46]

일본에서도 노동조합의 존재 등과 같은 특색을 갖는 일본형 고용 시스템 기업에서는 중고령 노동자들이 자신의 고용을 지키기 때문에 신규채용이 억제되고, 그로 인해 직장에 취업하지 못하는 청년층이 출현하는 현상이 존재한다. 물론 노동조합이 조합원의 고용을 지키지 않는 현상도 존재할 수 있다.[47] 그렇다보니 고령자의 취업이 증가하면 청년층의 고용이 억제되는 경향이 나타났다.[48] 2004년에서 2006년 사이에 55세 이상의 근로자에서 차지하는 60세 이상의 비율이 상승하면 2006년 이후는 신규 졸업자를 포함한 파트타임 근로자의 채용이 통계적으로 유의하게 억제되었다.[49] 또한 고령자 비율이 상승하면 신규 졸업자 일반채용도 억제되는 경향이 있으며, 특히 건설업에서는 고령자와 청년층 남성 대체관계가 명확하게 나타났다. 결국 고령층과 청년층은 일자리를 두고 부분적으로 경합하는 관계에 있었다.[50]

반면에 기업통계와 정부통계를 이용하여 고령자 고용이 신규채용을 억제하지 않는 것을 보여준 연구[51]도 있으며, 임금 수준을 일단 재평가하여 재고용함으로써 과다한 임금 지급이 일어나지 않는 경우에는 고령자 고용을 늘려도 신규채용을 억제하는 힘이 작동하지 않는다는 연구도 있다.[52] 이렇듯 고령자 고용이 청년 고용을 억제하지 않는 것은 고령자 취업률50~64세의 변화를 종축에 청년 실업률15~24세의 변화를 횡축에 두고 각국 데이터를 국제적으로 비교한 연구에

서도 나타났다.[53)]

먼저 OECD는 2006년에 "고령의 근로자를 위한 일자리가 적을수록 젊은 근로자를 위한 일자리가 더 많아질 것이라는 주장은 비록 근거는 없음에도 잘 없어지지 않는 것으로 나타났다."고 밝혔다.[54)] 2010년에 12개 선진국의 학자들이 참가한 미국의 NBERNational Bureau of Economic Research 연구도 55세 이상 고령자의 취업이 증가해도 청년층의 실업률이 상승하는 경향은 관찰되지 않았다고 결론을 내렸다.[55)] 즉, 고령 근로자와 청년 근로자는 기술과 능력이 다르며, 양자의 관계는 대체적이라기보다는 보완적인 것이 시사되었다.[56)]

이상과 같은 사례들 및 연구를 통해 볼 때 고령자와 청년층 간 일자리를 두고 경합하는지 여부에 관한 연구는 결론이 내려졌다고 보기 어렵다.[57)] 단순하게 직원관리만 하고 있는 직장이라면 경합관계에 있을 것이나, 기술진보가 있는 직장이라면 새로운 일자리가 생겨나고 고령자와 신입직원인 청년 간에 기술전수가 이루어지면서 보완적 관계에 있게 된다. 이렇듯 각국의 사례와 그에 대한 연구를 통해 볼 때 청년층의 고용과 고령층의 고용 간에는 대체관계가 존재한다고 인정하거나 존재하지 않는다고 부인하기 어렵다고 본다. 총량적으로 볼 때는 고령층이 일자리를 물려주어야 새로운 일자리가 생길 것으로 보이나, 경제가 다소라도 성장하면 일자리 총량이 늘어날 수도 있고, 조기은퇴 및 구조조정을 억제하는 법률적 제도나 강력한 노동조합이 존재하면 일자리의 승계를 어렵게 한다. 설사 그렇지 않더라도 고용주의 입장에서는 늘 기업 운영의 효율성을 중시하기 때문에 고용을 최소화하고 로봇 등 노동력을 최소로 필요로 하는 생산방식을 채택함으로써 수적인 측면에서든 임금으로 표현되는 고비용이 그대로 유지된다고 보기 어렵다. 더구나 청년층을 신규로 고용하되 비정규직의 비중을 높인다면 고령층만 퇴직한 채 청년층 고용의 질은 나빠진다.

또한 독일의 사례에서 확인할 수 있듯이 고령층의 퇴직을 통해 마련된 일자리가 청년층이 선호하는 일자리가 아닐 경우 청년층은 실업상태에 있고 노동력 부족이 발생하여 이민과 같은 새로운 노동력 공급원을 찾게 되는 일도 발생할 수 있다. 그리고 고령층이 자립할 수 있을 정도로 노후준비가 기본적으로 된 상태가 아닌 채로 퇴직할 경우 이들에 대한 사회적 부양의 문제는 청년층 실업의 문제와 같이 남게 된다. 결국 고령층에 대한 사회적 부양과 청년층 고용이라는 사회적 가치를 대립적으로 볼 것인지 조화로운 대안을 찾을 것인지의 문제로 바꿔게 된다.

　우리나라에서는 고령자고용촉진법 개정안이 시행되기 시작한 2016년 이후로 정년 연장의 혜택을 받게 될 근로자가 1명 많아지면 고령층 고용은 0.6명 증가하고 청년층 고용은 0.2명 감소한 것으로 나타났다.[58] 이러한 결과는 이미 직장 생활을 하고 있는 고령자는 쉽게 해고되기 어려운 반면에 청년층의 신규고용은 경기부진 등으로 늘어나지 않은 현실을 반영한다고 본다. 따라서 고령자고용촉진법 개정안의 시행으로 고령자 고용이 늘고 청년층 고용이 감소했다 하여 직접적으로 고령자와 청년층 간에 일자리를 둘러싼 세대충돌이 발생했다고 단정하기는 어렵다고 생각한다.

　더구나 점진적 은퇴를 원하는 고령자는 일단 법정 정년연령을 넘긴 후 구직을 하는 고령자이다. 그렇기 때문에 이들이 원하는 일자리는 청년층이 원하는 일자리와 대개는 겹치지 않는다. 따라서 점진적 은퇴를 원하는 고령자들과 청년층 간 일자리 경쟁이 발생하는 경우는 별로 없을 것으로 보인다.

급증하는 고령자 대상 복지비 지출

▌ 사회보장제도의 재원은 어떻게 조달되는가

　고령자 대상 복지비 지출을 살펴보기 위해서는 먼저 사회보장제도 전반에 대한 정부의 재정 지원이 어떻게 이루어지고 있는지를 살펴볼 필요가 있다. 사회보장제도는 크게 사회보험제도, 기초연금, 공공부조, 사회복지서비스로 구성된다. 사회보험제도는 국민연금, 국민건강보험 및 노인장기요양보험, 산재보험, 고용보험으로 구성된다. 기초연금은 기초연금법에 의해 제공되는 연금이다. 공공부조는 국민기초생활보장법상의 7대 급여인 생계급여, 주거급여, 의료급여, 교육급여, 해산급여解産給與, 장제급여葬祭給與, 자활급여로 구성된다. 만약 생계급여를 받을 경우에는 기초연금은 중복지급을 하지 않는다. 사회서비스 중 사회복지서비스는 가장 좁은 의미의 사회서비스인데, 「사회보장기본법」에 따르면 "국가·지방자치단체 및 민간부문의 도움이 필요한 모든 국민에게 복지, 보건의료, 교육, 고용, 주거, 문화, 환경 등의 분야에서 인간다운 생활을 보장하고 상담, 재활, 돌봄, 정보의 제공, 관련 시설의 이용, 역량 개발, 사회참여 지원 등을 통하여 국민의 삶의 질이 향상되도록 지원하는 제도"를 말한다.[59] 서비스 대상에 따라 장애인 서비스, 노인 서비스, 아동 및 청소년 서비스, 보육 서비스, 여성 및 가족 서비스, 기타 서비스로 구성된다.[60]

　사회보험제도 중 공적 연금제도인 특수직역연금과 국민연금은 정부의 재정 지원을 받으나 내역 면에서는 크게 상이하다. 공무원연금과 군인연금의 경우 재원의 절반 이상을 정부가 부담하고, 사학연금의 경우에는 재원 중 일부만 정부가 지원을 한다. 국민연금은 기본적으로는 사회보험료로부터 재원이 조달되나, 일부 계층은 보험료에 대해 재정 지원을 받으며, 운영비에 대해 재정이 지원된다. 반면에 기초연금은 사회보험이 아니므로 전적으로 정부 재정으로부터 재원이 조달된다. 다만 기초연금의 지급에 필요한 비용은 중앙정부와 지방정부가 법률에 정한 바에 따라 분담하도록 되어 있다.[61]

국민건강보험은 국민연금과 유사하게 기본적으로는 사회보험료로 운영되고, 재원의 일정 비율을 정부가 지원하는 구조로 되어 있다. 국민건강보험에 대한 재정 지원은 「국민건강보험법」 제108조에 따라 매년 예산의 범위에서 보험료 예상수입액의 14%에 해당하는 금액을 지원하되, 2022년 12월 31일까지만 지원하도록 되어 있다.[62]

그리고 노인장기요양보험은 재원의 대부분을 사회보험료인 건강보험료에 부가하여 조달하며, 정부 재정에서 일부 지원을 받는다. 노인장기요양보험에 대한 국가의 재정 지원은 「노인장기요양보험법」 제4조와 제58조에 따라 이루어지는데, 국가는 매년 예산의 범위 안에서 당해 연도 장기요양보험료 예상수입액의 20%에 상당하는 금액을 국민건강보험공단에 지원하도록 되어 있다. 또한 국가와 지방자치단체는 대통령령으로 정하는 바에 따라 의료급여수급권자의 장기요양급여비용, 의사소견서 발급비용, 방문간호지시서 발급비용 중 공단이 부담하여야 할 비용[63] 및 관리운영비의 전액을 부담하도록 되어 있다.

산재보험은 「산업재해보상보험법」에 따라 보험사업에 드는 비용의 일부와 보험사업의 사무집행에 드는 비용을 정부의 재정에서 지원하고 있다. 그리고 고용보험도 산재보험과 유사하게 「고용보험법」에 따라 보험사업에 드는 비용의 일부와 보험사업의 관리·운영에 드는 비용을 정부의 재정에서 부담하고 있다.

공공부조의 재원은 모두 정부의 예산으로 조달된다. 다만 공공부조의 보장비용은 중앙정부와 지방정부가 법률에 정한 바에 따라 분담하도록 되어 있다.

사회서비스는 국가와 지방자치단체의 책임으로 시행하는 것을 원칙으로 하고 있고, 다만 국가와 지방자치단체의 재정 형편 등을 고려하여 이를 협의·조정할 수 있도록 되어 있다. 이에 따라 우리나라 사회서비스는 중앙정부가 재정의 일부를 배정하는 국고지원사업과 지방정부에서 전액을 배정하는 지방이양사업으로 구성되어 있다.

▮ 빠르게 증가하는 고령자 복지비

　고령자를 지원하는 복지제도는 다양할 뿐만 아니라 국가와 지방정부가 운영과 재정 지원을 분담하고 있어서 이를 종합적으로 파악하지 않으면 실상이 제대로 파악되지 않는다.

　노후보장 관련 사회보장제도 중 사회보험제도로는 국민연금 및 특수직역연금과 국민건강보험 및 노인장기요양보험이 주된 역할을 한다. 그리고 기초생활보장제도 중에서는 노인을 대상으로 하는 생계급여, 주거급여, 의료급여가, 사회복지 서비스 중에서는 노인주거복지시설, 노인의료복지시설, 노인여가복지시설, 노인재가복지시설, 노인돌보미서비스 등이 노후보장 역할을 맡고 있다. 또한 조세로 조달되는 기초연금이 노후소득보장을 하고 있다.

　먼저 사회보험제도 중 국민연금에 대한 최초의 국고보조금은 1995년부터 시작된 농어업인에 대한 연금보험료 지원사업에 지출되었다. 이후 2012년부터는

〈표 3〉 국민연금에 대한 정부 재정 지원 현황

(단위: 억 원, %)

구분	2016	2017	2018	2019	2020	연평균 증가율
크레딧 지원 소계	666	546	622	652	838	5.9
출산 크레딧 급여	0.5	1	2	2	2	40.8
실업 크레딧 지원	666	545	621	650	836	5.8
보험료 지원 소계	6,032	6,050	9,083	13,572	11,814	18.3
사회보험사각지대 해소	4,281	4,291	7,306	11,551	9,947	23.5
농업인연금보험료 지원	1,751	1,759	1,777	2,021	1,802	0.7
어업인연금보험료 지원	–	–	–	–	65	–
국민연금공단 관리운영비	100	100	100	100	100	0.0
계	6,798	6,696	9,805	14,323	12,752	17.0

주: 1) 각 연도 추경 기준(2020년 추경은 4월 30일 기준)
　　2) 출산크레딧급여, 국민연금공단관리 운영비 사업은 국민연금기금으로 전출된 것으로 총지출에 포함되지 않는 지출임(국민연금기금 지출액에 포함됨)
자료: 국회예산정책처(2020b), p. 29.

〈표 4〉 공무원연금 및 군인연금에 대한 정부 재정 지원 현황

(단위: 억 원, %)

구분	2016	2017	2018	2019	2020	연평균 증가율
공무원연금	8,216	9,760	10,024	5,941	4,405	-14.4
군인연금	13,665	14,657	15,100	15,740	15,779	3.7
합계	21,881	24,417	25,124	21,681	20,183	-2.0

주: 1) 각 연도 추경 기준(2020년 추경은 4월 30일 기준)
　　2) 두 사업은 각각 공무원연금기금과 군인연금기금으로 전출된 것으로 총지출에 포함되지 않는 지출임
　　　(각 연금기금 지출액에 포함됨)
　　3) 공무원연금의 전체 보전금의 일부는 지자체가 부담하나 동 표는 중앙정부 기준으로 작성
자료: 국회예산정책처(2020b), p. 30.

1인 이상 사업장의 사업장가입자를 확대하기 위해 두리누리사회보험지원사업을 시작하면서 국고보조금 대상이 확대되었고, 2016년부터는 실업기간에 대하여 일정 요건을 갖춘 사람이 신청하는 경우 가입기간을 추가 산입해주는 제도인 실업크레딧에도 확대되었다. 또한 급여지원제도로 2008년부터 출산크레딧과 군복무크레딧이 도입되었다. 그 외에 국민연금공단 관리운영비로 매년 100억 원이 지원되고 있다.

다음으로 특수직역연금에 대한 재정 지원 중 공무원연금에 대한 적자보전금은 2010년에는 1조 3천억 원이었지만 2020년에는 4,405억 원으로 낮아졌다. 군인연금은 1977년부터 적자보전이 이루어졌는데, 2020년에는 2조 183억 원의 국가보전금이 제공되고 있다. 공무원연금의 적자보전액이 2019년부터 줄어드는 추세인 반면, 군인연금은 계속해서 증가 추세를 보였다.

기초연금은 2014년 7월 도입 당시 전체 노인을 대상으로 지급할지 여부를 둘러싸고 논란이 되기도 했으나, 고령자의 70%에 대한 연금 지급을 목표로 제도가 운영되고 있다. 또한 사회보장제도의 기초생활보장제도에서 생계급여와 기초연금의 중복지급을 막고 있다. 이에 따라 기초연금을 받을 경우 생계급여가 삭감될 뿐만 아니라, 의료급여를 받지 못할 우려도 있다. 2020년 9월 현재 기초연금 미수급자는 5만 9,992명으로 생계급여 수급자의 12.3%를 차지하고 있고, 매년 미수급자의 비율은 높아지고 있다.[64] 2014년 7월부터 기초연금 지급이 시

<표 5> 기초(노령)연금 지급 실적 추이

(단위: %, 조 원)

구분	2011년	2012년	2013년	2014년	2015년	2016년	2017년	2018년	2019년	2020년
수급률	67.0	65.8	65.0	66.8	66.4	65.6	66.3	67.1	66.7	–
지급실적	3.8	4.0	4.3	6.8	9.7	9.9	10.5	12.0	14.8	16.8
– 국비	2.8	3.0	3.2	5.1	7.3	7.6	8.1	9.2	11.5	13.2
– 지방비	1.0	1.0	1.1	1.7	2.4	2.4	2.5	2.8	3.3	3.6

주: 2013년까지는 기초노령연금 지급실적이고, 2014년은 기초노령연금과 기초연금의 지급실적을 합한 금액이며, 2020년은 예산 기준임

자료: 보건복지부, 『2020 보건복지통계연보』, pp. 428~429.

작되었으므로[65] 기초연금의 1년 지급액은 2015년 통계부터 확인할 수 있다. 2020년에는 16조 8천억 원의 예산이 편성되었는데, 이는 2015년의 9조 7천억 원에 비하면 1.7배 이상 커진 금액이다.

정부는 농지연금과 퇴직연금 사업운영을 위해서도 재정 지원을 한다. 농지연금은 근거법인 「한국농어촌공사 및 농지관리기금법」에 의거하여 재정 지원을 받을 수 있는데, 2016년 498억 원이 지출되었으나 2020년에는 1,479억 원의 예산이 편성될 정도로 최근 5년간 연평균 31.3%의 증가율을 기록하였다. 또한 정부는 30인 이하 사업장을 대상으로 근로복지공단을 통한 퇴직연금사업 운영을 지원하고 있는데, 이를 위해 지출되는 금액은 매년 축소되고 있다. 2016년에 46억 원이 소요되었는데, 2020년에는 28억 원의 예산이 편성되었다.

<표 6> 기타 노후소득보장체계 정부 재정 지원 현황

(단위: 억 원, %)

	2016년	2017년	2018년	2019년	2020년	연평균 증가율
농지연금	498	663	923	1,299	1,479	31.3
퇴직연금사업 운영	46	24	35	36	28	−11.6
계	544	687	958	1,335	1,507	29.0

자료: 국회예산정책처(2020b), p. 31.

〈표 7〉 국민건강보험 수입 추이(1977~2020년)

(단위: 10억 원)

	1977	1981	1989	2000	2005	2010	2015	2018	2019	2020
수입 계	15	275	1,812	9,828	21,091	33,949	53,292	62,716	66,913	76,664
건강보험료	14	248	1,459	7,229	16,928	28,458	44,330	53,896	59,133	63,490
국고지원금	0.307	2	221	1,553	2,770	3,793	5,572	5,190	5,972	7,083
담배부담금	–	–	–	–	925	1,063	1,519	1,880	1,808	1,880

주: 결산 기준. 2020년은 예산 기준.
자료: 보건복지부, 『건강보험통계연보』, 각 연도.

국민건강보험에 대한 정부지원금은 지역조합과 직장조합이 국민건강보험으로 통합되었던 2000년에 1조 5,527억 원이던 것이 2020년에는 7조 826억 원으로 20년 동안 4.6배 증가하였다. 2005년부터는 사실상 조세의 성격을 갖는 담배부담금이 지원되었는데, 2005년 9,250억 원에서 2020년 1,880억 원으로 15년 사이에 두 배가 늘었다.

우리나라의 국민의료비는 급속히 증가하는 추이를 보이고 있다. 여기에는 여러 가지 이유가 있겠지만, 인구의 고령화에 따른 노인의료비의 급증, 급여 수가 억제에 따른 비급여의 급증, 의료접근성 향상 등을 대표적으로 꼽을 수 있을 것이다.

노인의료비를 연령별 진료비가 제공되는 국민건강보험 통계를 통해 확인해 보면 전체 진료비에서 65세 이상의 연령층이 차지하는 비중이 급격히 증가하고 있음을 확인할 수 있다. 2014년 65세 이상 노인인구가 지출한 의료비는 국민건강보험 진료비 기준으로 19조 4,969억 원으로 전체 급여비의 35.8%를 차지하였다. 2019년 기준으로는 41.6%를 차지하여 고령화에 따른 영향이 급격히 커지고 있음을 알 수 있다.

그런데 이러한 추세는 향후에도 지속될 가능성이 높다. 우선 인구구조의 고령화 수준이 지속적으로 높아질 것이기 때문이다. 다음으로 노인들이 의료비를 부담할 능력이 제고될 것이기 때문이다. 마지막으로 의료기술의 발전으로 수가가 빠르게 인상되거나 비급여 대상 진료가 확대될 수 있기 때문이다. 국민건강보험공단 건강보험정책연구원의 연구에 따르면 2060년에는 우리나라 65살 이상 노인의 진료비가 최소 271조 2백억 원에서 최대 337조 1천억 원에 이를 가능성

<표 8> 시나리오별 65세 이상 노인 진료비 지출 추계 결과

(단위: 억 원, %)

	시나리오1		시나리오2		시나리오3		시나리오4	
	금액	GDP 대비 비중	금액	GDP 대비 비중	금액	GDP 대비 비중	금액	GDP 대비 비중
2014	198,604	1.34	198,604	1.34	198,604	1.34	198,604	1.34
2015	215,785	1.41	215,751	1.41	216,053	1.42	215,993	1.41
2020	355,223	1.84	354,261	1.84	351,449	1.82	349,655	1.81
2025	579,446	2.42	575,362	2.40	569,045	2.37	561,214	2.34
2030	876,130	3.06	865,241	3.03	859,762	3.01	838,336	2.93
2035	1,230,288	3.71	1,207,082	3.64	1,209,792	3.65	1,163,020	3.51
2040	1,638,396	4.33	1,594,893	4.22	1,614,292	4.27	1,524,616	4.03
2045	2,067,196	4.83	1,992,127	4.65	2,039,246	4.76	1,881,214	4.39
2050	2,512,007	5.21	2,389,966	4.96	2,479,871	5.15	2,217,878	4.60
2055	2,928,744	5.44	2,739,373	5.09	2,892,866	5.37	2,478,876	4.60
2060	3,371,131	5.67	3,089,583	5.20	3,336,130	5.61	2,710,165	4.56

주: 1) 시나리오 1은 순수한 고령화(노인인구의 건강상태의 개선이 없이 평균수명만 증가하는 고령화), 소득탄력도 1, 잔차증가율 2060년까지 유지 가정

2) 시나리오2는 순수한 고령화, 소득탄력도 1.0, 잔차증가율 2060년 1에 수렴 가정

3) 시나리오3은 순수한 고령화, 소득탄력도 0.8, 잔차증가율 2060년까지 유지 가정

4) 시나리오4는 순수한 고령화, 소득탄력도 0.8, 잔차증가율 2060년 1에 수렴 가정

자료: 이수연·이동헌·조정완(2015)

이 있다.[66] 이에 따라 향후 고령자의 의료비가 사회적으로 해결해야 할 중요한 이슈가 될 것이 분명하다.

노인장기요양보험에 대한 국고지원은 여러 근거하에 운영된다. 먼저 가장 큰 비중을 차지하는 국고지원금은 「노인장기요양보험법」 제58조에 따라 장기요양보험료 예상 수입액의 20%에 상당하는 금액을 국고에서 지원한다. 동 제도가 처음 도입되었던 2008년 1,207억 원에서 2019년에는 8,912억 원으로 증가하였는데, 국고지원금의 투입 비중은 18% 내외에 머무르고 있다. 그 외에 공무원·사립학교 교원 등의 장기요양보험료에 대한 국가부담금공·교부담금, 기타의료급여

<표 9> 노인장기요양보험에 대한 국고지원금 현황

(단위: 억 원, %)

	2008년	2010년	2015년	2016년	2017년	2018년	2019년
보험료수입	4,770	18,316	28,572	30,805	32,560	38,725	48,674
국고지원금	1,207	3,323	5,166	5,525	5,822	7,107	8,912
국고지원금 투입 비중	25.3	18.1	18.1	17.9	17.9	18.4	18.3

주: 1) 보험료수입은 징수액 기준임
    2) 국고지원금 투입 비중 = (국고지원금/보험료수입)×100
자료: 국민건강보험공단, 『노인장기요양보험통계연보』, 각 연도.

수급권자의 급여비용에 대한 국가부담금타법 의료급여 부담금, 노인장기요양보험 사업관리, 장기요양기관 재무회계프로그램 구축 운영이 있다.

고령 인구의 증가로 인해 국민건강보험과 노인장기요양보험의 재정 적자가 커지게 되면 연명 치료에 대한 윤리 논쟁이 더 커질 것이다. 현재도 연명 치료 받기를 원하지 않을 경우 미리 문서로 의사를 밝힘으로써 연명 치료를 받지 않을 수 있다. 그러나 그렇게 미리 자신의 의사를 밝히는 사람의 비중은 그다지 크지 않을 가능성이 높아지면서 연명 치료의 효과성에 대한 논란과 함께 연명치료 중단에 따른 윤리적 측면에 대한 문제제기가 활발해질 것이다.

국민기초생활보장제도를 운영하기 위해 소요되는 정부 예산은 중앙정부와 지방정부가 분담하는데, 지방정부의 재정자립도 차이를 고려하고 있다.[67] 국민기초생활 수급자 총 급여액은 2015년부터 기존의 통합 급여에서 주거 급여국토교통부와 교육 급여교육부 업무가 각 부처로 이관되었음에도 2008년 3조 6,760억 원에서 2018년 4조 4,888억 원으로 늘었다. 2018년 기준으로 생계급여는 4조 4,587억 원, 해산장제급여는 300억 원으로 생계급여가 거의 대부분을 차지하고 있다. 기초생활보장 수급자 가구 중 노인세대 가구의 비중은 2018년 현재 28.9%로 2008년의 28.5%와 비슷한데, 이들 노인세대 가구에 지급된 금액은 정확한 통계가 발표되지 않으므로 생계급여 4조 4,587억 원에 28.9%를 적용하면 1조 2,886억 원으로 추정된다. 이와는 별도로 집계되는 의료급여비 중 기금부담금은 2008년에 4조 3,578억 원에서 2018년 7조 6,355억 원으로 9년만에 3조 2,777억 원이 증가하였다. 2018년 의료급여 기금부담금 중에서 65세 이상의 노

<표 10> 노인 대상 사회서비스 관련 예산 추이

(단위: 억 원, %)

	2016년	2017년	2018년	2019년	2020년	증가율
치매국가책임제 사업	285	2,312	1,601	2,507	2,267	68.0
노인 돌봄 서비스	1,563	1,690	2,979	3,574	3,728	24.3
합계	1,848	4,002	4,580	6,081	5,995	34.2

주: 각 연도 추경 기준(2020년은 4월 30일 기준)
자료: 국회예산정책처(2020c)

인들을 대상으로 한 금액은 3조 7,101억 원으로 48.6%를 차지하고 있다. 따라서 2018년에 65세 이상의 노인들에게 생계급여와 의료급여로 지출된 액수는 4조 9,987억 원이다.

사회서비스 중 노인 대상 서비스는 치매관리 관련 사업과 노인 돌봄 사업이 있다.[68] 노인 대상 사회서비스를 위해 2016년에 정부가 지출한 금액은 1,848억 원인데 연평균 34.2% 증가하여 2020년에는 5,995억 원으로 늘어났다.

▌재정의 지속가능성을 위협하는 고령자 복지비

인구의 고령화가 빠르게 진행되면서 연금 지출과 의료비 지출이 빠르게 증가하게 된다. 이 두 분야는 모두 사회보험과 민영보험이 연계되어 주된 역할을 하고 있으나, 사회보험은 보험료 인상에 어려움이 있어 적자가 확대되면서 일정한 한계를 가지고 있다.

먼저 공적 연금의 경우 특수직역연금은 2033년에 재정수지 적자로 전환될 것으로 예상되는 사학연금을 제외한 군인연금과 공무원연금이 이미 수입에 비해 지출이 커서 정부의 재정 지원이 계속 커질 전망이다. 국민연금의 재정수지가 적자에 도달하는 시점은 사학연금에 비해 늦은 2039년으로 예상되고 있다.[69] 따라서 연금 부문에서 정부 재정 지원은 단기적으로는 군인연금과 공무원연금을 중심으로 커질 것이나, 중장기적으로는 사학연금과 국민연금의 재정 적자가 더해지면서 규모가 더욱 커질 전망이다.

먼저 공무원연금의 재정 적자는 2020년 불변가격 기준으로 2020년 2조 1천억 원에서 2030년에는 6조 8천억 원, 2050년에는 약 17조 2천억 원으로 급격히 증가할 것으로 전망되었다. 그리고 군인연금의 재정 적자는 2020년 1조 7천억 원에서 2030년에 2조 5천억 원, 2050년에 4조 2천억 원으로까지 증가할 전망이다.[70]

특수직역연금 이외에 기초연금도 2021년까지 수급자 전원에게 매월 30만 원을 지급한다는 정부의 시나리오에 따르면 2021년에 18조 8천억 원, 2027년에 28조 6천억 원의 재정 지원이 필요할 전망이다.[71] 또한 2031년 34조 4천억 원, 2041년 52조 원, 2051년에는 66조 3천억 원이 소요될 것으로 전망된다.[72]

공적 연금에 대한 재정 지원 필요성에 더하여 건강보험과 관련한 재정 지원도 확대될 것으로 전망된다. 65세 이상 고령자 세대의 진료비는 2019년 기준으로 1인당 491만 원인데, 향후 2030년에는 최대 675만 원으로까지 증가할 수 있다. 이러한 의료비 지출을 위한 재원은 주로 국민건강보험에 의존하게 되는데, 부과방식의 재정구조[73]를 가지고 있어 가입자의 건강 리스크의 크기와 무관하게 소득 또는 자산의 크기에 비례하여 보험료를 납부해야 한다. 진료비 이외에 비급여 본인부담금을 3백만 원 가까이 부담해야 하여 1인당 의료비는 1천만 원 내외가 될 전망이다.

연령 증가에 따른 의료비 지출은 대체로 U자를 그리는데, 고령일수록 의료비 지출이 많지만 젊다고 해서 의료비 지출이 전혀 없는 것은 아니다. 따라서 중위 연령에 속하는 근로집단은 보험료 부담에 비해 적은 급여 혜택을 받는 반면에 고령층은 보험료에 비해 훨씬 큰 급여 혜택을 받는다. 인구구조상 고령자의 비중이 높아지는 경우 근로집단은 보험료를 많이 부담하게 되면서 세대 간 공평성이 더 나빠지게 된다.

국회예산정책처에 따르면 고령화와 직접 연관된 공공부조·사회보험·공적 연금 등 복지분야 의무지출의 총지출 대비 비율은 2020년 23.2%에서 2070년 36.0%까지 상승하는 것으로 분석되었다. 그리고 복지 분야 의무 지출의 비중은 주로 공적 연금 수급자 수 및 연금 급여액 증가 등으로 인해 2020년대부터 급속히 증가하기 시작한다고 진단했다.[74]

〈표 11〉 복지 분야 의무 지출 장기 재정 전망

(단위: 조 원, %)

항목	세부 내역	2020	2030	2040	2050	2060	2070	연평균 증가율
복지 분야 의무 지출 (GDP 대비 비율)		127.5	193.2	263.8	333.0	393.7	437.6	2.5
		(6.6)	(8.0)	(9.4)	(10.6)	(11.5)	(12.0)	
공적연금	국민연금	29.2	58.6	102.5	154.0	204.7	242.1	4.3
	사학연금	4.5	6.3	7.7	8.8	10.3	12.5	2.1
	공무원연금	18.2	26.2	33.2	40.2	45.9	49.8	2.0
	군인연금	3.5	4.6	5.7	6.7	7.7	8.7	1.8
	소계	55.4	95.8	149.0	209.6	268.5	313.1	3.5
사회보험	건강보험	10.1	17.2	19.2	20.4	21.2	21.7	1.5
	노인장기요양보험	1.4	2.5	2.7	2.9	2.9	2.9	1.5
	고용보험	14.6	13.1	14.3	15.2	15.7	16.2	0.2
	산재보험	5.6	6.7	7.4	7.7	7.8	7.8	0.7
	소계	31.7	39.6	43.6	46.2	47.7	48.7	0.9
공공부조	국민기초생활보장	13.5	20.5	26.9	30.3	31.4	31.2	1.7
	기초연금	13.3	22.3	30.1	33.8	34.1	32.5	1.8
	영유아보육	3.4	3.8	3.3	2.9	2.4	2.5	−0.6
	아동수당	2.3	1.8	1.5	1.1	0.8	0.7	−2.5
	소계	32.5	48.4	61.8	68.1	68.7	66.8	1.5
복지 분야 기타	보훈	4.7	5.4	5.3	5.0	4.9	5.0	0.1
	기타 복지	3.2	4.0	4.1	4.1	4.0	4.0	0.5
	소계	7.9	9.5	9.3	9.1	8.9	9.0	0.3
복지 분야 의무 지출 대비 비중								평균
– 공적연금		(43.5)	(49.6)	(56.5)	(63.0)	(68.2)	(71.5)	(63.0)
– 사회보험		(24.8)	(20.5)	(16.5)	(13.9)	(12.1)	(11.1)	(14.6)
– 공공부조		(25.5)	(25.0)	(23.4)	(20.5)	(17.4)	(15.3)	(19.3)
– 복지 분야 기타		(6.2)	(4.9)	(3.5)	(2.7)	(2.3)	(2.1)	(3.2)

주: 1) 전망액은 2020년 불변가격

　　 2) 전망액이 불변가격인 경우 연평균 증가율은 경상가격의 연평균 증가율에 비해 낮게 나타남

자료: 국회예산정책처(2020e), p. 40.

지출 항목별 연평균 증가율은 국민·공무원·사학·군인·기초연금으로 구성된 연금이 가장 높은 3.5%로 전망되었다. 이는 의무지출에서 차지하는 비중이 큰 국민연금과 공무원연금이 인구고령화에 따른 노인 인구 증가에 따라 급속하게 증가하기 때문인 것으로 보인다. 지출 규모 측면에서도 2070년 공적 연금 의무 지출 규모는 2020년에 비해 5.7배 증가하는 반면, 공공부조는 2.1배, 사회보험은 0.5배 증가하여 변화가 크지 않을 것으로 전망되었다.

사회보장의 한계와
세대충돌

CHAPTER 04 고령화의 심화와 사회보장 재정의 위기

우리나라의 기대수명은 1970년만 하더라도 61.9세남자 58.7세, 여자 65.6세이었으나 2019년 기준으로 83.3세남자 80.3세, 여자 86.3세로 추계될 정도로 급격히 늘어 왔다. 이렇게 우리 사회는 빠른 수명연장을 통해 장수의 축복을 누릴 수 있게 되었다.

그러나 합계출산율은 1970년 4.530명에서 2019년에는 0.918명으로 낮아짐으로써 OECD 회원국들 중에서 가장 낮다. 인구 증가를 걱정하여 한 자녀 갖기 운동이 국가정책 차원에서 불과 20여 년 전까지 이루어지던 것을 생각하면 그러한 정책 추진이 적절한 것이 아니었다는 것을 쉽게 알 수 있다.

이러한 수치에 대해 문제가 있음을 인식한다 해도 이러한 추세를 쉽게 바꿀 수 없다는 데 정책적 한계가 존재한다. 정부가 2017년에 발표한 장래 합계출산율 전망치를 보면 중위추계를 기준으로 2017년 1.05명에서 2021년에 0.86명까지 낮아진 후 점진적으로 상승하여 2025년이 되면 1.00명, 2030년 1.14명, 2040년에서 2067년 사이에는 1.27명을 유지할 것으로 추정된다.75) 합계출산율이 높아진다고는 하나 세대의 단순재생산을 위해 필요한 2.04명과는 크게 차이가 나는 수치이다. 이에 따라 빠른 고령화는 피할 수 없는 일이 되었다.

❙ 장수의 축복을 어떻게 떠받칠 것인가

어쨌든 수명은 빠르게 늘고 출산율은 빠르게 낮아지면서 우리는 세계에서 가장 빠르게 고령화사회에서 고령사회로 전환한 국가가 되었다. 그동안 가장 빠르게 고령화사회에서 고령사회로 이행한 일본의 기록이 23년이었는데, 우리는 18년만에 도달하게 된 것이다. 즉, 2000년에 전체 인구에서 65세 이상 인구의 비

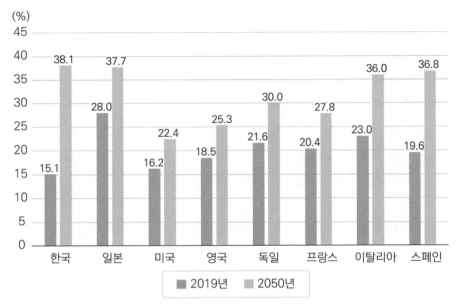

[그림 3] 주요국의 65세 이상 고령 인구의 비중 변화

자료: UN DESA(2020), pp. 43~51.

중이 7%를 넘는 고령화사회에 도달하였는데, 2018년에 14%를 넘겼기 때문이다. 이는 1995년 예측 당시 19년이었던 것에 비해 1년이 앞당겨진 것이다.

UN DESA의 2020년 보고서에 따르면, 우리나라는 65세 이상 고령 인구의 비중이 2019년 현재 15.1%인데, 2050년이 되면 38.1%가 되어 OECD 회원국들 중 가장 높은 국가가 될 전망이다. 현재 65세 이상 고령 인구의 비중이 우리나라보다 높은 일본, 이탈리아, 독일, 프랑스, 스페인, 영국, 미국보다 더 높아질 전망이다.

인구구조의 고령화는 세대 관점에서 볼 때는 고령 세대의 비중은 높아지고 이를 부양하는 생산가능인구의 비중은 낮아져 불가피하게 부양 부담이 커짐을 의미한다. 부양비는 15~64세 인구 100명당 부양인구로 나타내는데, 총부양비는 유소년부양비와 노년부양비로 나뉜다. 1970년에 총부양비 83.8명 중 유소년부양비가 78.2명, 노년부양비가 5.7명에서 2000년에는 유소년부양비가 29.4명으로 낮아지고 노년부양비가 10.1명으로 높아져 총부양비는 39.5명으로 낮아진 데 이어, 2013년에는 유소년부양비가 20.1명으로 낮아지고 노년부양비가 16.7명으로 높아져 총부양비가 36.8명으로 최저수준이 되었다. 그러나 2012년부터 노년부양비의 높아지는 속도가 유소년부양비 낮아지는 속도보다 빨라지면서 2017년부터는 다시 총부양비도 높아지기 시작했다. 2012년에서 2016년 동안 36.2명에 머물렀던 총부양비는 2017년에 36.7명으로 높아진 후 2030년에는 유소년부양비 14.7명, 노년부양비 38.2명으로 총부양비가 53.0명으로 높아지고, 2065년이 되면 유소년부양비는 17.4명인 데 반해 노년부양비가 100명을 넘겨 100.4가 되면서 총부양비는 117.8명으로 높아질 전망이다.[76]

이렇게 세계에서 가장 빠른 고령화 속도를 보임에 따라 장수의 축복은 원치 않는 과제들을 남기게 되었다. 생산가능인구 대비 고령 세대의 비중이 높아짐에 따라 생산가능인구가 고령 세대를 부양할 부담이 빠르게 커지는데 이를 어떻게 극복할 수 있을 것인가 하는 문제가 사회적 과제가 되었다. 이는 더구나 고령 세대 부양의 책임이 개인이나 가족에 있던 것이 가족제도의 변화로 인해 한계를 맞이하면서 사회적 책임으로 전환되었기 때문에 부양받을 세대와 부양할 세대 간의 관계도 사적인 관계에서 공적인 관계로 전환되었다. 이에 따라 세대부양과 관련한 의사결정은 정치적 과정으로 표출될 수밖에 없게 되면서 정치의 역할이 중요해졌다. 이는 모든 사회보장제도가 법률에 입각하여 만들어지고 운영되는 데, 무언가 제도 개선을 하기 위한 급여 또는 부담의 조정은 결국 정치적 과정을 거쳐 법률을 개정해야 하기 때문이다.

이러한 부양 부담은 경제성장이 적절히 뒷받침될 경우 감당할 수 있으나 인구의 고령화로 경제가 저성장하면서 현실적으로 어려울 전망이다. 인구의 고령화는 생산가능인구의 부족으로 인한 생산능력의 저하를 가져오는 한편 소비를 축소시켜 생산을 유인하지 못하도록 함으로써 경제의 선순환구조에 문제를 일으켜 결국 저성장 경제구조를 가져왔기 때문이다.

▎사회보장제도의 확대는 양호한 경제적 조건을 필요로 한다

고령 세대의 노후보장을 위해 중요한 것은 소득보장제도 및 건강보장제도이다. 소득보장은 국민연금을 비롯한 공무원연금, 군인연금, 사학연금 등의 공적연금이 기본적인 역할을 담당하고, 건강보장은 국민건강보험과 노인장기요양보험이 기본적인 역할을 담당한다. 이러한 사회보장제도가 노후보장을 위해 제대로 역할을 하기 위해서는 제도의 지속가능성이 높아야 할 뿐만 아니라 국민이 이에 가입하여 혜택을 제대로 볼 수 있어야 한다.

그러나 현재 이들 제도는 광범위한 사각지대가 존재할 뿐만 아니라 제도의 지속가능성도 크게 낮은 것으로 평가되어 노후보장장치로서 의미는 크게 낮아지고 있다. 이렇게 된 데는 제도 설계의 오류가 가장 크다고 할 수밖에 없고, 그 다음으로는 예상하지 못한 어려운 경제 여건으로 인해 국민이 이 제도를 활용하여 노후준비를 적절히 할 수 없게 된 것을 꼽을 수 있다. 더 근본적으로는 이러한 제도가 중장기적으로 다양한 환경변화에 적응할 지속가능성이 높지 않은 데 있다고 할 수 있다. 대체로 한국경제의 고도성장기 말기에 도입된 각종의 사회보장제도는 새로운 환경변화를 고려했다고는 하지만 제도 도입 당시 예측했던 것과는 근본적으로 다른 환경변화가 생겨나고 있어 이에 적응하는 것이 용이하지 않은 것이다.

국민연금의 경우 제4차 재정계산 시에는 제3차 재정계산 시에 비해 거시변수의 수치를 낮추었다. 재정계산 시 사용한 여러 거시변수 중에서 실질경제성장률, 실질금리, 기금투자수익률이 중요하다. 실질경제성장률은 2018~2020년 기간 중 연평균 3.0%를 가정했으나 2018년 2.9%, 2019년 2.0%을 기록한 데 이어, 2020년에는 −1.3~−1.1%[77])의 경제성장을 하여 가정한 평균경제성장률 3.0%에는 크게 미치지 못할 것으로 보인다. 그리고 실질금리는 2018~2020년 기간 중 연평균 1.1%를 가정했으나 일반인 기대인플레이션을 적용하여 구한 실질금리는 2018년은 −1.10~−0.68%, 2019년은 −0.55~−0.38%, 2020년은 −1.13~−0.45%[78]) 이어서 가정에 크게 미치지 못하였다. 기금투자수익률은 명목 기준으로 2018~2020년 기간 중 연평균 4.9%를 가정했으나, 2018년 −0.92%, 2019년 11.31%, 2020년 상반기 3.56%의 수익률을 올려 2019년을 제외하고는 모두 가정한 기금투자수익률에 미치지 못했다. 이렇듯 몇 가지 변수만 확인해보더라도 재정계산 시 가정한 여건이 확보되지 못하고 있어 국민연금 제도는 예상처럼 유지되기 어렵다. 이는 다른 사회보장제도도 마찬가지로 적용할 수 있을 것이다.

<표 12> 국민연금 제4차 재정계산 시 적용한 가정

(단위: %)

구 분	'18~'20	'21~'30	'31~'40	'41~'50	'51~'60	'61~'70	'71~'80	'81~'88
실질경제성장률	3.0	2.3	1.4	1.0	0.8	0.5	0.6	0.6
실질임금상승률	2.1	2.1	2.1	2.0	1.9	1.8	1.7	1.6
실질금리	1.1	1.4	1.5	1.4	1.4	1.3	1.2	1.1
물가상승률	1.9	2.0	2.0	2.0	2.0	2.0	2.0	2.0
기금투자수익률	4.9	4.8	4.6	4.5	4.5	4.4	4.4	4.3

주: 제시된 경제변수 가정은 해당기간의 단순평균임
자료: 국민연금재정추계위원회(2018), p. 33.

물론 사회보장제도의 지속가능성에 대해 전망할 때에는 낙관적 전망, 중간 전망, 비관적 전망 등의 시나리오에 입각하지만, 대개의 경우 정치적 파장 등을 고려하게 된다. 이러한 과정에서 필요한 개정이 적시에 이루어지지 못한 채 계속해서 다음 정권으로 미루어져 일종의 '폭탄 돌리기' 상황이 발생할 수 있다. 그렇게 되면 충격적 대응을 하지 않고도 해결될 수 있었던 문제가 큰 충격을 동반하여 더 해결하기 어려워질 수도 있다. 따라서 경제변수의 정확한 전망과 함께 제도 운영의 투명성 확보는 물론 의사결정 구조의 민주화가 필요하다. 더구나 재정 적자의 영향이 후세대에게 전가되는 구조가 존재한다면 어떻게든 후세대의 이해를 반영하려는 노력이 필요할 것이다.

▮ 공적 연금의 재정 위기가 가장 심각하다

공적 연금에는 국민연금, 기초연금, 그리고 특수직역연금이 포함된다. 이들 연금의 특징은 정부가 직접적으로 제도를 설계하고 운영할 뿐만 아니라 정부의 일반재정에서 재원을 지원하는 점에 있다. 여기에서는 다른 여러 이슈들보다도 재정 지원에 초점을 맞추어 살펴보기로 한다.

먼저 국민연금의 경우 아직은 적립규모에 비해 급여 지급액이 적기 때문에 흑자를 보이고 있으나, 한편으로는 일부 계층에 대해 두루누리지원사업을 통해

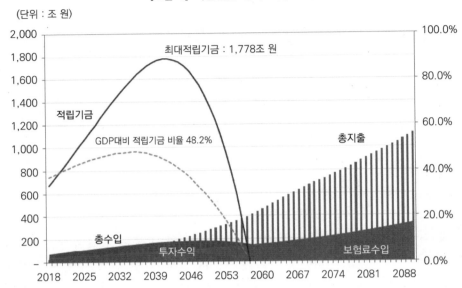

[그림 4] 국민연금 장기 재정 전망

(단위 : 조 원)

자료: 국민연금재정추계위원회·국민연금제도발전위원회·국민연금기금운용발전위원회(2018), p. 7.

보험료를 지원하고 국민연금 운영비를 지원하고 있다. 2019년에는 일반재정으로부터 국민연금에 1조 4,323억 원을 지원하였다.

그러나 2018년 재정계산 결과에 따르면 2042년부터 적자를 보이기 시작하여 2057년에는 기금이 고갈될 것으로 예상되고 있다.[79] 2057년이 되면 기금이 고갈되어 총수입은 투자수익은 0이 되고 보험료 수익만 147조 2천억 원인 데 반해 연금급여액 414조 4,770억 원을 포함한 총지출은 415조 9,920억 원이 되어 268조 7,910억 원의 적자를 보일 것으로 전망되었다. 이를 GDP 대비 비율로 환산하면 총수입은 2.4%, 총지출은 6.9%가 되어 수지는 4.5%가 적자이다.

이렇듯 기금이 고갈되면 국민연금의 재정방식은 결국 현재와 같은 수정적립방식이 아니라 부과방식으로 전환될 것이다. 즉, 매년 필요한 연금액을 그해에 거두어 지급해야 하는 상황이 되는 것이다. 이렇게 되면 정부는 완전 조세방식으로 제도를 전환할지, 아니면 기존의 국민연금 제도를 유지하면서 적자 부분만 정부 재정으로 지원할지 등을 검토하여 제도를 개편할 것이다. 만약 조세방식으로 전환하게 되면 기존에는 사회보험료로 납부하던 금액이 전부 조세로 전환되어 일시적으로 정부의 재정 지원이 크게 나타날 수 있을 것이다. 또한 기존에 기여한 정도에 따라 급여를 달리 해야 할지도 결정해야 한다. 궁극에는 재정방식 전환에 따른 이행 프로그램을 마련해야 한다.

반면에 재정 적자만큼만 정부가 재정을 지원하는 방식으로 하게 되면 정부의 직접적 재정 지원 금액은 전자의 방식에 비해 상대적으로 작게 나타날 것이다. 그러나 국민연금의 혜택을 받지 못하는 계층에서는 왜 국민연금의 적자를 일반 재정으로 지원해야 하는가에 대해 문제를 제기할 수 있고, 그 경우 그러한 방식의 추진이 어려워질 수도 있다.

기초연금은 제도가 시작된 지는 얼마 되지 않았지만, 재원을 전적으로 정부 재정으로부터 조달하기 때문에 제도 도입 단계부터 재정에 직접 영향을 미친다. 국회예산정책처에 따르면 기초연금 지출은 2020년에 13조 3천억 원에서 2070년에는 32조 5천억 원으로 증가하여, GDP 대비 비중이 2020년에 0.69%였으나 2040년에 1%를 넘어선 1.07%, 2050년에 1.08%까지 상승한 후 2060년에는 1.00%, 2070년에는 0.89%로 낮아질 것으로 전망되었다.[80] 이러한 수치는 사학연금, 군인연금은 물론 국민건강보험보다도 더 큰 수치이다.

특수직역연금은 재정 적자가 시작된 지 이미 오래되었다. 공무원연금의 재정 적자는 IMF 외환위기 직후 교사 등 많은 공무원을 구조조정하는 과정에서 발생했다. 그러나 그 후에도 재정 적자가 지속적으로 나타나는 이유는 재정설계 시 보험료 수준에 비해 급여 수준을 너무 높게 정했기 때문이다. 또한 일시금이 아닌 연금 선택의 비율이 꾸준히 높아진 데다 평균수명이 연장되고 있어 수입에 비해 지출이 더 많아지고 있기 때문이기도 하다. 물론 공무원연금도 재정 적자를 우려하여 네 차례의 개혁을 하였다.[81]

네 차례의 개혁 중 가장 강력했던 '2009년 연금 개혁'은 개혁의 고통이 재직자에게는 적용되지 않고 2010년 이후 새로 공무원에 임용되는 후세대 공무원에게 떠넘겨졌다고 평가된다. 그리고 2015년 개혁은 전반적으로 개혁강도가 낮으면서도 개혁 내용에 대한 이행기간이 너무 길다는 점에서, 재정안정 달성을 위한 개혁의 효과성과 공무원 세대 간 공평성에 대한 문제가 제기되고 있다. 즉, 후세대 공무원에 비해 기여한 것보다 훨씬 더 많은 연금을 받는 전세대 공무원들에 대한 개혁 강도가 약하다는 점에서, 개혁의 고통 대부분을 후세대 공무원에게 전가했다는 비판이 제기되고 있다.[82] 그 결과 공무원연금의 재정수지는 2019년 2조 2천억 원의 적자가 줄지 않고 2040년에는 10조 원을 넘긴 12조 2천

<표 13> 공무원연금기금 재정수지 전망: 2019~2090년

(단위: 조 원, %)

	2019	2020	2030	2040	2050	2060	2070	2080	2090	연평균 증가율
수입	15.3	16.1	19.5	21.1	23.1	24.6	24.9	25.5	24.5	0.6
지출	17.5	18.2	26.3	33.3	40.3	45.9	49.9	53.3	56.6	1.6
재정수지	-2.2	-2.1	-6.8	-12.2	-17.2	-21.4	-25.0	-27.8	-32.1	

주: 연평균증가율은 2020년에서 2090년까지의 연평균증가율임
자료: 국회예산정책처(2020d), p. 103.

억 원, 2060년에는 20조 원을 넘긴 21조 4천억 원, 2090년에는 30조 원을 넘긴 32조 1천억 원으로 확대될 것으로 전망되고 있다.

1973년부터 시작된 군인연금의 재정 적자도 공무원연금과 동일하게 재정설계 시 보험료 수준에 비해 급여 수준을 너무 높인 데서 기인하고 있다. 이에 따라 정부는 군인연금에 대해 2018년에만 1조 5,100억 원의 적자를 보전하여 국고보전비율이 46.9%에 이르고 있는 상황이다. 그리고 2018년에 1조 5,819억 원인 수지적자 규모는 2050년이 되면 4조 2천억 원, 2090년에는 6조 7천억 원으로 확대될 것으로 전망된다.[83]

또한 사학연금은 2020년에 1조 1천억 원의 재정수지 흑자를 기록하나 2016년의 개혁에도 불구하고 2033년부터 적자가 발생하기 시작할 것으로 전망된다. 이는 재정설계 시 보험료 수준에 비해 급여 수준을 너무 높게 하였기 때문이다. 2040년에는 1조 3천억 원, 2050년에는 2조 5천억 원, 2060년에는 4조 3천억 원, 2090년에는 9조 9천억 원의 적자가 전망된다. 이에 따라 사학연금 적립금은 경상가격 기준으로 2020년 21조 9천억 원에서 매년 증가하여 2032년 27조 9천억 원으로 정점에 달한 후, 점차 감소하여 2048년에 5천억 원의 누적수지 적자를 보이며 소진될 것으로 전망된다.[84]

▍예상보다 빨라지는 국민건강보험의 재정 위기

국민건강보험의 재정은 보험제도 개혁이 이루어진 직후인 2001년과 2002년 이후에는 2010년만 제외하면 2017년까지 매년 당기수지 흑자를 보이다 2018년에는 3조 2,625억 원의 적자를 보인 데 이어 2019년에도 2조 9,240억 원의 적자를 보였다. 누적준비금 적립금의 규모도 매년 커져 2011년에 1조 5,600억 원이던 것이 2018년에는 무려 20조 7,734억 원으로 커졌으나, 2019년에는 20조 5,955억 원으로 줄어들었다.

그러나 문재인 정부가 2017년에 출범하면서 보장성 강화 등 소위 '문재인 케어'를 적극 추진함에 따라 누적수지가 크게 악화될 것으로 전망된다. 보건복지부의 건강보험 재정전망에 따르면 2017년에 20조 7,733억 원이던 누적수지는 당기수지가 2018년에 -1,778억 원을 기록한 이후로 계속해서 적자가 이어질 것으로 예상되어 2023년에는 11조 807억 원으로 줄어들 것으로 전망되고 있다. 이는 보험급여 지출의 증가 속도에 비해 보험료 수입의 증가율이 높지 않은 데

〈표 14〉 국민건강보험 재정수지 추이

(단위: 조 원, %)

	2005	2010	2015	2016	2017	2018	2019
수익	21.1	33.9	53.3	56.4	58.8	62.7	69.2
보험료	16.9	28.5	44.3	47.6	50.4	53.9	59.1
정부지원금	3.7	4.9	7.1	7.1	6.8	7.1	7.8
• 보험재정국고지원금	2.8	3.8	5.6	5.2	4.9	5.2	6.0
• 담배부담금	0.9	1.1	1.5	1.9	1.9	1.9	1.8
기타	0.5	0.6	1.9	1.8	1.6	1.7	2.4
비용	20.0	34.9	48.2	53.7	58.0	66.0	72.1
보험급여비	18.4	33.7	45.8	51.0	54.9	63.2	69.0
관리운영비 등	1.6	1.2	2.4	2.7	3.1	2.8	3.1
당기차액	1.1	-1.0	5.1	2.7	0.8	-3.2	-2.9
누적준비금적립금	0.9	1.0	12.8	17.0	20.1	20.8	20.6

자료: 국민건강보험공단

<표 15> 국민건강보험 보장성 강화 5개년 계획 발표 재정 전망

(단위: 억 원)

연도	2017	2018	2019	2020	2021	2022	2023
총수입	588,181	621,159	676,612	739,725	807,305	869,823	934,545
총지출	580,226	622,937	708,248	767,000	817,984	886,700	943,226
당기수지	7,955	−1,778	−31,636	−27,275	−10,679	−16,877	−8,681
누적수지	207,733	205,955	174,319	147,044	136,365	119,488	110,807

자료: 보건복지부 건강보험정책국, 「제1차 국민건강보험 종합계획(안): 2019~2023」, 2019년 5월 1일, p. 52.

다 정부가 부담하기로 한 재정 지원이 적절히 이루어지고 있지 않기 때문이다.

이처럼 건강보험 재정 적자를 우려하는 전망은 국회 예산정책처에서도 나왔는데, 2019년 이후에도 재정수지 적자가 계속되고 2024년에는 적립금이 바닥날 것으로 전망하였다. 이는 지출에 비해 수입의 증가율이 낮기 때문으로 분석됐다. 재정수지 적자 규모는 문재인 정부 임기 마지막 해인 2022년 4조 2천억 원에 이어 2028년에는 10조 7천억 원으로 갈수록 악화될 것으로 전망됐다.

특히 인구구조의 고령화에 따라 노인의료비 지출이 급격히 늘어나면서 이러한 적자로의 전환에 크게 영향을 미칠 가능성이 크다. 이는 우리나라의 전체 의료비 지출 증가는 인구의 영향을 크게 받는데,[85] 인구구조의 급격한 고령화는 의료비 지출의 급증으로 이어질 가능성이 있기 때문이다. 65세 이상 인구의 진

<표 16> 국민건강보험 재정수지 및 적립금 전망(기본모형)

(단위: 조 원, %)

	2019	2020	2021	2022	2023	2024	2025	2026	2027	2028	연평균 증가율
수입	67.8	74.3	81.3	87.7	94.1	102.4	111.1	119.0	124.9	131.0	7.6
지출	71.9	78.1	84.6	91.8	98.7	106.1	114.1	122.6	131.8	141.7	7.8
재정 수지	−4.1	−3.7	−3.3	−4.2	−4.6	−3.8	−3.0	−3.7	−6.9	−10.7	
적립금	16.5	12.8	9.5	5.3	0.7	−3.1	–	–	–	–	

주: 지출은 건강보험 보장성 강화대책에 따른 건강보험 급여비와 관리운영비를 포함한 금액임
자료: 국회예산정책처(2019), p. 223.

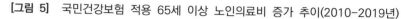

[그림 5] 국민건강보험 적용 65세 이상 노인의료비 증가 추이(2010-2019년)

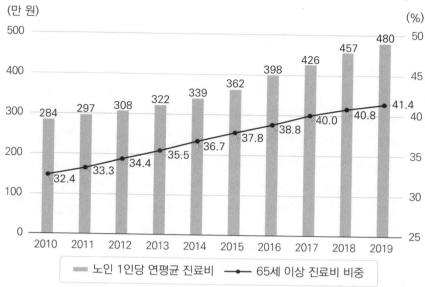

주: 1) 수진 기준(실제 진료받은 일자 기준)
    2) 65세 이상 인구는 연도말 기준
    3) 노인 1인당 연평균 진료비 = 65세 이상 인구의 진료비 / 연도말 65세 이상 인구
자료: 건강보험심사평가원·국민건강보험, 『건강보험통계연보』, 각 연도.

료비가 전체 진료비에서 차지하는 비중은 이미 2009년에 30%를 넘어섰으며, 2017년에는 40%가 되었고, 2019년에는 41.4%가 되었다. 앞으로 인구고령화의 속도가 더 빨라지면 50%를 넘어서는 것도 몇 년 남지 않은 것으로 보인다.

1980년대 이후 인구고령화를 우리보다 일찍 경험한 선진국에서는 인구고령화가 의료비 증가에 기여하는 부분은 제한적이라는 연구들이 있으나,[86] 노인인구의 증가와 건강상태는 노인 의료비 지출에 중요한 요소임은 분명하다. 이에 따라 2060년까지 65세 이상 노인 진료비는 최소 229조 4,618억 원에서 최대 337조 1,131억 원에 이를 전망이다.[87] 이는 2019년에 비해 6.4~9.4배나 큰 규모이다.

노인장기요양보험의 재정 위기

노인장기요양보험은 사회보험제도 중 비교적 늦게 2005년에 도입되었는데, 그럼에도 불구하고 재정수지 상태는 좋지 못하다. 2016년부터 재정 적자가 시작되어 적자 폭이 확대되고 있다. 이는 문재인 정부가 출범한 이후 치매국가책임제를 시행하면서 노인장기요양보험의 급여를 적극적으로 제공하는 데서 기인하고 있다. 2017년에는 중증 치매질환26개에 대해 20~60% 부담하던 본인부담률을 10%로 인하하고, 치매진단을 위한 신경인지검사 비용에 대해 국민건강보험을 적용하기로 하였다. 2018년에도 치매진단을 위한 MRI비용에 대해 국민건강보험을 적용한 데 이어, 인지지원등급을 신설하여 신체적 기능 상태와 관계 없이 치매질환자 모두가 장기요양서비스 대상자가 될 수 있도록 개선함으로써 등급판정 시 주야간 보호 서비스 등을 이용할 수 있게 하였다. 또한 저소득층 중심의 장기요양 수급자 본인부담의 경감을 중산층까지 대폭 확대하여, 기준 중위소득 50% 이하에 해당하면 60%를 경감하고 중위소득 51~100%에 해당하면 40%를 경감하기로 하였다.

[그림 6] 노인장기요양보험 재정 추이

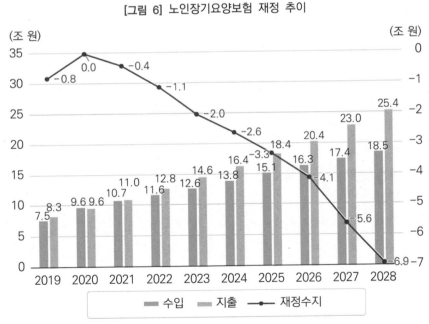

자료: 국회예산정책처(2019), p. 255.

향후 적자가 확대되면 보험료율을 더 인상하게 되고 이에 따라 예상 수입액의 규모도 커지면서 국고 지원의 규모도 커질 것으로 예상된다. 급여비의 1개월분에 상당하는 적립금 유지를 위한 보험료율에서 재정 전망을 한 결과에 따르면 국고 지원금이 2028년에 3.2조 원까지 늘어야 할 것으로 보인다.

이러한 정부의 계획을 반영하여 국회예산정책처에서 추정한 자료에 따르면, 2016년부터 적자로 돌아선 노인장기요양보험의 재정은 2019년에도 8천억 원의 재정수지 적자가 발생하고 그 후 적자가 계속 확대되어 2028년에는 6조 9천억 원에 이를 것으로 전망하였다. 이에 따라 적립금인 누적준비금은 2022년에 소진되고 그 이후로 급격히 적자 규모가 누적되어 큰 규모의 누적적자를 기록할 것으로 전망되고 있다.

〈표 17〉 급여비의 1개월분에 상당하는 적립금 유지를 위한
보험료율에서의 재정 전망 결과: 2019~2028년

(단위: 조 원, %)

	2019	2020	2021	2022	2023	2024	2025	2026	2027	2028	연평균 증가율
수입	7.5	9.6	11.3	12.9	14.7	16.6	18.6	20.5	23.2	25.6	14.6
보험료 수입	5.0	6.6	7.7	8.8	10.1	11.3	12.7	14.0	15.9	17.4	14.9
국고 지원금	0.9	1.2	1.4	1.6	1.8	2.1	2.3	2.6	2.9	3.2	15.3
지출	8.3	9.6	11.0	12.8	14.6	16.4	18.4	20.4	23.0	25.4	13.3
재정수지	-0.8	0.0	0.3	0.1	0.1	0.2	0.2	0.2	0.2	0.2	
적립금	0.6	0.6	0.9	1.0	1.2	1.3	1.5	1.7	1.9	2.1	
1개월분 보험급여비	0.7	0.8	0.9	1.0	1.2	1.3	1.5	1.6	1.9	2.1	

주: 1) 보험료 수입은 건강보험료에 장기요양보험료율을 곱하여 산출하며, 건강보험료 인상율은 2019년 3.49%, 2020년 3.2%, 2021~2022년 3.49%, 2023년 이후 매년 3.2%씩 인상하는 것으로 하되, 8% 상한 규정을 고려하여 전망하며, 노인장기요양보험료율은 노인장기요양보험 적립금을 유지하도록 하는 보험료율 적용
2) 국고지원금은 2019년은 예산금액, 2020년 이후에는 노인장기요양보험료 수입액 대비 18.3%(최근 5년간 평균 지원 비중) 적용
3) 수가 인상률은 2019년 5.36%, 2020년은 기결정된 2.74%, 2021년 이후는 국회예산정책처에서 추계한 명목임금인상률 적용
자료: 국회예산정책처(2019), p. 263.

▎ 공공부조와 사회서비스의 재정 위기

사회보험제도가 아닌 2, 3차 사회안전망으로 공공부조와 사회서비스가 있다. 구체적으로는 기초생활보장을 위한 생계급여, 주거급여, 교육급여, 해산장제급여 등과 의료급여가 있으며, 취약계층의 지원을 위한 장애인연금과 장애인수당이 있고, 보육을 위한 영유아보육, 가정양육수당, 여성·가족, 기초연금, 보훈, 일자리지원, 주택, 사회복지일반, 보건의료 등이 있다표 18 참조. 이들 제도는 대부분 정부예산국고, 지방비으로부터 재원이 조달된다.

〈표 18〉 2/3차 사회안전망(공공부조, 사회서비스) 운영 체계

제도/정책영역		급여 형태	소관부처	전담(관련)기관/전달 체계	재원조달
기초 생활 보장	생계급여	현금	보건복지부	지방자치단체	국고 + 지방비
	주거급여				
	교육급여				
	해산장제급여 등				
	의료급여	현물			
취약계층지원: 장애인연금/장애수당		현금	보건복지부	지방자치단체	국고(예산, 복권기금) + 지방비
보육	영유아보육, 가정양육수당	현물	보건복지부	지방자치단체	국고 + 지방비
	보육(3~5세아 누리과정)		교육부	지방교육청	지방교육 재정교부금
여성·가족		현물	여성가족부	지방자치단체, 건강가정지원센터 등	국고(예산, 여성발전기금, 청소년육성기금) + 지방비
노인: 기초연금		현금	보건복지부	지방자치단체(또는 국민연금공단)	국고 + 지방비
보훈		현금/ 현물	국가보훈처	지(방)청, 보훈병원	국고(예산, 보훈기금, 순국선열애국지사기금)
일자리 지원 등		현물	고용노동부 외	지방고용노동청	국고(예산, 고용보험기금 등)
주택		현물	국토교통부	공공주택건설본부, 지방자치단체	국고(예산, 국민주택기금)

제도/정책영역	급여형태	소관부처	전담(관련)기관/전달체계	재원조달
사회복지일반	현물	보건복지부 외	지방자치단체, 민간복지시설 등	국고(예산, 복권기금) + 지방비
보건의료 등	현물	보건복지부	공공의료기관, 보건소 등	국고(예산, 건강증진기금, 응급의료기금) + 지방비

주: 급여형태, 부처, 전담기관 등은 주된 방식/기관 위주로 표기
자료: 고제이 외(2015), 『사회보장재정 재구조화를 위한 중장기전략 연구』, 한국보건사회연구원, p. 96에서 재인용.

그러므로 정부의 재정 사정이 좋다면 공공부조와 사회서비스의 재정위기는 생기지 않을 것이다. 그러나 정부의 재정 사정이 좋다 하더라도 다른 사회보장제도에 예산을 배정해야 하여 재정 지출의 우선순위에서 밀리게 되면 충분한 재원이 배정되지 않을 수 있다. 더구나 정부의 재정 사정이 좋지 않게 되면 재정 위기를 겪을 가능성은 더욱 높아질 것이다.

〈표 19〉 제도유형별 복지지출(지방자체사업비 제외)의 GDP 대비 비중

(단위: %)

구분	2018	2020	2030	2040	2050	2060	연평균 증가율
합계	10.7	11.7	15.9	20.5	24.9	28.2	5.5
공공부조1[1]	1.5	1.7	2.2	2.5	2.5	2.4	4.2
공공부조2[2]	–	1.0	1.3	1.4	1.4	1.4	
사회보험[3]	6.9	7.7	11.4	15.8	20.3	23.8	6.2
사회보상[4]	0.2	0.2	0.2	0.2	0.2	0.2	2.3
사회서비스[5]	2.0	2.0	2.1	2.0	1.9	1.9	2.9

주: 1) 기초연금, 생계급여 및 의료급여, 자활지원, 장애인연금, EITC근로장려금
    2) 공공부조1에서 기초연금 제외
    3) 국민연금 등 4대 공적연금, 건강보험 및 노인장기요양보험, 고용·산재보험
    4) 사할린 한인지원, 보훈급여, 새터민 지원, 일본군위안부피해자생활안정지원 등
    5) 노인, 아동, 장애인 및 여성 등에 대한 사회복지서비스 등
자료: 사회보장위원회(2018), p. 15.

<표 19>에서 보면 기초연금을 제외한 공공부조와 사회서비스에 대한 재정 지원은 GDP 대비 비중 기준으로 2020년 3.0%에서 2060년에는 3.3%로 늘어나 2020년에 비해 큰 차이가 없는 것으로 나타났다. 따라서 GDP 대비 국가채무의 비중이 2020년의 44.5%에서 2060년에는 154.5~167.1%로 크게 높아질 것으로 예상된다[88] 하더라도 공공부조와 사회서비스에 대한 재정 지원을 줄이기는 어려울 것이나 지속가능성 또한 장담하기 어려울 전망이다.

▌지속불가능한 정부의 재정 적자

정부는 매년 5년 단위의 중기재정운용계획을 내놓고 있다. 우리나라는 건전

[그림 7] 국가채무 규모 및 GDP 대비 비중

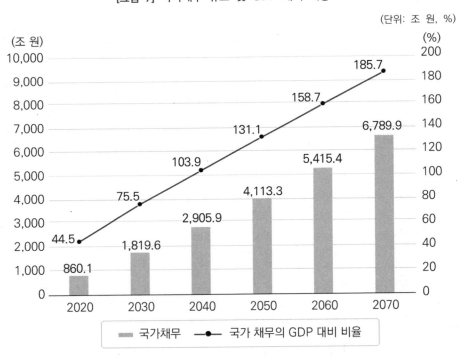

주: 전망액은 인구 중위 기준 2020년 불변가격임
자료: 국회예산정책처(2020e), p. 52.

재정 기조를 중시하는 정책을 취해왔는데, 2020년 9월에 내놓은 「2020 – 2024년 국가재정운용계획」에서는 과감한 재정혁신을 통해 재정의 지속가능성을 유지한 다는 전제하에 재정이 적극적 역할을 수행하겠다고 밝히고 있다. 그럼에도 재정 지출의 증가율에 비해 재정 수입의 증가율이 낮아 국가채무는 지속적으로 확대 되어 GDP 대비 비율이 2020년 43.5%에서 2024년에는 58.3%로 높아질 것으로 추정하고 있다.

이러한 추세가 이어질 경우 재정 적자는 기존에 예상했던 것보다 큰 폭으로 확대될 가능성이 있다. 2020년에 발표된 국회예산정책처의 전망도 이러한 기조 를 그대로 이어갈 전망이다. 2030년에 75.5%로 높아진 후에 2070년에는 185.7% 까지 높아질 전망이다. 이는 2015년 기준으로 237%인 일본에 비해서는 크게 낮 지만 2위인 그리스의 184%와 같은 수준이다.

이렇듯 정부 재정 적자는 고령화의 영향으로 큰 폭으로 확대될 것이 확실시 되고 있다. 정부 재정 적자가 확대되면 이전 지출이 많아지고 투자 지출은 줄어들 어 경제에도 부정적 영향을 미칠 수 있다. 따라서 사회보장 지출을 단순한 이전지 출이 아니라 생산적으로 연결시킬 수 있는 방안의 모색이 시급한 실정이다.

CHAPTER 05

확대되는 사회보장 재정 적자의 세대 간 책임 배분

▌사회보장제도의 세대 간 불평등

우리나라의 사회보장제도 중 주요 제도는 사회보험 방식을 채택하고 있고, 사회극빈층 등을 대상으로 한 각종 공공부조제도는 조세를 재원으로 한다. 사회보험 방식을 채택한다 하더라도 급여지급 기준 등에 의해 세대 간 불평등이 생겨날 수 있고, 각종 부조제도도 조세 부담이 후세대로 전가되는 구조를 가질 경우 세대 간 공평성을 야기할 수 있다. 그러므로 소위 5대 사회보험과 특수직역연금제도의 세대 간 부담의 공평성을 파악하는 것이 중요하다. 이들 제도 중 일부는 정부의 재정 지원을 받으므로 사회보험료뿐만이 아니라 조세 부담을 통해서도 부담의 세대 간 이전이 생겨날 수 있다.

주로 고령층을 지원하는 기초연금, 국민연금과 특수직역연금, 국민건강보험, 노인장기요양보험에 대한 정부 재정 지원은 매년 증가하는 추세이다. 그리고 국민기초생활보장을 위한 급여 중 노인 대상의 생계급여와 의료급여에 대해서도 재정 지원이 매년 증가하고 있다. 따라서 이들 국가 재정 지원 금액은 고령화가 심화되면서 지출이 확대됨에 따라 더욱 커질 것으로 전망된다. 경제활동인구를 대상으로 한 재정 지출 항목인 의료급여, 아동수당, 청년구직활동수당 등도 꾸준히 증가하고 있다.

그러나 현재를 기준으로 세대 간 재정 혜택을 비교하는 것은 정당하지 않을 수 있다. 예를 들어 경제활동인구에게 지급되는 아동수당은 2018년부터 도입되었기 때문에 현재의 고령 세대는 혜택을 보지 못한 점을 고려할 때 정확한 비교라 하기 힘들다. 그러나 기초연금은 현재는 경제활동인구가 수령하지 않는다 하더라도 65세 이상이 되어 자격을 갖추고 있을 경우 수령하게 된다. 이렇듯 복지제도만 비교하여도 세대 간 수혜의 불평등의 단순비교는 현실적으로 곤란할 수 있다. 다만 개별 사회보장제도의 재정부담과 혜택 간의 비율을 세대 간에 비교하여 세대 간 불평등을 얘기할 수는 있을 것이다. 그렇다 하더라도 사회보장제도가 사회정책으로서 위상을 갖는 한 단순히 경제적 유불리만으로 판단될 수 없으며, 의도적 정책 목표가 고려되어야 할 것이다. 그러한 점에서도 결국은 엄밀한 세대 간 비교는 현실적으로 어려울 수 있다.

▍국민연금의 재정 위기와 세대 간 책임 배분

국민연금의 세대 간 소득재분배 이슈는 초기에는 관심의 대상이 되지 않았으나 몇 차례의 제도 개혁을 하면서 늦게 가입한 세대일수록 수익비가 낮아지자 관심을 끌기 시작했다. 1998년에 국민연금관리공단이 추계한 수익비를 보면 40년 가입을 기준으로 할 경우 1988년 사업장 가입자는 소득 1분위에서 5분위에 이르는 그룹들이 3.925배에서 1.626배인 것으로 나타났는데, 1998년 사업장 가입자는 소득 1분위에서 5분위에 이르는 그룹들이 3.655배에서 1.514배인 것으로 나타났다.[89] 2003년에 내놓은 국민연금발전위원회의 보고서에 따르면 그 당시 가입하고 있는 평균소득자의 수익비보험료납부총액 대비 수급급여총액는 대략 2배 수준일 뿐만 아니라 고소득자의 수익비도 1.0을 상회함으로써 후세대의 부담을 가중시키는 것으로 파악하였다.[90]

국민연금의 수익비는 평균소득자로 30년을 가입한 후 받는 노령연금의 수익비만을 기준으로 1945년생은 3.746, 1955년생은 3.267, 1965년생은 3.014, 1975년생은 2.696, 1985년생은 2.585, 1995년생은 2.482, 2005년생은 2.460으로 산정되었다.[91] 이렇듯 출생연도가 빠를수록 수익비가 높아 후세대가 불리한 것으로 나타났다. 이러한 결과는 평균소득자 40년 가입 기준 노령연금 소득대체율을 70%에서 1998년에는 60%로, 그리고 2007년에는 40%로 낮추었기 때문에 생겼다. 또한 모든 세대가 1보다 높은 수익비를 보전하다가 기금이 고갈되면 당장은 부과방식으로 운영될 것이나, 적자가 발생하기 시작하면 그 부담은 모두 후세대의 세금 부담으로 이어질 우려도 있다.

이렇듯 국민연금 제도가 후세대의 부담을 가중시킨다는 것이 공식적으로 확인되면서 그 후로 많은 학자들이 국민연금의 세대 간 소득재분배에 관하여 연구를 진행하였다. 대부분의 연구는 수익비[92], 국민연금 급여산식의 구조적 문제[93], 고령화율[94] 기준으로 세대 간 공평성 측면에서 후세대가 불리하다고 하였으나, 공평성이 있다는 의견[95]도 제시되었다.

세대 간 공평성이 있다고 주장하더라도 물론 국민연금의 수익비를 기준으로 할 때는 세대 간 불공평성이 있을 수 있음을 인정한다. 그러나 다음과 같은 두 가지 요소를 추가로 고려할 때는 그렇지 않다고 주장한다. 첫째, 부분적립방식인 재정제도로 인해 초기 단계 투자에서 231조 원의 운용수익을 올려 후세대에게 그만큼의 보험료 부담을 완화시켜주었다는 것이다. 둘째, 가족 간의 사적 이전지출을 고려하지 않은 채 공적 연금에만 한정하여 노인 부양의 세대 간 부담과 혜택의 크기를 비교하는 방법은 세대 간 공평성을 제대로 측정하기 어렵다는 입장이다.[96] 이와 같은 주장은 '이중부담' 이슈를 제기하여 종합적으로 접근한 것은 새롭다고 할 수 있으나, 그 주장이 전제하는 후세대의 사적 이전은 개인적 관계에서 발생하는 부담이라는 점에서 공적 관계에서 발생하는 부담과 직접 비교할 수 없는 개념이라는 점에서 한계를 보여주고 있다.

이에 대한 반론도 있다. 국민연금이 기금을 소진한 후에 재정방식을 부과방식으로 전환할 경우 22%의 보험료율로 보험료를 부담해야 하므로 현재 9%의 보험료율로 부담하는 것에 비해 미래세대가 과도한 부담을 하는 것은 자명하다는 것이다. 그리고 서유럽에서 부과방식을 시행했던 시대적 배경과 우리나라에서 향후 부과방식을 시행할 시대적 배경이 달라 우리나라에서는 부과방식을 시행하는 것이 온당하지 않다고 본다. 더구나 후세대는 수익비가 1 이하로 낮아져 사적연금에 비해 낮아지는 것이므로 제도를 강제운영하기 위한 명분이 약하다고 본다.[97]

이러한 논란에도 불구하고 국민연금의 지속가능성을 위한 보험료 인상이 불가피하고 그에 따라 후세대의 수익비가 낮아지는 것을 고려할 때 국민연금 제도 자체에는 세대 간 불공평이 존재할 것으로 판단된다.

▎기초연금의 확대와 세대 간 책임 배분

기초연금[98]은 전적으로 중앙정부와 지방정부로부터 재원이 마련되어 65세 이상 인구 중 소득하위 70%에게 지급되며, 생계급여 수급자와 공적 직역연금 수급권자 및 그 배우자는 제외된다. 기초연금 수급액 산정은 기준연금을 받는 경우와 '소득재분배급여A급여에 따른 산식' 또는 '국민연금 급여액' 등을 고려하여 산정된 금액을 받는 경우로 나뉜다.[99]

기초연금은 정부 재정에서 재원을 조달하여 지급하기 때문에 소득계층 간 소득이전뿐만 아니라 세대 간 소득이전이 이루어진다. 기초연금은 중앙정부와 지방정부의 일반회계에서 재원이 나온다. 중앙정부 일반회계 예산 재원 중 90% 이상을 차지하는 국세의 경우 직접세의 비중이 2019년 기준으로 63.8%이다. 2019년 기준으로 지방정부 일반회계 예산 재원은 중앙정부에서 지원하는 지방교부세와 국고보조금이 48.8%이고 지방세가 45.0%를 차지하는데, 지방세 중 직접세의 비중은 대략 47% 정도이다.[100]

조세 부담을 연령별로 어떻게 하는지를 모든 세목에 걸쳐 알 수 있으면 세대 간 소득이전에 대해 좀더 명확하게 밝힐 수 있을 것이다. 그러나 종합소득세를 제외하고는 연령별 납세자가 공개되어 있지 않으며, 그조차도 금액과 연계되지 않고 종합소득금액 10분위에 대한 인원 분포만 공개되어 있다. 이를 가지고 모든 세목을 미루어 짐작하는 것은 위험하지만, 조세 부담의 연령별 부담이 어떻게 이루어지는지에 대한 대체적인 짐작을 할 수는 있을 것으로 본다. 2018년 기준으로 보면 종합소득세 확정신고인원 691만 명 중 연령과 성이 구분될 수 있는 인원은 682만 명이다. 그중 60세 미만은 77.5%이며, 60세 이상은 22.5%이다.

이러한 통계는 고령 세대가 아닌 생산가능인구가 부담하는 조세의 비중이 절대적으로 커서 세대 간 부담이 이전되고 있음을 보여준다. 또한 60세 이상의 세대 중에서도 자산을 제외한 소득을 기준으로 고소득층에서 저소득층으로 세대내 부담이 이전되고 있음도 알 수 있다. 따라서 기초연금은 세대 간 부담 이전이 절대적으로 크고 세대 내에서도 부담 이전이 일어나는 구조를 하고 있다고 할 수 있을 것이다. 향후 고령 인구가 더 증가하고 기초연금의 재원을 위한 세금을 납부할 생산가능인구가 더 축소된다면 세대 간 부담 이전의 정도는 더 커질 것으로 보인다.

▎특수직역연금의 재정 위기와 세대 간 책임 배분

특수직역연금 제도에서 부담의 세대 간 이전이 존재하는지를 살피기 위해서는 보험료 부담 구조와 연금급여산식을 살펴볼 필요가 있다. 특수직역연금 제도의 급여 결정과 보험료 부담에는 공무원연금이 근간이 되고 있으므로 공무원연금을 중심으로 살펴본다.

공무원연금 가입자는 기준소득월액의 9%를 매월 본인부담으로 납부한다. 다만 기준소득월액은 공무원 전체의 기준소득월액 평균액의 160%를 초과할 수 없게 되어 있다. 10년 이상 재직하며 기여금을 납부하고 연금지급 조건이 되어 퇴직한 때 또는 퇴직 후 연금지급 조건에 도달한 때에는 사망 시까지 매월 연금을 지급받는다. 최초 연금액은 평균기준소득월액[101]과 재직기간별 적용비율[102], 재직연수, 연금지급률[103]에 의해 결정된다. 즉,

최초 연금액 = 평균기준소득월액 × 재직기간별 적용비율 × 재직연수 ×
연금지급률

다만 연금재정 안정화를 위해 2016년부터 연금지급률이 '재직기간 1년당 1.878%'에서 '재직기간 1년당 1.7%'로 2035년까지 단계적으로 인하되는데, 이 경우 상대적으로 급여가 적은 하위직 공무원의 퇴직연금이 노후 생계보장에 미흡할 수 있다.[104] 이에 이를 보완하기 위해서 재직기간 30년까지 재직기간 1년당 연금지급률 1.7% 중 1%에 대해 소득재분배 적용하되, 30년 초과분에 대한 연금액은 소득재분배를 적용하지 않도록 했다.

사립학교교직원연금의 연금 급여액은 「공무원연금법」상의 퇴직연금을 기준으로 받도록 되어 있다. 군인연금은 평균기준소득월액을 기초로 퇴역연금을 산정한다. 이 경우 평균기준소득월액 산정의 기초가 되는 기준소득월액은 「공무원연금법」 제30조제3항에 따라 산정되는 공무원 전체의 기준소득월액 평균액의 180%를 초과할 수 없게 되어 있다.

공무원연금은 소득에 비례해서 보험료를 부담하고 소득에 비례해서 연금급여를 받는다. 적립방식의 연금제도이기 때문에 기초연금 등과 달리 세대 간 부담의 이전이 직접적으로 드러나지는 않는다. 그러나 제도 개혁을 통해 연금 급

여가 줄어들었으나 보험료 부담이 낮아지지 않았다면 동일한 급여를 받기 위해 후세대는 더 많은 보험료를 부담한 셈이 되어 부담의 세대 간 이전이 발생한다. 실제로 공무원연금은 2000년부터 재정 적자가 시작되었고, 네 차례의 개혁을 경험했다. 공무원연금의 재정 적자 원인은 여러 가지가 있지만, 그중에서도 재정 산식이 부담에 비해 급여가 과도하게 지급되게 설계되어 있는 것이 중요한 원인으로 꼽힌다. 재정방식이 적립방식인 상황에서 부담에 비해 급여가 과도하면 재정 적자로 이어지고, 재정수지를 맞추기 위한 연금 개혁이 이어질 수밖에 없었다. 연금 개혁을 하게 되면 결국 부담은 늘고 급여는 줄이는 방향의 개혁이 추진될 수밖에 없을 것이다. 이는 뒷 세대로 갈수록 부담은 늘어나고 급여는 줄어드는 결과로 이어진다. 따라서 전세대와 현세대 및 후세대 간에는 부담의 격차뿐만 아니라 급여의 격차까지 발생하여 이중의 격차가 생기게 된다.[105]

사학연금의 경우도 공무원연금과 거의 동일한 방식으로 운영되어 왔음을 고려하면 세대 간 소득재분배 효과가 발생할 것으로 추정된다. 2009년 사학연금 개혁에서 지속가능성을 제고하기 위해 신규임용자에 대해서는 연금 지급 개시 연령을 65세로 연장하고 유족연금을 인하하는 등의 조치를 취해 급여 혜택을 실질적으로 삭감하면서 세대 간 공평성 문제가 제기되었다.[106] 이렇듯 세대 간 공평성 문제가 제기되는 것을 무릅쓰고 개혁을 했음에도 불구하고, 사학연금은 2033년부터 재정수지가 적자로 돌아선 후에 2048년이 되면 기금이 고갈될 것으로 전망된다.[107]

한편 특수직역연금은 가입자 부담금 외에 고용주로서 중앙정부 또는 지방정부의 재정으로 보험료에 해당하는 부담금을 납부한다. 그렇다면 2015년 연금 개혁 이후의 공무원연금이나 사학연금을 국민연금과 비교하면 수익비 차이는 어떨까? 국민연금에 평균소득가입자가 30년 가입하여 20년 동안 노령연금을 수급할 경우의 수익비는 1.8이나 2016년 1월 1일 신규 임용된 7급 공무원이 30년간 근무한 것을 기준으로 할 경우 1.48이어서 공무원연금이 국민연금보다 낮은 것으로 나타난다.[108] 그러나 이 공무원의 순연금액(연금총액 – 보험료총액)은 2015년 불변 가격으로 1억 1,849만 원으로 국민연금 가입자 본인과 배우자의 순연금액 4천만 원(2007년 현가 기준)에 비해 훨씬 크다. 즉 2015년 공무원연금 개혁으로 공무원연금의 수익비가 국민연금의 수익비에 비해 낮아졌지만, 순연금액의 차이에서 확인되듯이 후세대로부터 차입되어야 하는 금액은 공무원연금이 훨씬 크다.[109]

▌국민건강보험의 재정 위기와 세대 간 책임 배분

국민건강보험은 사회보험방식으로 운영되고 있는데, 가입자 및 사용자로부터 징수한 보험료와 국고 및 건강증진기금 등 정부 지원금으로 재원이 구성되어 있다. 정부 지원금은 1998년 지역의료보험을 처음 실시할 당시부터 보험료 부담을 경감시켜주기 위하여 보험료의 일부와 보험사업 운영에 소요되는 관리운영비를 국고에서 지원했던 데서 연유하고 있다. 2002년부터는 건강보험재정건전화특별법2002년 1월 제정에 의하여 지역가입자에 대한 보험급여비용과 지역가입자의 건강보험사업에 대한 운영비의 40%2005년부터는 35%에 상당하는 금액을 국고에서, 10%2005년부터는 15%에 상당하는 금액을 국민건강증진기금에서 지원하였다. 2007년부터는 당해연도 보험료 예상수입액의 14%는 정부지원으로, 당해연도 보험료 예상수입액의 6%는 건강증진기금에서 지원하고 있다.

2017년 5월에 문재인정부가 들어서면서 국민건강보험의 보장성 확대를 위해 원칙적으로 모든 비급여를 급여화하는 것을 골자로 하는 소위 '문재인 케어'를 시행하면서 급여는 빠르게 확대되고 있으나 보험료 부담은 정체상태에 있다. 문재인 케어를 시행하기 위해 2017년 이후 5년간 30조 6천억 원이 필요한데, 그동안 쌓인 국민건강보험 누적흑자적립금 21조 원 중 절반가량을 활용하고 나머지 부족한 부분은 국가가 재정에서 조달하고 있다. 이렇게 되면서 국민건강보험 적립금 21조 원은 소진 시점이 더욱 빨라지고 있다. 적립금이 소진되면 매년 재정 수지를 맞추어야 하는데, 보험료 인상과 함께 정부의 재정 지원 규모도 커질 것으로 보인다. 보험료 인상은 매년 정산되는 방식이므로 세대 간 이전보다는 소득 재분배 측면이 강조될 것이나, 재정 적자가 구조화되어 있는 정부 재정의 지원 확대는 후세대로 부담을 이전시킬 가능성이 있다.

연대원칙과 부과방식을 가지고 있는 우리나라의 건강보험은 세대 간 공평의 발생 조건인 인구의 고령화와 비용의 U자 곡선 가정이 충족되고 있으며, 따라서 국민건강보험에서 세대 간 공평의 문제가 발생하고 있다고 평가된다. 더구나 보험재정에서 65세 이상의 인구에 대한 진료비 지출이 차지하는 비중이 2019년 기준으로 34.6%에 이르러 무시할 수 없는 크기이고, 그 경향도 전체적으로 빠르게 증가하는 경향을 보이고 있다. 한편 세대 간 공평이 동적으로 심화되고 있는지를 판단할 수 있는 고령화와 의료비 간의 상승적인 관계인 의료의 시지프스 현상에 대한 연구결과를 보면 우리나라에는 의료의 시지프스 현상[110])이 존재하고 그 크기도 다른 나라에 비해 아직 크다고 분석되었다.[111])

국민건강보험은 소득에 비례하여 고소득층이 더 많이 부담하고 있어 그동안은 주로 직장가입자와 지역가입자 간 부담의 공평성에 초점을 맞추어 왔다. 그러나 갈수록 고령화율이 높아지는데 국민건강보험의 보장성을 높이면서 적자 가능성이 커지고 적립된 기금이 고갈될 것이므로 후세대로 갈수록 사회보험료 부담뿐만 아니라 조세 부담도 커질 것이다. 즉 후세대로 갈수록 재정 적자의 부담을 그대로 안게 되어 갈수록 더 많은 보험료를 납부해야 하여, 세대 간 공평성이 크게 악화될 것으로 예상된다.

▎노인장기요양보험의 재정 위기와 세대 간 책임 배분

2008년 도입된 노인장기요양보험은 사회보험방식을 근간으로 하여 공적부조 방식을 가미한 형태로 설계·운영되고 있다. 이에 따라 수입의 대부분은 국민건강보험법을 적용받는 건강보험가입자가 부담하는 장기요양보험료에서 조달되나, 국가 및 지방자치단체도 일부 부담한다. 즉 건강보험료액 × 8.51%[112])의 산식으로 산출된 금액인 장기요양보험료와, 장기요양보험료 예상수입액의 20%[113])에 공적부조의 적용을 받는 의료급여수급권자의 장기요양급여비용을 더한 금액이 수입의 전체를 구성한다.

이러한 재정구조를 가지고 있기 때문에 재정수지의 적자 여부에 상관 없이 정부 재정을 통해 후세대로 부담이 전가될 수 있다. 또한 재정 적자가 발생하면 단기적으로는 보험료 인상을 통해 적자를 메울 수 있다 하더라도, 적절한 수준의 보험료 인상이 어려워지는 등의 이유로 적자가 장기화되면 결국 정부 재정이 추가로 들어갈 수 있어 이를 통해 후세대로 부담이 전가될 가능성도 있다.

이러한 구조적 문제로 인해 제도가 도입된 지 얼마되지 않은 시점에서부터 막대한 규모의 재정 적자가 예상되어 세대 간 불평등도가 매우 높을 것으로 전망되었다. 이는 인구의 고령화에 따라 수급자는 지속적으로 증가하는데 경제활동인구 비중의 감소로 보험료율이 4.05%에서 2060년 이후에는 80%수준까지 인상되는 것이 필요하여 결국 미래세대의 부담이 늘어나기 때문이다.[114])

노인장기요양보험은 문재인 정부가 치매의 국가책임제를 시행하기 위해 치매환자의 의료비 본인부담률을 10%로 낮추는 방안을 발표하면서 적립기금의 소진이 빠르게 진행되고 있다. 더구나 향후 인구고령화와 함께 치매인구가 2017년 현재 72만 명에서 2024년 1백만 명, 2041년 2백만 명, 2050년 270만 명으로 늘 것으로 추정[115]되고 있어 치매 관련 의료비도 크게 증가할 가능성이 있다. 그렇게 되면 치매환자 1인당 의료비간병비 등 기타 비용 포함를 연간 2,030만 원이라 할 경우 국가가 90%를 부담하려면 환자당 1,827만 원이 소요되므로, 2017년의 경우 총 13조 1,544억 원의 비용이 소요될 것으로 예상되며, 2050년에는 연간 49조 3,290억 원을 부담해야 할 것으로 추정된다.[116] 이렇게 지출이 급증하면 그에 따른 재정 적자 가능성도 커질 것이다. 결국 그 부담은 후세대로 전가될 것이다.

▍정부 재정으로 전가된 사회보장 재정 적자의 세대 간 책임 배분

노후보장 관련 주요 제도는 제도 자체에서 세대 간 부담을 전가하는 제도도 있고 그렇지 않은 제도도 있다. 세대 간 부담을 전가하지 않는 제도는 과연 진정으로 세대 간 부담 전가가 없는 것일까? 가입자 간에는 세대 간 부담 전가가 없는 제도라도 정부의 재정 지원을 받아 재정수지 적자를 메워야 한다면 가입자를 넘어선 큰 틀에서 세대 간 부담 전가가 발생한다고 보아야 할 것이다.

이는 현재의 사회보장제도의 핵심영역을 구성하는 각 사회보험제도가 재정적자 상태에 있거나 적자가 불가피한 점을 고려할 때 그러하다. 각 제도에 대해 추정을 어떻게 하든 주요 사회보험제도는 상당한 규모의 재정 적자를 피할 수 없다. 다만 제도 자체 내에서 개혁 또는 개선을 통해 재정 적자를 일부 축소할 수 있는 방법이 있을 것이나, 발생된 적자의 대부분은 정부의 재정으로 부담이 전가될 것이다. 궁극적으로는 정부 재정이 흑자 상태가 아니고 적자가 확대되고 있으므로 정부 재정으로 부담이 전가된 만큼은 후세대에 부담이 전가되고 있는 것이다.

정부 재정의 지속가능성에 대해서는 이미 2010년대 초부터 문제가 되었는데, 재정수지를 개선하기 위해 사회보험료율과 조세부담률을 대폭 상향 조정하더라도 재정지출 수준을 통제하지 않는 한 납세자의 재정 부담이 감내할 수 없을 정도로 높아질 수 있다고 보았기 때문이다.117) 이러한 문제제기는 2013년 당시에 논의되고 있던 무상의료나 기초연금과 같은 복지지출 확대 정책이 납세자의 재정 부담을 대폭 높일 것으로 평가한 것과 관련이 있다.

그 후 박근혜 정부에서 기초연금이 도입되었고, 문재인 정부에서는 기초연금 급여의 확대와 함께 소위 '문재인 케어'를 통한 건강보험의 보장성 강화와 치매 국가책임제 실시 등으로 재정소요가 빠르게 확대되는 기조를 보이고 있다. 그런데도 이러한 재정소요에 맞추어 사회보험료 부담을 늘리지 않고 있다. 이는 부담해야 할 주체인 국민들과 기업들이 그에 동의하고 있지 않기 때문이다. 2019년에 결정된 2020년 국민건강보험료 인상률은 3.4%인데 이는 2008년에서 2018년까지 10년간의 1인당 경상의료비 연평균증가율 6.8%에 비할 때 크게 낮은 수준이다. 이렇듯 사회보험료의 인상률이 과거에도 지출에 비해 낮았고 앞으로도 낮게 되면 결국 재정 적자로 누적될 수밖에 없을 것이다. 따라서 사회보험료의 인상이 시급한 실정이다. 특히 국민건강보험은 세대 내 재분배에 초점이 맞추어진 제도이기 때문에 적자를 누적시킨다면 부담의 세대 간 전가가 생길 수 있다. 또한 사회보험제도의 적자는 정부 재정의 부담으로 이어질 수 있는데, 현세대의 정부가 재정을 적절하게 지원하지 않는다면 적자가 고스란히 후세대에게로 이전되게 된다.

결국 현세대가 적절히 부담하지 않는다면 후세대가 부담해야 하므로 부담이 세대 간 전가된다. 그런데 세대 간 부담의 전가는 동시에 사회보험료 부담 구조, 조세 구조 등의 영향을 받아 후세대 내에서 부담을 다시 어떻게 나눌 것인가의 문제로 나타날 것이다. 즉, 후세대가 부담을 지는 구조가 소득을 기준으로 누진적인지 아니면 역진적인지에 따라 소득계층 간 분담 결과가 다르게 나타날 것이다. 그리고 단순히 소득의 높고 낮음만의 문제가 아니라 소득 이외에 금융자산이든 비금융자산특히 부동산이든 자산에 조세가 어떻게 부과되는지에 따라 분담 결과가 다르게 나타날 것이다. 또한 현세대가 사회보험료율 혹은 조세부담률을 상향조정할 경우 현세대의 순조세 부담이 높아지는 반면 후세대의 조세 부담이 낮아져 세대 간 부담 전가를 막을 수 있을 것이다.

따라서 세대 간 부담의 공평성을 유지하기 위해서는 부담을 전가하지 않도록 적절히 개선하는 것이 필요하다. 그런데 개선 과정에서 기득권을 유지하고 있는 계층이 반대하게 되면 개선 자체가 쉽지 않게 된다. 그러한 의미에서 세대 간 공평성 확보는 세대 내 충돌을 불가피하게 불러올 수 있다. 문제는 사회보험제도를 중심으로 세대 간 공평성을 맞추더라도 다른 복지제도까지 고려할 때는 여전히 공평성의 문제가 제기될 가능성이 남아 있다는 점이다. 예를 들어 무상급식이나 무상교육의 경우 현재 근로세대에게 혜택이 집중되나 이미 은퇴했거나 은퇴를 앞둔 세대에게는 그러한 제도의 필요성이 없다. 그렇다면 세대 간 공평성을 어떻게 맞출 수 있을 것인지 방법을 찾아야 한다.

미국에서 일어난 세대충돌의 계기도 OASDI의 확대에 따라 부담 증가를 누가 부담할 것인가의 문제였다고 볼 수 있다. 그러한 점에서 세대충돌은 세대 간 갈등이라는 측면과 같은 세대 내의 부유층과 빈곤층 간 갈등이 맞물려 있는 현상이라고 보는 것이 맞을 것이다. 더 정확하게는 후세대 부유층에게 부담이 확대될 것을 우려하여 후세대 전체를 방패막이로 들고 나온 측면이 있다.

만약 후세대에 부담이 전가되더라도 상위 소득자가 더 많은 부담을 지는 방식이고 부가 세습되는 구조가 이어진다면 소득재분배가 세대에 걸쳐 이루어지는 것으로 볼 수 있다. 본래 사회보험제도가 사회안전망 제공과 함께 소득재분배를 목적으로 하고 있음을 고려할 때 소득재분배가 동일 세대 내에서만 이루어져야 하는 것은 아니므로 세대에 걸친 소득재분배로 제도는 유지하는 것은 불가피한 측면이 있다 할 수 있다. 다만 부담이 후세대로 계속해서 전가되더라도 과연 제도의 지속가능성이 있을지는 따로 따져봐야 할 것이다.

▮ 세대충돌은 경제 전체에 걸쳐 파악해야 한다

복지 제도의 세대별 부담과 혜택은 자료의 특성상 미시자료를 근거로 한 분석을 통해서 확인할 수 있다. 이러한 분석기법을 사용하는 연구방법으로 대표적인 것은 세대회계generational accounting 방법론이다. 세대회계 개념은 일찍이 미국 경제학자인 아우어바흐Alan J. Auerbach 등에 의해 제시되었는데, 이들의 연구 이후 세대회계는 미국뿐만 아니라 여러 국가의 재정건전성과 세대 간 공평성을 분석하는 데 널리 이용되었다. 이 연구 방법은 세대 간 책임 배분을 분석하기 위해 세대 간 회계 개념을 이용한다. 세대 간 회계란 "현존하는 세대와 미래에 출생할 세대들이 현재와 미래에 부담해야 할 순재정부담, 즉 정부에 납부해야 할 조세 및 사회보험료에서 정부로부터 받을 이전지출을 차감하여 이를 현재가치로 평가한 금액"[118)으로 정의된다.

우리나라에서 세대회계 방법론을 적용한 연구는 1990년대 후반부터 나오기 시작하여 현재까지 다수의 논문이 나와 있다.[119) 그들 논문은 대부분 세대 간 부담의 전가를 우려하는 의견을 보이고 있다. 그것이 국민연금 제도에서든 정부 재정에서든 후세대에게 상당한 부담을 전가시키고 있다는 것이다.[120) 그리고 그러한 부담의 상당 부분은 각종의 사회보험제도 및 사회보장제도에서 비롯된다고 분석했다.[121)

그러나 세대 간 충돌의 문제는 단지 세대회계의 범위로 국한될 수 있을 것인가의 문제가 남는다. 이는 세대회계가 국가재정 차원에서 세대 간 부담 전가의 문제만을 다루고 있어 다루는 범위가 협소하기 때문이다. 정부회계의 범위에서 벗어난 주택, 교육, 고용 등과 같은 많은 문제를 포괄하기에는 한계가 있다. 그러한 의미에서 이를 보충할 수 있는 접근방법이 필요하다.

이와 관련해서 유럽에서는 세대 간 정의 지수나 세대 간 격차 지수를 개발하는 시도가 이어졌던 점은 참고할 만하다. 먼저 반후이세Pieter Vanhuysse는 국가별로 세대 간 정의를 측정하여 비교하기 위해 세대 간 정의 지수intergenerational justice index를 개발했다.[122) 세대 간 정의 지수는 환경발자국, 아동빈곤, 0~14세 연령층에 대한 일반정부 부채, 그리고 복지국가 사회지출의 고령자 편향 정도를 포함시켜 측정한다. OECD 29개국을 세대 간 정의지수를 가지고 측정한 결과 에스토니아가 가장 높았으며, 그 뒤로 한국, 이스라엘, 뉴질랜드, 헝가리, 그리고 북구 유럽 국가인 노르웨이, 덴마크, 스웨덴, 핀란드의 순으로 높았으나, 미국, 일본, 이탈리아, 그리스, 캐나다는 하위권에 속하는 것으로 나타났다.

그 이후로 영국에서는 세대 간 재단Intergenerational Foundation이 2013년에서 2015년에 걸쳐서 9개 영역실업, 주택, 연금, 정부 부채, 민주주의 참여도, 건강, 소득, 환경 영향, 교육을 포괄하여 IF지수를 개발하여 2016년에 유럽 수준에서 테스트하여 유럽의 세대 간 공정성 지수The European Intergenerational Fairness Index를 산출하였다.

이탈리아에서는 라티나 클럽ClubdiLatina이 2015년에 12개 영역실업, 주택, 연금, 정부 부채, 민주주의 참여도, 건강, 소득 및 부, 환경 영향, 교육, 신용경색, 디지털 격차 및 모빌리티, 적법성의 27개 지표를 기초로 세대격차지수generational divide index를 개발했다. 동

지수는 세대 간 공정성이나 세대 갭 대신에 세대격차에 초점을 맞추었다.[123]

한편 공적 이전과 사적 이전을 포괄한 총 이전은 소폭이나마 후세대의 생애순이전 수입을 증가시킬 수도 있다.[124] 공적 이전과 사적 이전으로 나누어 볼때 공적 이전으로 인해 현시점에서의 저연령층과 후세대의 부담이 가중되는 반면, 사적 이전을 통한 후세대로의 이전은 후세대의 부담이 줄어들게 할 것으로 예상하였다.

또한 시장생산이 아닌 가계생산에서 세대 간 재배분을 살펴보면 세대충돌의 다른 측면을 볼 수도 있다. 공식적인 통계로 잡히는 시장생산과 달리 비공식영역이라 할 수 있는 가정 내 가사노동을 분석하여, 특히 자녀의 출산·양육 시기에 있는 20대 후반에서 40대 중반까지 생애재배분이 큰 규모로 발생하였으며, 영유아집단이 가장 큰 혜택을 받는다는 결론을 내놓았다. 고령층도 가계생산에서 상당한 규모의 생산적인 역할을 담당하고 있으나, 스스로 소비하기 위해 가계생산을 수행하고 있기 때문에 생산 규모에 비해 사적 이전이 크지 않았다는 분석 결과를 내놓았다. 그래서 고령층의 가계생산 자체는 세대 간 공평성을 개선시키는데 큰 역할을 하지 못한다고 평가했다. 그리고 공적 이전이 고령층의 노후 주요 소비재원의 역할을 하고 있지만, 상대적으로 젊은 고령층은 여전히 사적 이전의 기여자로 확인되었다.[125]

사회보장의 확대와 세대충돌의 확대 가능성

▌사회보장제도를 둘러싼 세대 간 연대

　사회보장제도는 사회의 구성원 하나하나의 독립성과 자유를 기본으로 하면서 구성원 간의 연대를 근간으로 한 사회제도이다. 그 연대는 우선 같은 세대 내에 있는 저소득층과 고소득층 간의 연대인 세대 내 연대를 전제로 하고 있다. 또한 후세대를 위한 사회적 지원과 함께 전세대의 노후소득 등의 비용을 분담하기 위한 세대 간 연대도 전제로 하고 있다. 이렇듯 사회보장제도를 운영하는 데는 세대 내 연대와 세대 간 연대를 기본으로 하는데, 제도 설계에 따라 연대하는 방식과 내용은 달라질 수 있다.

　사회보장제도의 세대 간 연대를 경제적으로 표현하는 것은 재정방식이다. 연대의 범위를 기준으로 볼 때 조세를 통해 보편적 보장을 제공할 경우에는 연대의 범위가 포괄적이나, 사회보험료를 납부하고 그를 통해 자격을 획득한 가입자에게만 보장을 제공하면 연대의 범위가 한정된다.

　또한 연금과 같은 제도를 기준으로 볼 때, 부과방식은 강한 연대를 나타내지만 적립방식은 연대를 약화시킨다고 할 수 있다. 부과방식은 한 해에 필요한 재정소요를 산출한 후 이를 제도에 참여하는 세대들에게 분담시키는데, 고령 세대가 부담이 면제되는지 아니면 비고령 세대와 동일하게 부담하는지에 따라 연대의 정도가 다르게 인식될 수 있다. 물론 분담하는 방식이 일률적인 정액으로 할지, 아니면 소득비례로 할지에 따라 세대 내에서 재분배가 달라질 수 있다. 반면에 적립방식은 제도 운영을 강제할 뿐 세대 간 연대보다는 수익률과 같은 요소의 영향을 더 크게 받게 되므로 세대 내 연대와 세대 간 연대 모두 약하다.

　세대 내 연대는 동시대를 같이 살아가기 때문에 상대적으로 구체적인 이슈를 두고 서로가 동등한 책임하에 논의할 수 있다. 그러나 세대 간 연대는 세대를 달리하기 때문에 상호 간에 구체적 이슈를 두고 동등하게 논의하기 어려울 수 있다. 특히 후세대는 자신의 의견을 현세대 및 전세대와 동등하게 제시할 정치적 기반을 형성하지 못해 논의에 주도적으로 참여하기 어렵다.

세대 간 연대를 강화하기 위해서는 이러한 구성상의 한계를 극복해야 하며, 이를 위해서는 먼저 세대 간 연대가 무엇인지 이해할 필요가 있다. 세대 간 연대는 세대 간 암묵적 계약이라 할 수 있는데, 서로 합의할 수 있는 계약을 맺고 여러 가지 사회경제적 여건 변화에 맞추어 계약을 갱신할 수 있는 것이 중요할 것이다.

세대 간 계약을 맺고 유지하기 위해 가장 중요한 기준은 바로 공평성이라고 할 수 있다. 이는 "모든 연령대의 사람들을 위한 사회는 각 세대가 서로에게 투자하고 그 투자의 과실을 공유할 수 있게 하는데, 이는 상호성과 공평성이라는 쌍둥이 원리에 의해 지도"[126)]되기 때문이다. 또한 세대 간 연대는 세대 간 공평 뿐만 아니라 세대에 걸친 활동을 개발할 기회를 필요로 하기 때문이다.[127)]

▌세대 간 연대의 기초로서 세대 간 계약의 공평성

세대 간 계약에서 공평성을 확보하기 위해서는 논의의 장에 각 세대가 동등하게 참여하여 자신의 권리와 책임에 따라 제도와 정책을 만들고 그를 실행할 수 있어야 한다. 결국 정치적 과정을 거치게 되는데, 그 과정에서 후세대의 참여가 제한적임을 고려하여 제도 및 정책의 세대 간 중립성 확보가 세대 간 계약의 공평성을 확보하는 기준이 될 수 있다.

그런데 공평성은 어떤 상태를 말하며, 어떻게 측정될 수 있는가의 문제가 제기된다. 이론적으로는 한 세대가 누리는 경제적 편익과 경제적 부담의 합이 궁극적으로 0이 되는 상태가 세대 간 공평성이 확보된 것이라 할 수 있을 것이다. 그리고 경제적 편익과 경제적 부담은 복지, 연금, 주택, 교육, 의료, 인프라스트럭처 등 경제 및 사회보장제도 전반에 걸쳐 측정되어야 한다. 이러한 영역은 모든 시대에 동등한 가중치를 갖는 것이 아니라 요즘처럼 서울의 주요 지역에서 주택가격이 폭등하는 상황에서는 다른 무엇보다도 주택의 가중치가 높을 수밖에 없다. 따라서 공평성을 측정할 때는 이러한 사회경제적 변화도 고려해야 할 것이다.

그러나 한 세대가 누리는 경제적 편익이든 경제적 부담이든 측정하기는 쉽지 않다. 이는 단순히 생각해보아도 자신이 누리는 편익은 기성세대가 물려준 것과 자신이 속한 세대가 창출해낸 것으로 구성되는데, 이를 나누어서 측정하는 데 어려움이 크기 때문이다. 더구나 각 세대가 처한 경제사회적 여건이 다르다면 혜택과 부담을 기계적으로 비교하는 것만으로는 충분하지 않게 된다.

결국 주요한 사회제도를 중심으로 재정상 수입과 지출의 세대 간 공평성을 확보하도록 하는 것이 차선책이 될 것이다. 각 제도에 대해 세대 간 공평성을 측정했을 때 어느 한쪽으로 치우치지 않도록 하면 그 제도의 공평성은 확보될 수 있다. 그러나 어느 제도는 고령자를 위한 것이고, 어느 제도는 아동을 위한 것일 수 있어 각 제도의 공평성만 확보되는 것으로 충분하지 않을 수 있다. 따라서 각 제도의 공평성을 일부 양보하면서 전체적 공평성이 확보되도록 하는 것이 적절할 것이다. 이를 위해서는 각 세대가 자신의 편익과 부담을 알 수 있도록 하는 제도적 장치의 도입이 필요할 것이다.

▮ 사회보장제도의 위기와 세대충돌

사회보장제도가 가장 잘 발달한 서유럽 국가들의 경험을 볼 때 사회보장제도는 위기를 겪으며 많은 변화를 해왔다. 사회보장제도가 위기에 처하는 원인은 여러 가지가 있지만 직접적으로 가장 크게 영향을 미친 것은 경제 여건이었다. 1970년대 들어 오일쇼크 등으로 나빠지기 시작한 경제 여건이 회복되지 않은 채 최근까지 위기를 반복하면서 사회보장제도의 위기를 가져왔다.

또한 인구구조도 사회보장제도의 위기에 큰 영향을 미쳤는데, 저출산·고령화와 함께 부양을 담당하는 세대의 부담이 무거워지면서 기존 사회보장제도의 틀을 바꾸기 시작했다. 특히 인구구조의 영향을 더 크게 받는 부과방식 연금제도에서는 제도 개선의 필요성이 더 크게 부각되었다.

21세기 들어서는 반복되는 경제위기가 복지제도의 근간을 흔들기 시작하면서 민간부문의 자본시장을 활용한 노후소득 준비라는 대안에 의문을 갖게 하였다. 이에 따라 제3의 길로 은퇴를 늦추고 가능한 경제활동을 오래하는 것이 고령화에 대응하는 방안으로 제시되고 있으나, 청년층과 일자리 경쟁을 일으킨다는 비판에 직면하고 있는 것이 현실이다.

사회보장제도가 설계 당시의 여건이 충족되어 운영된다면 세대 간 연대는 이어질 것이다. 그러나 설계의 전제가 상정한 바와 달라져 결과가 바뀌게 되면, 즉 받을 급여는 줄이고 책임져야 할 부담을 늘리게 되면 이를 둘러싸고 갈등이 발생할 수 있다. 전체적인 부담의 크기도 문제이지만 누구에게 부담을 배분할 것인지도 문제가 된다.

프롤로그에서 행한 구분에 입각해 볼 때 베이비붐 이전 세대는 대부분 노후소득 준비가 사회적으로 이루어지지 않고 개인적으로 준비된 세대라고 할 수 있다. 국민연금이 1988년에 도입되었을 때 베이비붐 세대의 가장 선두에 있는 1955년생은 33세였고, 60세까지 20년을 가입하여 노령연금을 받을 수 있는 연령을 역산하면 1948년생이었기 때문이다. 따라서 개괄적으로는 1948년생부터 사회제도를 이용하여 노후소득 준비를 할 수 있는 세대라 할 수 있고, 그 이전의 세대는 제도적 혜택을 누리기 어려운 세대였다고 할 수 있다.

그런데 국민연금이 1988년에 도입되었다 할지라도 실질적으로 전 국민을 대상으로 도입된 것은 1999년에 도시자영자를 적용대상에 포함시킨 이후이다.[128] 이를 고려할 때는 1948년 이후에 태어난 세대라 하더라도 적지 않은 사람들이 국민연금 제도에 가입할 수 없었다. 따라서 국민연금 제도의 혜택을 보기 어려운 상황에 있던 사람들은 자신의 노후준비를 제대로 하지 못한 채 부모와 자녀를 부양해온 세대라 할 수 있을 것이다. 이들에 대해서는 노후준비를 위한 특별한 대책이 필요했으며, 그러한 차원에서 기초연금 제도의 도입은 의의가 크다 할 수 있을 것이다. 만약 기초연금이 도입되지 않았다면 노후보장의 책임은 순전히 개인이나 가족에게 돌아갈 것이었기 때문이다.

국민연금과 기초연금의 가입과 그에 따른 혜택은 이처럼 세대별로 다르게 나타난다. 문제는 인구가 적정하게 증가하지 않고 합계출산율이 0%대에 있으며 경제성장률이 극히 낮을 뿐만 아니라 금리도 장기간 0%대에 있을 것으로 예측되는 데서 나타나고 있다. 이에 따라 국민연금의 기금고갈 시점도 예상보다 이른 시점으로 앞당겨지고 후세대는 연금을 받지 못할 수도 있다는 비관론이 나오고 있다. 자신들이 받지 못할 수도 있는 연금보험료를 강제가입 제도이기 때문에 납부해야 한다는 것은 후세대에게는 공평하지 못한 처사이다. 더구나 자신들은 전세대는 물론 현세대에 비해서도 상대적으로 낮은 수익비의 연금을 받게 되니 공평성의 관점에서 부당하다고 느낄 수밖에 없다.

국민연금의 사례를 통해 살펴보았지만 결국 사회보장제도의 재정위기는 위기의 해법을 둘러싸고 이해충돌을 가져오며, 그 이해가 세대 간에 충돌되면 세대충돌이 발생하게 된다.

▌세대충돌은 경제사회적 여건의 악화로 확대된다

"사회 갈등은 경제적 불평등과 박탈의 구조적 원인에 대한 집단적 대응의 하나"[129]이므로 경제사회적 여건이 악화됨에 따라 세대충돌의 가능성은 확대된다고 할 수 있을 것이다.

사회보장제도 개혁은 다양한 시나리오가 있다. 기본적으로는 수입과 지출을 맞추어 수지 균형을 유지하도록 하는 것이 방법일 것이다. 그러나 적절한 수준으로 복지 지출이 이루어지지 않는다면 사회보장의 의의는 반감될 것이다. 국민연금의 보장 수준을 평균소득의 40년 가입자를 기준으로 40%로 낮춘 것이 대표적인 예라 할 수 있다. 그러한 의미에서 적정 수준 이상의 복지를 기준으로 수지균형을 맞추는 방법이 필요할 것이다. 그런데 수지균형을 맞추는 과정에서 불가피하게 재원조달의 문제가 제기될 것이다. 즉, 현재의 부담 수준과 적정 지출수준 유지를 위한 부담 수준의 차이가 어떻게 극복될 수 있는가 하는 문제가 제기될 수 있다.

이러한 재무적 개선과 함께 운영 혁신을 통해 적은 비용으로 지출을 극대화할 수 있는 방안도 모색할 수 있을 것이다. 그러나 운영의 혁신은 전체 지출 중운영비가 차지하는 비율이 미미하기 때문에 노력의 상징성은 크고 쉽게 할 수 있는 반면에 문제해결의 효과면에서는 매우 제한적인 결과밖에 가져오지 않는다.

현재 우리나라의 사회보장제도는 보장 수준이 낮기 때문에 어떠한 개혁방안을 추진한다 하더라도 부담을 증가시키지 않고는 재정안정을 이루기 쉽지 않다. 이렇게 부담이 증가하면 그 효과가 경제성장률 등 거시경제적 조건이 동일하게 유지된다는 전제하에 인구 요인만 고려하면 후세대의 부담이 갈수록 커지는 문제가 있다. 이러한 의미에서 모수적 사회보장 개혁은 한계가 있을 수밖에 없다.

더구나 경제성장률과 금리 등 거시경제적 조건도 예상외로 낮아지면서 모수적 사회보장 개혁을 어렵게 하고 있다. 국회 예산정책처가 2020년에 발표한 장기재정전망의 전제가 되는 우리나라의 실질GDP성장률 전망을 보면 2020년 0.1%, 2030년 2.0%, 2040년 1.3%, 2050년 1.0% 등 지속적으로 하락할 것으로 예상된다. 이와 함께 한국은행 기준금리도 2020년 3월 17일에 0%대로 진입한 이후 상당기간 0%대에서 벗어나기 어려우며 회복되더라도 2020~2070년간 평균 1.6% 수준을 보일 것으로 전망[130]되고 있어 연금 제도의 운영에는 치명적일 것으로 예상된다.

우리나라는 저성장이 구조화되었을 뿐만 아니라 성장의 과실이 편중되어 분배되는 불균형이 확대되는 상황에 처해 있다. 이는 수출부문과 내수부문, 대기업과 중소기업, 첨단산업과 사양산업 등 부문 간 격차가 확대되는 상황에 있기 때문이다. 부문 간 격차가 확대됨으로써 소득격차가 확대되고 이는 다시 사회보장지출의 확대로 이어져 그에 대한 부담을 둘러싸고 세대 내뿐만 아니라 세대 간에도 충돌할 가능성이 커지게 된다.

가족 기능의 변화는 이미 산업화의 영향으로 대가족 제도가 소가족 제도로 바뀌면서 시작되었다. 그렇지만 1980년대까지만 하더라도 고령 세대의 인구에 비해 이를 부양하는 청장년 세대의 인구가 더 많았기 때문에 적어도 고령자 부양과 관련해서는 그러한 변화로 인한 문제가 크게 두드러지지 않았다. 그러나 소가족 제도의 정착 및 1인 가족의 확대와 함께 자녀 수가 적어지는 소자녀화가 동시에 진행됨으로써 인구의 고령화가 빠르게 진전되면서 고령자 부양의 문제는 심각한 사회적 문제로 부각되게 되었다. 고령화 및 소자녀화로 인해 1990년대 이후로 노인부양비가 급격히 증가하기 시작하고 2060년대 중반에 가면 고령자 1인을 생산가능인구 1인이 부양해야 하는 상황이 전망되고 있어 심각한 문제로 대두되고 있다.

이에 더해 전통적으로 부모에 대한 봉양과 수발을 담당하던 여성들이 가사노동에서 벗어나 사회적 진출을 확대함에 따라 장기노인요양보험 등 관련 사회보장제도 확대의 필요성은 더 커졌다.

이러한 경향과는 반대로 자녀가 취업 등을 통해 독립하지 못하거나 독립이 늦어지면서 부모의 부담이 커지는 경우가 많이 생기고 있다. 2019년 기준으로 모든 소득 구간의 평균에 해당하는 한 가구가 아이 한 명을 낳아 대학을 졸업시킬 때까지 필요한 돈은 약 3억 8,198만 원으로 집계됐다.[131] 이렇게 많은 비용을 들였음에도 불구하고 소위 '캥거루족'들이 나타남에 따라 부모들의 자녀양육은 자녀의 대학졸업 이후에도 계속 이어진다.

다른 한편으로는 우리나라 부모들은 자녀의 결혼비용에 많은 지출을 하고 있다. 조사하는 시점과 기관에 따라 다소 차이는 있지만 보통 가구의 경우 자녀의 결혼 비용으로 1억 원 내외를 지출하는 것으로 나타났다.[132] 이처럼 자녀의 미독립 내지는 자녀의 결혼비용 지원에 많은 금액을 지출하면서 정작 자신의 노후준비를 제대로 하지 못하는 문제가 발생하고 있다.

이렇듯 각 세대는 세대 특유의 상황에서 다양한 혜택과 부담을 동시에 누리고 있다. 문제는 전세대나 현세대보다 후세대의 부담이 더 커지는 상황이다. 그렇게 되면 후세대가 그 부담을 거부하고 전세대와 현세대가 직접 책임지길 원하게 되면서 결국 세대충돌이 확대될 가능성이 있다.

▌ 세대충돌은 확대될 것인가?

향후 세대충돌을 확대시키는 경제 여건은 쉽게 바뀌기 어려운 점들이 많다. 먼저 앞서 살펴보았듯이 우리나라 경제의 저성장은 상당 기간 벗어나기 어려울 것이다. 이는 기본적으로는 경제 규모가 세계 10위일 정도로 커진 데다 경제성장의 중요한 한 축인 인구가 인구구조의 고령화와 함께 줄어들기 때문이다. 기술혁신을 통해 생산성을 끌어올리더라도 국내 소비를 지탱할 인구가 계속해서 줄고 국제무역이 보호주의로 돌아서면서 성장이 더뎌질 가능성이 높아 경제의 저성장은 불가피하다.

또한 저출산고령화도 장기적으로도 벗어나기 어려울 것이다. 통계청이 2016년에 발표한 중위 기준 합계출산율 전망을 보면 2015년 1.24%에서 2030년 1.32%, 2040년~2065년간 1.38%로 다소 높아지기는 하나 크게 높아지지는 않을 것으로 예상된다. 기대수명은 2015년 남녀 전체를 기준으로 82.1세에서 2065년 90.0세로 길어질 것으로 전망된다. 이에 따라 고령화율도 2015년 12.8%에서

2065년 42.5%로 높아질 전망이다.

이렇듯 제도의 운영을 위해 전제한 주요 변수가 기존에 전망한 것과 크게 달라졌다면 일부 기술적 변수만 수정하는 소위 '모수적 개혁'만으로는 세대충돌을 피하기 어려울 것이므로 제도 자체를 혁신하는 '패러다임 개혁'을 해야 할 것이다. 제도 운영을 가장 크게 위협하는 고령화율은 급격히 높아지는 데 반해 이를 개선하는 데 도움이 될 경제성장률이나 합계출산율의 개선은 큰 변화가 없을 것으로 예상되기 때문이다.

물론 모수적 개혁을 하게 되면 일종의 폭탄돌리기가 되어 일시적으로 위기를 극복하는 것처럼 보이지만 후세대로 갈수록 폭발성은 커지게 된다. 궁극적으로는 세대 간 충돌이 극한에 이를 가능성이 있다.

그러면 패러다임 개혁을 추진하면 되지 않겠는가라고 생각할 수 있으나 제도 개혁으로 부담을 더 지는 쪽의 반대로 용이하지 않을 수 있다. 또한 기존 제도의 혜택을 받는 인구의 비중이 크면 이 또한 기득권으로 작용하여 개혁이 용이하지 않게 된다. 국민연금의 경우만 하더라도 최초 노령연금 수급자가 1993년 3월에 나왔지만 20년을 가입한 완전노령연금 수급자는 2008년 1월에 479명이 나왔다. 2020년 6월 기준으로는 75만 2,811명이 평균연금월액 93만 원을 수급하고 있다. 기초연금은 2020년 9월 말 기준으로 561만 명이 수급하고 있으며, 공무원연금은 2019년 기준으로 퇴직연금 수급자만 46만 7,149명에 달하고 있다. 이렇듯 이미 상당한 수의 연금 수급자가 있어 어느 제도든 패러다임 개혁은 용이하지 않은 상황이다.

결국 모수적 개혁은 제도 개선 효과가 짧고 패러다임 개혁이 사실상 불가능하다면 세대 간 충돌은 불가피할 것이다.

▌세대 간 연대 강화에 대해 국제적 경험이 주는 교훈

선진 외국에서도 세대 간 연대가 이슈가 된 것은 그다지 오래 되지 않았다. 세대 간 연대가 국제무대에 이슈로 처음 등장한 것은 국제연합이 1982년에 오스트리아 빈Wien에서 제1차 세계고령화총회World Assembly on Aging를 연 지 20년 만인 2002년 4월에 스페인 마드리드Mardrid에서 개최한 제2차 세계고령화총회에서 나온 MIPAAMadrid International Plan of Action on Ageing라는 정치적 선언이다. 그 선언 제16조에서 "우리는 고령자와 청년 모두의 특별한 니즈를 염두에 두면서 세대 간 연대 및 세대 간 파트너십을 강화하고, 또한 각 세대가 서로에게 반응하는 관계를 촉진할 필요를 인식하고 있다."고 하였다.

그에 이어 2002년 9월에는 유럽, 북미, 아시아의 56개 회원국들로 구성되어 있고 70개 이상의 전문가조직과 기타 비정부조직이 참여하는 국제연합 유럽경제위원회United Nations Economic Commission for Europe, 이하 UNECE 회원국들이 베를린에서 회의를 열고 MIPAA를 역내에서 시행하기 위한 전략Regional Implementation Strategy, 이하 RIS에 서명하였다. 서명과 함께 발표된 장관급회의 선언문에는 고령화에 대한 접근법이 세대 간 및 세대 내 연대의 강화를 통해 모든 연령의 사람들을 위한 사회발전을 촉진하는 것임을 밝히고 있다. 또한 MIPAA/RIS를 채택하고 고령화를 모든 정책 영역에서 주류로 추진하면서 세대 간 연대 촉진에도 특별한 우선순위를 두었다.

그 이후로 MIPAA/RIS는 고령화에 관한 UNECE 업무의 주요 지도 체계가 되었다. MIPAA의 적절한 실천을 위해 국제연합에서는 5년마다 이행실태를 점검하고 있어서 UNECE도 5년마다 회의를 개최하여 점검하고 있다.[133]

그리하여 2007년 스페인 레온Léon에서 열린 회의에서 나온 장관급회의 선언문에서는 세대 간 연대를 사회통합과 시민사회의 중요한 지주들 중의 하나로 촉진할 것을 약속하였다.

2012년 빈Wien 장관급회의 선언문에서는 다음과 같은 여섯 가지 방법으로 세대 간 연대가 강화된다고 하였다. 즉, (a) 정부, 비정부조직, 민간부문, 언론, 그리고 일반대중을 포함한 모든 이해관계자가 다세대 대화와 세대 간 학습을 장려하고 강화함, (b) 청년 조직과 노인 조직 간 협력 증진, (c) 모든 연령의 사람들의 합동 자원봉사의 가치를 인식하고 장려함, (d) 일반 대중, 특히 청년 세대를 위해, 인구의 고령화와 개인의 고령화에 관한 교육 캠페인을 디자인하여 시행함, (e) 남성 노인과 여성 노인이 계속적인 취업, 어린 가족구성원과 노인 가족구성원에 대한 무상 돌봄 수행, 자신의 가족 및 커뮤니티의 어린 구성원들에게 혜택을 주기 위한 현금 및 현물 이전뿐만 아니라 봉사활동 참여를 포함한 여러 가지 방법으로 자신의 커뮤니티에 중요한 기여를 계속해서 하는 것을 인식하는 한편으로, 세대 간 연대 또한 노인들을 적정하고 지속가능하게 사회적으로 보호

함을 의미한다는 것을 고려함, (f) 각 세대들의 자기결정에 대해 동등한 기회를 장려하는 한편으로 현재 및 미래 세대의 니즈, 역량 그리고 기대를 포괄하는 사회적으로 책임이 있고 재무적으로 건전하며 지속가능한 전략을 개발하여 실행하기를 방법으로 제시하였다.

2017년에는 포르투갈 리스본Lisbon에서 회의를 열고 계속된 인구변화가 정책 결정과 개인에 대해 기회와 도전을 제기한다는 것을 인식하고서, 양성평등과 함께 세대 간 연대의 필요성도 인정했다. 또한 커뮤니케이션, 경험의 교환, 협력 및 세대 간 연대가 모든 생활영역에서, 가족 내외의 영역에서 얼마나 중요하고 보람이 있는지를 이해하도록 돕기 위해 세대 간 환경에서 젊은이와 노인의 일과 자원봉사를 장려하겠다고 하였다.

국제연합 차원에서 이러한 노력이 진행되는 가운데 EU는 2007년에 체결하여 2009년부터 발효된 리스본 조약에서 세대 간 연대를 EU 기능의 명시적 목적으로 삼았다.134) 동 조약 제2조 제3항에서 "연합은 사회적 배제와 차별에 대항하고, 사회적 정의와 보호, 여성과 남성의 평등, 세대 간의 연대 및 아동의 권리 보호를 장려해야 한다."고 기술하였다.

또한 2008년에는 슬로베니아의 브르도Brdo에서 열린 "화합하며 지속가능한 사회를 위한 세대 간 연대Intergenerational Solidarity for Cohesive and Sustainable Societies"라는 명칭의 행사를 열었는데, 고령화사회에서 세대 간 연대를 장려하는 목적을 가진 대표적 사례라 할 수 있다. 동 행사는 "세대 간 연대를 보장하기 위한 정책 개발에 대한 새로운 접근법을 제안하고", "모범사례를 통해 세대 간 연대와 협력의 긍정적 사례를 제공하기" 위한 목적이 있었다. 동 행사 중에 4월 29일을 유럽 세대 간 연대와 협력의 날European Day on Intergenerational Solidarity and Cooperation로 정하고 매년 지키기로 하였는데, 2009년부터 지켜오고 있다.

이어 2010년에도 유럽 세대 간 연대와 협력의 날을 축하하기 위해 스페인 로그로뇨Logroño에서 "능동적이고 건강한 고령화에 관한 콘퍼런스Conference on Active and Healthy Aging"라는 행사를 열었다. 이 행사에서는 능동적 고령화와 고령자들의 잠재력을 동원하는 것이 세대 간 연대의 유지에 결정적 요건이라고 보았다. 그리고 세대 간 연대는 자신들의 니즈, 이익 및 능력에 따라 자신들에게 영향을 미치는 영역에 탁월성을 제공함으로써 그리고 여러 연령 그룹의 관여를 장려함으로써만 달성된다고 보았다. 나아가 정부는 사회적 화합의 증진과 참여 문화의 발달을 위해 가장 중요한 측면들 중의 하나로서 세대 간 연대를 강화할 책임이 있다고 결론을 내렸다.

이렇게 유럽에서 세대 간 연대를 위한 정치적 노력이 이어졌지만, 세대 간 갈등은 이미 2000년대 들어서면서 정치적 영역과 문화적 영역에서 경제적 영역으로 옮겨갔다고 평가된다.135)

이렇듯 많은 국가에서 세대 간 연대 강화를 위한 노력이 이루어졌으나 현실적으로 세대 간 연대가 강화되기는 쉽지 않았던 것으로 보인다. 이를 가장 극적으로 보여주는 것은 많은 국가의 연금 개혁에서 적립방식의 재정제도를 채택하거나 사적 연금을 활용하는 쪽을 택했다는 점이다. 더구나 경제위기의 반복과 불평등의 확대로 정치적 극단주의가 대두되면서 세대 간 연대보다는 세대 간 충돌이 잦아지고 있어 세대 간 연대 강화는 점점 더 어려운 과제가 되고 있다.

사회보장 개혁과 세대충돌의 정치적 프로세스

사회보장제도의 유지가능성을 높이려면 향후 예상되는 여러 환경변화를 고려하여 제도를 적절히 개선해갈 필요가 있다. 그런데 고령 세대를 부양하기 위한 사회보장제도뿐만 아니라 각종 사회보장제도의 도입 및 개선은 대개 입법 절차를 거치기 때문에 이와 관련한 중요한 의사결정은 대부분 정치적 과정을 동반할 수밖에 없다. 그러한 제도 개선은 구체적 개선 내용에 대한 사회적 합의를 이끌어내기가 쉽지 않고, 이러한 사회적 합의가 정치적 결정을 수반하기 때문에 제도의 일관성 유지가 용이하지 않은 측면이 있다. 특히 고령사회가 되어 사회에서 고령 인구의 비중이 높아지면서 이들이 자신의 이익을 위한 정치적 행동을 강화하게 되고 그 혜택을 제공하기 위한 부담을 해야 하는 후세대가 불만을 표시할 때 세대 간 갈등은 커질 수밖에 없다.

이러한 세대 간 갈등은 여러 사례에서 나타나지만, 기초연금 도입 논의, 국민연금 개혁, 공무원연금 등 특수직역연금 개혁을 추진할 때에도 나타났다. 세대충돌을 극복할 방안을 찾기 위해서는 이들 개혁을 추진할 때에 세대 간 갈등이 어떻게 표출되었고, 어떻게 마무리되었는지를 살펴보고 시사점을 찾을 필요가 있다.

❙ 기초연금의 도입을 둘러싼 세대충돌의 교훈

기초연금 제도의 도입은 전 국민에게 적용되는 공적 연금제도의 도입이 늦었고 광범위한 사각지대로 인해 필요성이 컸다. 사실 국민연금 제도가 1988년에 도입되었지만, 전 국민에게 적용되는 것은 한참 뒤인 1999년이었고 그나마 사각지대가 존재하여 그에 따른 혜택은 전 국민에게 돌아가지 못하는 게 현실이었다. 이에 따라 많은 은퇴자가 노후준비가 제대로 되지 않아 노후생계가 어려운 사람이 많았기 때문에 기초연금과 같은 제도가 필요했었다.

이러한 현실을 고려하여 이미 1991년에 노령수당 제도를 도입하여 70세 이상 저소득층에게 노령수당을 지급하기 시작하였고, 1997년에는 65세 이상 생활보호대상자로 확대하였다. 이어 1998년에는 경로연금 제도를 도입하여 65세 이상인 자 중에서 선정하여 지급하였다. 그러다 고령화가 본격적으로 시작되자 2007년에는 만 65세 이상 노인 중에서 선별하여 노령연금을 제공하는 「기초노령연금법」이 제정되어 기초노령연금 제도가 2008년 1월 1일부터 시행되었다.

기초노령연금 제도는 도입 초기에는 만 70세 이상 노인 중 179만 명(소득 하위 60.3%)과 65세~69세의 기초생활보장 대상자 11만 명[136]에게 2008년 1월 30일에 지급하였다. 이후 2008년 7월부터는 2단계로 65~70세 노인 1백만 명을 지급대상에 포함시켰고, 2009년 1월부터는 3단계로 소득기준을 완화시켜 70%로 확대하여 시행하였다. 그리하여 2008년에 65세 이상 노인 507만 명 중 290만 명을 대상으로 지급하여 57.2%의 수급률을 보이던 것이 2009년에는 527만 명 중 363만 명을 대상으로 지급하여 68.9%까지 수급률이 상승하였다. 그러나 그 이후에는 65세 이상 노인의 수 증가에 비해 수급자 수 증가가 따르지 못해 수급률은 계속 낮아져 2013년 기준으로 625만 명 중 407만 명에게 지급되어 65.0%에 그쳤다.

〈표 20〉 연도별 기초노령연금 수급자 현황

(단위: 명, %)

연도	65세 이상 노인	수급자	수급률
2008년	5,069,273	2,897,649	57.2
2009년	5,267,708	3,630,147	68.9
2010년	5,506,352	3,727,940	67.7
2011년	5,700,972	3,818,186	67.0
2012년	5,980,060	3,933,095	65.8

주: 수급자 수는 신청일 기준으로 작성됨
자료: 보건복지부, 「통계로 본 2012년 기초노령연금」, 2013. 6. 21., p. 6.

「기초노령연금법」에 따르면, 기초노령연금액은 국민연금 가입자의 최근 3년 월평균소득의 5%를 지급하도록 되어 있다. 이에 따라 제도 도입 첫해인 2008년에는 노인 단독가구의 경우 최고 84,000원, 노인부부 가구의 경우 최고 134,000원(각각 6만 7천 원)의 연금이 매달 지급되었다. 다만, 소득·재산이 상대적으로 많은 약 11만 명에 대해서는 2~8만 원의 연금이 지급되었다. 부부가구 2인 수급자의 경우 2014년 4월부터 2015년 3월 사이에는 최소 4만 원에서 159,900원을 기초노령연금액으로 수령하였다.

이렇듯 국민연금 사각지대에 있는 노인들을 위한 제도가 조금씩 발전하는 가운데 기초연금 도입의 필요성이 제기되었다. 우리나라에서 기초연금 도입에 대한 정부 차원의 최초 논의는 1997년에 제출된 국민연금제도개선기획단의 개혁 방안 중 국민연금을 기초연금과 소득비례연금으로 이원화하여 분리운영하는 방안이었다.137) 그러나 동 방안은 채택되지 못하였고, 곧이어 발생한 IMF 외환위기 이후 공사연금제도개선소위원회나 개별 정당 차원에서 이어받아 논의되었지만 이 역시 채택되지 못했다.

그 후 기초노령연금이 갖는 한계를 극복하고자 기초연금의 도입에 대해 국민의 뜻을 직접 묻는 정식의 정치의제로 내놓은 정치적 절차는 2012년 제18대 대통령 선거일 것이다. 당시 새누리당 박근혜 후보가 먼저 전 국민에 대한 기초연금 도입을 공약으로 내걸고 문재인 후보는 노령자의 80%에 대해 기초노령연금의 두 배를 제공하는 안을 내걸면서 도입 논의가 본격화되었다. 두 안 중에서 전 국민에게 도입하겠다고 했던 박근혜 후보의 안이 더 호소력이 있었고, 결과적으로 박근혜 후보가 당선되자 기초연금 도입이라는 공약을 어떻게 시행할지가 이슈가 되었다.

그런데 박근혜 후보는 대통령 취임 후에 모든 노인을 대상으로 기초연금을 도입하겠다는 공약을 지키지 않고 65세 이상 고령자 중 소득 하위 70%에게만 국민연금과 연계하여 차등 지급하기로 했을 뿐만 아니라,138) 국민연금과 연계하여 차등지급하거나 사회보장급여를 받는 계층에 대해서는 지급 후 환수하겠다고 했다. 이를 고려할 때 전 국민에 대해 기초연금을 도입하겠다는 공약은 진정으로 전 국민을 대상으로 제도를 도입하기보다는 수적으로 지지층이 많은 60대 이상의 고령층을 겨냥하여 선거공학 차원에서 내건 공약이라고 평가할 수밖에 없다.

물론 그 배경에는 재정 적자 확대 우려가 있지만 증세를 하지 않겠다는 공약을 더 중시한 정책결정이 있다. 재정소요가 있으면 그에 합당한 증세가 이루어져야 하는데, 증세를 하지 않으려니 전 국민에 대한 기초연금 도입을 지킬 수 없었던 것이다. 핵심 지지층이 증세보다는 감세를 원했기 때문에 전 국민을 대상으로 기초연금을 도입할 재원 마련이 쉽지 않을 것으로 판단했던 것이다.

어찌 보면 소득 상위 30%는 기초연금이 필요한 계층이 아니라고 할 수 있을지 모른다. 그러나 기초연금의 의의와 상위 30%에 소요되는 재정부담 수준을 고려할 때는 적절한 주장은 아니다. 더구나 문제가 되는 것은 국민연금과 연계하겠다는 아이디어가 파생시키는 문제들과 함께 사회보장 급여를 받는 계층에 대해서는 아예 기초연금을 중복지급하지 않겠다고 한 점이다. 결국 조세 부담을 해야 할 대기업과 고소득자들을 보호하기 위해 기초연금이 본래의 취지와 모습에서 크게 벗어난 형태를 취하고 2014년 7월 1일부터 시행될 수밖에 없었다.

이러한 논란 속에서 행해진 국회의 논의 과정을 보면 야당은 70%가 아닌 80%를 주장하며 보장 대상의 범위에서 다소간 차이를 보일 뿐 실질적으로는 여당과 큰 차이를 보여주지 못했다. 그 결과 박근혜 정부에 이어 집권한 문재인 정부도 기초연금액을 20만 원에서 30만 원으로 인상시켰으나 여전히 기초연금을 70%를 대상으로 지급하고 있으며, 중복지급을 피한다는 명목으로 사회보장 급여 수령자들에게서 줬다가 뺐는 기초연금 제도를 해결하고 있지 못하다.

그런데 기초연금은 세대 간 이전을 전제로 하므로 이렇듯 대상을 소득이나 다른 기준으로 제한하는 것은 다른 불합리를 낳을 수 있다. 고소득자들은 조세로 기여한 것에 비해 더 적은 사회보장 급여를 받는데 소득이 높다는 이유로 기초연금 적용 대상에서 배제될 이유가 없다.[139] 또한 국민연금 급여액이 30만 원 이하인 수급권자들의 기초연금액을 감액하지는 않았으나, 국민연금 가입 기간과 연계하여 가입 기간이 길수록 연금액을 낮추는 장치를 도입하여 국민연금 가입 기간이 더 길어질 후세대를 역차별한다는 비판[140]도 있었다. 그리고 기준연금액이 국민연금 전 가입자의 평균소득에 연계되는 것이 아니라 물가상승률에 연계되게 함으로써 소득증가율에 비해 물가상승률이 낮을 경우 기준연금액 가치가 하락하여 후세대가 받을 연금액의 가치가 하락한다는 문제도 안고 있었다.

그럼에도 불구하고 기초연금의 도입은 국민연금의 혜택을 제대로 받고 있지 못한 세대들에게는 소중한 은퇴소득을 얻을 수 있는 계기가 되었다. 다만 무기여 연금의 특성상 인구의 고령화가 급속히 진행되는 인구 여건하에서 지속가능성이 있을지는 의문이고, 후세대에게 부담이 더 무겁게 돌아간다는 점에서 세대 간 갈등의 요소를 남기고 있다는 점은 극복해야 할 과제로 제시되었다. 그러나 기초연금을 위한 조세 부담을 자녀세대만 부담하고 같은 세대는 부담하지 않는 것처럼 얘기하는 것은 무리한 주장이라고 본다. 조세는 세대에 관계 없이 소득이 높거나 자산이 많은 사람에게 더 많이 부과된다는 점을 고려할 때 후세대의 부담을 지나치게 강조하는 것은 실제의 현상을 정치적으로 왜곡하는 주장이라 하지 않을 수 없다.

▎국민연금의 개혁을 둘러싼 세대충돌의 교훈

국민연금 개혁을 둘러싼 논란도 기초연금과 유사한 모습을 보였다. 국민연금은 1988년에 도입된 이후 1998년과 2007년에 개혁 조치가 있었다. 두 개혁 모두 재정 적자를 우려하여 급여 수준을 낮추는 데 초점을 맞추었다. 이러한 조치들은 초기에는 재정적 안정을 도모하기 위한 것이었는데, 세대 간 공평성을 확보하기 위한 것이기도 했다. 1998년 개혁에서 소득대체율을 60%로 낮추고 지급연령을 2033년까지 65세로 상향 조정하기로 한 것과 2007년 개혁에서 소득대체율을 2008년에 50%로 낮춘 후 2028년까지 40%로 낮추기로 한 것은 결과적으로는 후세대의 부담을 줄이려는 조치라 볼 수 있기 때문이다.

그런데도 두 개혁 조치를 마련하는 과정에서 제기된 주장들을 분석해보면 결국 보험료 부담을 둘러싼 노사 간 대립 측면이 컸지 세대 간 대립은 부각되지 않았다. 즉, 노사 양측은 모두 자신들의 부담을 최대한 줄이면서 자신들이 원하는 수준으로 보장을 높이거나 낮추고자 하였을 뿐 후세대에 대한 부담 전가에 대해서는 크게 고려하지 않았다.

오히려 국민연금 제도의 세대 간 불공평이 부각된 것은 2012년 제18대 대통령 선거를 치르고 당선된 박근혜 정부가 기초연금 도입에 대해 논의할 때이었다. 제18대 대통령 선거 당시 박근혜 후보와 문재인 후보 모두 기초연금의 도입을 공약에 포함시켰다. 다만 박근혜 후보가 65세 이상 노인 전체를 대상으로 제도 도입을 공약한 데 반해, 문재인 후보는 80%만을 대상으로 제도 도입을 공약

했다. 박근혜 후보는 "기초노령연금 및 장애인연금을 기초연금화하고 이를 국민연금과 통합, 기초연금 도입 즉시 65세 이상 모든 고령층과 중증 장애인에게 지금의 두 배20만 원를 지급한다"라는 공약을 내걸었다.

선거 결과 박근혜 후보가 당선되자 18대 대통령직 인수위원회에서는 기초연금을 어떻게 도입할 것인지 논의하였다. 박근혜 정부 인수위원회는 국민연금 가입기간이 길수록 기초연금을 더 많이 주는 방안을 내세웠으나 강한 비판에 부딪혔다. 2013년 2월 21일에 나온 「박근혜정부 국정과제」에 따르면, 결국 기초연금과 국민연금을 통합한 국민행복연금을 도입하는 것으로 확정되었다. 구체적으로는 국민연금은 현행 제도를 유지하고, 65세 이상 전체 노인공무원연금, 군인연금, 사학연금 등 특수직역 연금 수급자와 배우자는 제외을 대상으로 기초연금을 도입하되 소득 및 국민연금 가입 여부에 따라 차등지급하는 방안이다.

소득 하위 70%에 대해서 무연금자는 20만 원국민연금 급여계산식의 A값의 10%, 국민연금 수급자는 14~20만 원A값의 0~3% 중복조정을 지급하고, 소득 상위 30%에 대해서는 무연금자 약 4만 원A값의 2%, 국민연금 수급자는 4~10만 원A값의 0~3% 중복조정을 지급한다는 것이었다. 부부가구는 위 기초연금액에서 각각 20% 감액하는 것으로 하였다.

그리고 정부 출범 즉시 국민행복연금위원회를 구성하여 사회적 합의가 가능한 구체적 방안을 마련하기로 했다. 이에 3월 20일에 국민행복연금위원회가 13명의 위원으로 구성되어 출범하였다.141)

국민행복연금위원회는 3개 대안을 검토하였는데, 주요 내용은 다음과 같다. 소득 하위 70% 노인에게 소득인정액국민연금, 근로소득, 자산평가액 등의 합에 따라 최대 월 20만 원까지 차등지급하는 방안1안, 소득하위 70% 노인에게 국민연금과 연계해 국민연금급여액 중 A값이라 불리는 균등부분 급여액이 기초연금액에 미치지 못하는 차액을 최대 월 20만 원까지 차등지급하는 방안2안, 소득하위 80% 노인에게 월 20만 원을 정액으로 지급하는 방안3안이다.142) 국민행복연금위원회는 결국 단일안을 도출하지 못하였고, 2013년 7월 17일에 보건복지부에서 <표 21>과 같은 최종 합의 결과를 발표하였다.

그러면서 정부가 국민행복연금위원회 논의 결과를 토대로 각 안별 비교 검토, 소요 재정 추계 등 심층적 분석을 통해 지속가능한 기초연금 방안을 8월 중에 발표할 예정이라고 밝혔다.

〈표 21〉 보건복지부 기초연금 합의 내용

【 합의 내용 】

위원회는 현 세대 어르신의 빈곤 문제를 최대한 빠른 시일 내에 해결하면서, 장기적인 관점에서 미래 세대에게 과도한 부담을 지우지 않으며 몇십 년 후까지 재원을 충당할 수 있는 지속가능한 기초연금 제도를 마련하고자 하였습니다.

이에 따라 다양한 기초연금 도입안을 검토하였고, 다음과 같은 사항을 합의하였습니다.

첫째, 기초연금의 재원은 전액 조세로 조달하고, 국민연금기금은 사용하지 않는다.

둘째, 제도의 명칭은 기초연금이 적절하다.

셋째, 기초연금 대상자는 노인의 70%(소득기준 또는 인구기준) 또는 80% 수준으로 한다.

넷째, 연금액은 최고 20만 원(A값의 10% 수준) 범위 내에서 정액 또는 차등지급한다.

다섯째, 차등지급하는 경우 기준은 소득인정액 또는 공적연금액으로 한다.

여섯째, 기초연금 도입이 국민연금 제도 발전과 노인복지 향상에 기여하도록 노력하여야 한다.

일곱째, 기초연금의 지급 시기는 2014년 7월로 한다.

그러나 정부는 9월 25일에야 「기초연금 도입계획」을 확정하여 발표하였다. 그에 따르면 65세 이상의 노인 중 소득 상위 30%를 제외한 70%에게 기초연금을 지급하는 것으로 하였다. 다만 소득하위 70%에 해당하는 65세 이상 노인 중 90%인 353만 명에게는 20만 원을 지급하고, 국민연금 소득 등 노후준비가 어느 정도 되어 있는 일부(38만 명)에게는 기초연금을 감액 지급하되 최소한 10만 원은 지급하는 것으로 하였다.

정부는 동 안이 국민연금 수급자가 무연금자에 비해서는 더 많은 혜택을 받게 되고, 국민연금을 오래 가입할수록 유리하게 설계되었다고 발표했다. 나아가 기초연금이 도입되어도 국민연금 제도에는 아무런 변화가 없을 것이며, 국민연금 보험료 인상도 전혀 검토하고 있지 않다고 밝혔다. 또한 기초연금의 재원은 전액 조세로 충당하고 국민연금기금은 기초연금에 사용하지 않는다고 밝혔다.

그럼에도 불구하고 국민연금 가입기간이 길수록 기초연금액이 감액되게 설계되어 있어 국민연금을 장기간 가입할 유인을 약화시키고, 특히 가입기간이 길어질 후세대 고령자들의 급여를 줄일 것이라는 반발을 일으켰다. 또한 기준연금액이 20만 원으로 제시되어 있고 향후 전국소비자물가지수를 기준으로 변동되게 하여 궁극적으로는 후세대 고령자들이 받을 기초연금액의 실질가치가 계속해서 하락하게 될 것이라는 점도 반발을 일으켰다.

이에 따라 10월 2일에는 기초연금법 제정안을 입법예고하고 10월 18일에 공청회를 거쳐 11월 19일에 국무회의에서 의결하였으나 2013년 정기국회에서 바로 통과되지 못하였다. 그 후 국회와 정부로 구성된 여야정협의체가 13차례의 논의와 여야 원내대표 간 공식 및 비공식 협의를 거친 후 정부안을 일부 수정하여 2014년 5월 2일에 정기국회에서 통과시켰다. 즉, 정부안에서 국민연금 급여액이 30만 원 이하인 65세 이상 노인에게는 A급여와 관계없이 기초연금으로 20만 원을 지급하는 것으로 수정하기로 했다.

이러한 과정을 거친 기초연금법 최종법안의 주요 내용은 다음과 같이 정리되었다. 65세 이상인 사람 중 상대적으로 형편이 어려운 70%를 대상으로 기초연금을 지급하되, 특수직역연금 수급권자와 그 배우자 등[143]은 제외한다. 기초연금액은 국민연금과 기준연금액을 고려하여 산정하되, 국민연금 수급권자는 기준연금액에서 국민연금 소득재분배급여금액에 2/3를 곱한 금액을 뺀 후 부가연금액_{기준연금액의 1/2}을 더한 금액을 지급한다. 국민연금이 30만 원 이하인 사람에게는 기초연금 20만 원을 지급하고, 국민연금이 30~40만 원인 노인에게도 전체 수급액_{국민연금+기초연금}이 최소 50만 원 이상이 되게 하였다. 기초연금의 도입 시기는 2014년 7월 1일로 정해졌다.

결국 국민연금을 받는 경우 일정 기준 이상의 금액을 받으면 기초연금이 감액되도록 하였는데, 이는 국민연금과 기초연금을 병설된 별도의 제도로 보아야 하는지 아니면 통합된 제도로 보아야 하는지에 대한 논쟁을 남겼다. 그 결과 국민연금 가입자는 기존에 자신이 받을 수 있는 금액을 권리로 생각하며 추가로 기초연금을 받을 수 있다고 생각했는데, 두 제도가 연계되어 상대적으로 불리한 혜택을 받는다고 생각하게 되었다.

이러한 논쟁을 겪은 후 문재인 정부 들어서 2018년에 국민연금에 대한 재정계산이 진행되었다. 2018년의 재정추계 결과에 따르면 국민연금은 재정위기 상황이 더 악화되었다. 즉 2042년에 재정 적자를 보이기 시작하여 2057년에는 기금이 완전히 고갈되어 제3차 재정계산 결과에 비해 재정수지 적자 및 기금 고갈 시점이 더 빨라질 것으로 예측되는 상황에 처해 있다<표 22> 참조.[144]

〈표 22〉 제4차 국민연금 재정계산 장기재정 전망 결과

구 분	최대적립기금 시점	수지적자 시점*	기금소진 시점
4차	2041년(1,778조 원)	2042년	2057년(△124조 원)
3차	2043년(2,561조 원)	2044년	2060년(△281조 원)

주: * 총수입(보험료 수입+기금투자 수익)이 총지출(연금급여 지출 등)보다 작게 되는 시점
자료: 국민연금재정추계위원회, 「제4차 국민연금 재정계산 장기재정 전망 결과」, 2018.

이러한 상황이 발생하게 된 것은 국민연금 제도 설계 당시부터 보험료 납부액 대비 급여액의 비율이 높아 수지균형을 맞추지 못하여 구조적으로 적자를 발생시킬 수밖에 없기 때문이다. 더구나 합계출산율 급락 및 수명 연장으로 인구구조의 고령화가 예상보다 빠르게 진행되고 기금운용 수익률도 예상에 미치지 못하여 국민연금의 재정 고갈을 더욱 빠르게 할 것으로 추정되었다.

따라서 급여 수준에 맞추어 적절히 요율을 조정하지 않을 경우 기금이 소진되어 결과적으로 재정방식이 기금을 적립하지 않고 매년 연금지급에 필요한 소요액을 후세대가 부담하는 부과방식으로 전환될 가능성이 있다. 부과방식으로 재정방식이 전환되어 국민연금이 운영된다고 할 경우 재정이 균형을 이루기 위해서는 보험료율이 현재는 9% 수준에 지나지 않지만 2065년에는 33%까지 인상되어야 하는 것으로 추정되었다. 이에 따라 부과방식으로 국민연금 제도를 운영할 경우 후세대가 안게 될 부담은 세대를 거듭할수록 커질 수밖에 없음을 확인할 수 있다.

따라서 세대 간 재정부담을 이전시키지 않고 재정 안정화를 기하기 위해서는 연금제도의 근본적 개혁이 이루어져야 할 것이다. 그런데 국민연금 제도의 큰 틀을 변화시키지 않고 정부가 연금재정의 위기를 개선하기 위해서 선택할 수 있는 수단은 수지 균형을 맞출 수 있도록 급여를 낮추거나, 아니면 보험료 부담을 높이거나 하는 방법이다.

이러한 한계점이 있는 국민연금 4차 재정추계결과 및 제도개선방안이었지만 그를 기초로 대국민 토론회 등 다양한 방식으로 국민의견을 수렴한 정부는 2018년 12월에 국무회의 의결을 거쳐 제4차 국민연금종합운영계획(안)을 발표하였다. 정부는 과거 1~3차 계획과 달리 국민연금 제도만이 아니라 기초연금, 퇴직연금, 주택 및 농지연금 등 다양한 연금제도와 연계하여 정부안을 구성하

고, 처음으로 대국민 토론회 등을 통해 국민들의 다양한 의견들을 직접 수렴하여 계획에 반영하였다. 특히, 이전의 계획이 재정안정화에 초점을 두었다면, 이번 종합운영계획은 국민노후소득보장과 재정안정성의 균형과 조화라는 측면에서 검토하고 급여와 가입제도 개선, 경제 및 인구·사회정책 노력 등 국민들의 공적 연금제도 개선 요구를 적극 반영하였다고 한다. 제4차 종합운영계획은 국민연금 사각지대 해소·급여 내실화·다층 노후소득보장체계를 통한 노후소득보장 강화를 추진하고, 기금운용의 수익성 제고 등 재정안정화 방안도 함께 제시하였다.

주요한 제도 개선 방안은 다음과 같다. 먼저 국민연금은 ① 국민신뢰 제고를 위해 「국민연금법」에 연금급여 지급을 국가가 보장한다는 취지가 명확하게 나타나도록 법 개정을 추진, ② 사업중단, 실직 등으로 보험료 납부가 어려운 지역가입자납부예외자에게 국민연금 보험료의 50%를 지원해주는 사업의 신설 추진, ③ 출산크레딧을 "첫째아부터 6개월"을 포함하여 확대 지급, ④ 배우자 사망 시 30%만 지급하던 유족연금 중복지급률을 40%로 인상, ⑤ 이혼 시점에 소득이력을 분할하고 최저 혼인기간을 5년에서 1년으로 단축하여 이혼배우자 수급권 강화, ⑥ 수급자가 연금 수급 개시 후 조기 사망할 경우에도 사망일시금을 지급하여 사망시점과 관계없이 최소금액본인소득의 4배 지급 보장 등이다.

다음으로 ① 기초연금 30만 원의 단계적 조기 인상 추진, ② 퇴직연금 활성화퇴직금제도 폐지 및 적용대상 확대와 중소기업 퇴직연금기금제도 도입, ③ 주택연금 일시 인출 한도 확대 및 실거주 요건 완화, ④ 농지연금 홍보 강화, ⑤ 연금제도 간 연계 및 제도개선을 위한 범정부 협의체의 구성과 운영이다.

아울러 국민의 노후소득보장과 경제적 부담 측면에서 즉각적이고 직접적인 영향을 미치는 소득대체율 및 보험료율 조정 방안은 국민들의 서로 다른 의견을 반영하여 다양한 방안을 구성하고 향후 계속되는 사회적 논의를 위한 기초자료로 제공한다고 하였다. 지속가능한 연금체계를 위해 국민연금 기금운영 수익성 제고, 사회·경제적 여건 개선을 위해 노력하고, 경제 및 인구·사회적 정책적 노력 등 방향을 함께 제시하였다.

정부는 이러한 전제하에 공적 연금 정책목표를 달성하기 위해서 국민연금 소득대체율의 조정 범위는 40~50%, 보험료율은 9~13%, 그리고 기초연금은 30~40만 원 범위의 정책대안을 고려하여 4개의 조합을 제시하였다. 제1안은 소

〈표 23〉 국민연금 제4차 종합운영계획 정책조합 방안의 주요 내용

		현행 유지방안	기초연금 강화방안	노후소득보장 강화방안[1]	노후소득보장 강화방안[2]
		소득대체율 40% 유지	소득대체율 40% + 기초연금 40만 원	소득대체율 45%	소득대체율 50%
기본 모형 (소득대체율)		국민 40% + 기초 12[2] (52%)	국민 40% + 기초 15% (55%)	국민 45% + 기초 12% (57%)	국민 50% + 기초 12% (62%)
국민 연금	소득 대체율	현행 유지 ('28년까지 40%로 인하)	현행 유지 ('28년까지 40%로 인하)	'21년 45%	'21년 50%
	보험료율	현행 유지 (보험료율 : 9%)	현행 유지 (보험료율 : 9%)	'21년 12% ('21년부터 5년마다 1%p씩 인상)	'21년 12% ('21년부터 5년마다 1%p씩 인상)
기초연금		'21년 20만 원	'21년 30만 원 '22년 이후 40만 원	'21년 30만 원	'21년 30만 원

주: 1) 기초연금 강화방안에서 기초연금 40만 원 인상 시 소득대체율은 '22년 A값의 15%로 계산
    2) 기초연금 30만 원은 '22년 국민연금 A값의 약 12%에 해당
자료: 보건복지부, 「국민 의견을 담은 「제4차 국민연금종합운영계획안」 발표」, 보도자료, 2018. 12. 14., p. 9.

득대체율 40%인 현행의 국민연금 제도를 유지하되 기초연금으로 12%의 소득대체율을 높여 총 52%의 소득대체율을 달성하는 방안이다. 제2안은 국민연금으로 소득대체율 40%를 확보하는 것은 동일하나 기초연금을 40만 원으로 올려 기초연금의 소득대체율을 15%로 높임으로써 총 55%의 소득대체율을 달성하는 방안이다. 제3안은 국민연금의 소득대체율을 45%로 높이고 기초연금의 소득대체율 12%를 합하여 총 57%의 소득대체율을 달성하는 방안이다. 제4안은 국민연금의 소득대체율을 50%로 높이고 기초연금의 소득대체율 12%를 합하여 총 62%의 소득대체율을 달성하는 방안이다.

이러한 방안들의 효과는 다음과 같이 나타날 것으로 예상된다. 제1안은 국민연금과 기초연금의 실질급여액이 86만 7천 원으로 실질 소득대체율은 34.7%가 된다. 제2안은 국민연금과 기초연금의 실질급여액이 101만 7천 원으로 실질 소

득대체율은 40.7%가 된다. 제3안은 국민연금과 기초연금의 실질급여액이 91만 9천 원으로 실질 소득대체율은 36.8%가 된다. 제4안은 국민연금과 기초연금의 실질급여액이 97만 1천 원으로 실질 소득대체율은 38.8%가 된다.

문제는 이렇게 개선하더라도 기금의 소진은 2063년까지 늦추어질 뿐 재정위기가 해결되지는 못한다는 점이다. 이러한 상황에서 최대로 보장수준이 높아진다 하더라도 생애평균소득의 40.7%만 보장될 것이므로 노후소득보장의 충분성이 확보되기 어려울 것이다. 부담은 늘어나나 소득보장이 되지 않는 것이 우리나라 국민연금 제도 개혁의 현주소이자, 노후보장시스템인 것이다. 이러한 사실에 국민들의 노후소득에 대한 불안감은 커질 수밖에 없다.

한편 문재인 정부는 대통령 소속 경제사회노동위원회에 국민연금개혁과 노후소득보장특별위원회를 설치하여 국민연금 개혁과 노후소득보장 강화방안을 논의하였다.[145] 동 위원회는 4차 국민연금 재정계산 결과가 발표된 후인 2018년 10월 30일부터 2019년 4월 29일까지 운영하기로 했으나 결론을 내지 못한 채 종결되었고, 이후 8월 6일부터 8월 30일까지 5차례의 전체회의를 개최하였다.[146] 동 위원회는 활동을 종료하면서 '노후소득보장과 재정지속가능성'에 대해서 합의된 단일안을 내놓지 못하고, <표 24>와 같이 총 3가지 방안을 제안하였다. A안은 한국노총, 복지국가청년네트워크, 한국여성단체연합, 공적연금강화국민행동, 대한은퇴자협회가 제안하였다. B안은 한국경총, 대한상의가 제안하였다. C안은 소상공인연합회가 제안하였다.

<표 24> '노후소득보장과 재정지속가능성' A·B·C안 재정전망

구분	A안 (45% - 12%)	B안 (40% - 9%)	C안 (40% - 10%)
최대적립금	2,574조 원 (2046년)	1,778조 원 (2041년)	2,073조 원 (2043년)
수지적자연도	2047년	2042년	2044년
기금소진연도	2064년 (△388조 원)	2057년 (△124조 원)	2060년 (△101조 원)

주: * A안: 소득대체율 45% - 보험료율 12% (즉시 1% 인상, 이후 10년간 2% 인상 시)
　 * B안: 소득대체율 40%(2028년) - 보험료율 9% (현행 유지)
　 * C안: 소득대체율 40%(2028년) - 보험료율 10% (즉시 1% 인상 시)

자료: 경제사회노동위원회, 「노후소득보장 및 재정지속가능성 '국민연금개혁과 노후소득보장 제도 개선' 활동
    결과보고」, 보도자료, 2019. 8. 30.

소득대체율을 높이는 안에 대해 수급자 단체들은 찬성했으나, 이를 위해 보
험료 부담이 늘어나는 사용자 단체나 그에 준하는 소상공인연합회는 반대하였
다. 다만, 소상공인연합회는 소득대체율은 40%로 현행을 유지하되 보험료율을
즉각 1%p 인상하는 의견을 내놓았다. 이렇듯 각 단체는 자신들의 이익에 충실
했기에 단일한 의견에 도달할 수 없었다.

그러나 사각지대 해소, 국민신뢰 제고, 기초연금 내실화 등 의제와 관련해서
는 합의된 권고문을 도출했다. 첫째, 사각지대 해소를 위해 지역가입자_{납부예외자}
에 대한 보험료 지원 방안 마련과 출산크레딧 대상을 첫째아부터 추진하겠다는
정부 계획에 동의하였다. 또한 5인 미만 소상공인의 부담을 줄이기 위해 두루누
리 지원 사업 확대, 다변화하는 고용 형태를 포괄할 수 있는 가입 방안 연구·검
토, 체납사업장 노동자 피해 최소화를 위한 구제 방안을 마련하기로 했다. 둘째,
국민의 신뢰회복을 위해 법 개정을 통한 국가의 국민연금 지급보장을 명문화하
기로 했다. 셋째, 기초연금 내실화를 위해 기초연금 수급 대상을 현행 소득하위
70% 이상으로 점진적으로 확대하고, 소득하위 20% 노인에 대한 집중 지원 방안
마련하며, 기초연금의 국민연금 연계 감액 단계적으로 폐지하기로 했다. 넷째,
종합적 노후소득보장제도 발전방안 마련을 위한 범정부적 논의기구 구성, 연금
개혁의 사회적 논의와 합의를 위한 제도적 장치 마련, 국민연금공단의 관리운영
비 국고부담률 점진적 확대, 유족연금 지급률 점진적으로 기본연금액의 60%로
추진[147] 등을 하기로 했다.

이상과 같이 여러 차례의 연금 개혁을 거쳤지만 사회적으로 충분히 공론화되
지 못한 채 의견이 봉합되는 방식이 일반적이었다. 심지어는 정당을 제외한 사
회 각계의 세력이 모여 위원회를 구성하여 연금 개혁을 추진했던 1998년과
2003~2008년 국민연금 개혁에서도 위원회가 작성한 연금 개혁안이 받아들여지
지 못한 채 오히려 갈등만 증폭시키기도 했다. 최근 경제사회노동위원회의 국민
연금개혁과 노후소득보장특별위원회도 각 집단 간 이해의 차이만 확인하는 계
기로 끝나고 말았다.

이는 사회적으로 중요한 정책과제를 논의하고 대안을 도출해내는 메커니즘
이 아직 마련되지 못했다고 볼 수 있다. 이와 관련하여 사회적 대화라는 틀을

고려해볼 수 있을 것이다. 물론 우리는 1997년에 설치되어 한시적으로 운영된 국민연금제도개선기획단이라는 사회적 대화를 경험하였다. 그러나 이들이 형식적으로는 사회 각계를 대표하여 참여했더라도 총 23명 중 정부대표와 임명권을 정부가 가지고 있는 관련 연구기관 및 전문가가 17인으로 대부분을 차지했고 가입자대표는 4인에 지나지 않아 자문기구적 성격이 컸으며 정부의 의도대로 운영되는 구조였다고 할 수 있다. 더구나 사회 각계가 국민연금에 대해 심도 있는 연구 등을 통해 준비하고 있지 않았기 때문에 제대로 된 논의가 이루어졌다고 평가하기는 어려울 것이다. 결국 국민연금공단이 마련한 재정추계를 기초로 전문위원회에서 만든 개혁안에 대해 각 대표가 의견을 내서 논의하되 최종적으로는 표결을 통해 다수결로 결정되는 방식으로 추진되었다. 문제는 이렇게라도 해서 만든 안이 그대로 통과되기보다는 정부가 핵심내용을 수용하지 않음으로써 다시 국회의 입법과정에서 이중의 논의를 할 수밖에 없다는 점이다. 즉 대표가 참여하되 충분한 논의를 거치지 않은 채 참여하는 것은 악순환을 가져올 수밖에 없다.

▎ 공무원연금의 개혁을 둘러싼 세대충돌의 교훈

특수직역연금의 대표격인 공무원연금은 IMF 외환위기를 거치면서 대대적인 구조조정에 따른 연금 지급으로 인해 재정수지가 적자로 돌아섰다. 그 이후 공무원연금 개혁의 필요성이 줄곧 제기되어 왔는데, 2009년의 개혁에도 불구하고 재정안정화 등이 여전히 해결되어야 할 정책과제로 남아 있었다. 이에 공무원연금 개혁이 2014년에 공공개혁의 핵심과제로 선정되면서 2015년 공무원연금 개혁이 시작되었다. 2015년 공무원연금 개혁은 2014년 12월 29일에 대타협기구를 국회 내에 구성하며 시작되었다. 5월 2일까지 125일간 90여 차례의 공식·비공식 논의를 거쳐 마련된 공무원연금법 개정안은 2015년 5월 2일에 연금특위 전체회의, 5월 29일에 국회본회의를 통과한 후 6월 16일 국무회의를 거쳐, 6월 22일에 공포되었다.

이렇듯 2015년 공무원연금 개혁은 연구용역 실시와 전문가 의견 수렴 단계, 그리고 개혁의 공론화 단계, 마지막으로 제도화 단계를 거쳤다. 이러한 과정을 거치면서 전국공무원노동조합과 정부가 첨예하게 맞부딪히는 가운데 일반 국민들은 공무원연금 개혁을 찬성하면서 공무원노조만 개혁에 반대하는 모습으로 나타났다. 공무원노조는 2014년 9월 21일에 개최 예정이었던 한국연금학회 주최의 공청회를 반대하여 결국 무산시키는 상황까지 갔으며, 그로 인해 공청회를 주도했던 한국연금학회장이 사퇴하기도 하였다.

2015년 개혁에서 크게 부각되지는 않았지만 공무원들도 개혁안의 내용을 둘러싸고 연금수급자, 현재 재직 중인 공무원, 그리고 미래의 공무원이라는 3개 집단 간에 이해의 차이가 발생할 가능성이 있었다. 큰 틀에서는 공무원 대 비공무원의 대립구도였으나 공무원에 대한 비난을 완화시키고 퇴직 공무원과 재직 공무원의 기득권을 지키기 위해 아직 입직하지 않은 공무원에 대해서 국민연금과 같은 수준의 연금을 지급하도록 개혁안을 만든 것이었다. 이러한 내용은 연금 개혁안을 보면 확연히 드러난다. 먼저 퇴직 공무원과 관련해서는 5년간 연금액 동결, 유족연금 지급률을 70%에서 60%로 인하, 소득심사제 강화 등이 적용되었다. 한편 소득재분배 요소를 도입한 것은 실무직과 고위직 간 공평성을 맞추기 위한 차원이었다.

이러한 과정을 볼 때 기득권층이라 할 수 있는 기존 가입자가 조직적으로 저항할 때 연금 개혁은 한계를 가질 수밖에 없다는 점이다. 특히 선거가 예정되어 있는 상황에서 대규모로 조직화되어 있는 조직이 체계적으로 저항할 때 그 저항에 강하게 맞서며 개혁을 추진하기는 어려울 수밖에 없다. 실제로 2016년 4월에 총선이 예정되어 있었기 때문에 2015년 공무원연금 개혁은 적정한 선에서 매듭지어질 수밖에 없었다. 그 결과 기존의 공무원들에게는 실질적 타격이 크지 않으나 신규로 진입하는 공무원들은 기존의 공무원들에 비해 혜택이 많이 줄어들게 개혁이 이루어졌다. 이런 점에서 공무원연금 개혁은 세대 간 갈등 요소를 배태하는 계기가 되었다.

▎고령자의 정치세력화

미국이나 일본에서는 고령자 세대가 자신의 권익을 지키기 위해 단체를 결성하여 적극적으로 정치에 참여하고 있다. 대표적인 단체가 미국의 AARP[148]나 일

본의 전국노인클럽연합회全国老人クラブ連合会이다. 우리나라에서도 과거부터 활동해오던 대한노인회 이외에 대한은퇴자협회KARP가 2002년 1월에 설립되어 활동을 강화하고 있다.

미국의 AARP는 1958년에 고등학교 교장으로 은퇴한 에델 퍼시 앤드루스Ethel Percy Andrus 박사가 자신이 1947년에 설립한 전국은퇴교사협회National Retired Teachers Association를 모태로 발전시킨 조직이다. 1965년에 메디케어가 도입될 때까지 은퇴자는 건강보험을 제공받을 수 없었기 때문에 이에 대한 수요에 부응하는 한편으로 생산적 노년을 장려해야 한다는 철학이 결합되어 발전할 수 있었다. 현재는 은퇴자만이 아니라 50세 이상이면 가입할 수 있도록 하고 있는데, 1958년 출범 당시 5만 명이었던 회원 수가 2019년 말 현재 3천 8백만 명으로 비약적으로 성장하였다. 이에 따라 AARP는 미국에서 미국·이스라엘공공정책위원회AIPAC와 전미총기협회NRA와 함께 3대 로비단체로 꼽힐 정도로 강력한 영향력을 가진 조직의 위상을 가지고 있다. 이렇듯 AARP는 다양한 활동을 하면서도 회원의 권리를 지키기 위한 활동을 무엇보다 중시한다. 그렇기 때문에 은퇴자의 이익에 반하는 법령의 제·개정을 강력히 저지하고 은퇴자에게 이익이 되게 하기 위한 로비활동을 적극적으로 수행한다. 물론 이러한 활동은 조직적으로 수행되는데, 주 입법위원회State Legislative Committee와 유권자 교육 프로그램인 AARP/VOTE가 주축이 되고 있다. 다만 AARP는 정치적 활동을 통해 고령자의 권익을 옹호한다 하더라도 정치적 중립을 지켜 조직이 정치적 변동에 의한 영향을 받지 않도록 하고 있다.

일본의 전국노인클럽연합회는 헤이안 시대794년~1185년에 존재했던 쇼우시카이尚歯会나 전통적인 상부상조 조직으로 법회의 일종인 코우講 등까지 거슬러 올라가 연원을 두고 있으나, 현재와 같은 조직이 설립되게 된 계기는 1946년에 치바현 요카이치바쵸에서 결성된 '코메쿠라노인클럽'이 효시이다. 그 후 전국 각지의 사회복지협의회에서 노인클럽 만들기가 추진되었는데, 1953년에는 클럽 수가 112개에 이르렀다. 이렇듯 전국 각지에서 노인클럽이 만들어지자 1962년에 전국노인클럽연합회가 설립되었다.

전국노인클럽연합회는 1963년에 노인복지법이 제정되면서부터 국가의 지원을 받아왔는데, 미국의 AARP와 마찬가지로 정치적 중립을 유지하면서 노인의 권익옹호 활동을 하고 있다. 활동은 '생활을 풍요롭게 하는 즐거운 활동'과 '지역을 풍요롭게 하는 사회활동'으로 대별된다. 이렇듯 비정치적 활동이 주류를 이루고 있지만 노인의 권익을 위해서는 적극적으로 의견을 제시하고 있다. 1997년에 고령자 환자에게 부담이 큰 의료비 인상과 관련하여 의견을 제시하여 외래환자의 부담을 낮추었으며, 1998년 4월에는 경로의 날을 변경하여 3일 연휴로 만들려는 시도를 저지하기도 했다.

전국노인클럽연합회가 이러한 일들을 할 수 있었던 배경에는 무엇보다도 2019년 3월 말 현재 525만 명으로 줄었지만 2010년에는 718만 명에까지 이르렀던 회원 수라고 할 수 있다.[149] 일본은 정치체제를 내각제로 운영하고 있어 선거가 자주 있으므로 비록 비정치적 활동을 주로 하는 단체라 하더라도 선거에서 강력한 영향력을 발휘할 잠재적 가능성을 가지고는 있다.

우리나라에서 고령자 관련 단체로는 대한노인회가 가장 오래된 역사를 가지고 있고 규모도 크다. 1969년에 결성되어 2020년 현재 회원 수 270만 명에 이르고 있다.[150] 그러나 대한노인회는 그동안 정치적으로 보수적 색채를 가지고 있으나 상층지도부 위주로 활동하여 제외한 조직적 활동은 제한적이다. 한국노인문제연구소는 1975년에 설립되어 노인복지정책에 일정한 영향을 미쳤지만 2007년에 한국노인복지진흥재단에 합병되었다. NGO한국노년유권자연맹은 노인의 권익 옹호와 정치참여 확대, 선거문화 개혁 적극 참여 및 정치 선진화 기여, 노년의 평생교육과 노년복지 건설을 목적으로 1994년에 결성되었는데, 최근까지 뉴스를 통해 일부 활동이 확인되나 조직적 활동 수준은 높다고 보기 어렵다. 마지막으로 대한은퇴자협회는 미국의 AARP를 모델로 2002년에 결성되었는데, 회원 수가 공개되고 있지 않으며 회장의 개인적 역량을 중심으로 활동해오고 있는 것으로 보인다.

우리나라에서 활동 중인 이들 몇몇 고령자 관련 단체의 운동을 볼 때 아직은 고령자를 대표하여 입법활동을 전개하면서 권익을 대변하고 있다고 보기는 어렵다. 그렇다고 하여 고령자가 자신의 의사표현을 방기하고 있다고 보기도 어렵다. 실제로 고령자는 다른 연령대에 비해 투표율이 높고 보수적인 투표행태를 보여왔다. 결국 우리나라 고령층은 조직화가 낮은 상황에서 언론이나 소셜미디어 등의 매체를 통해 개인적 정치성향을 형성하고 발현하는 것으로 보인다.

이렇듯 고령 세대가 자신들의 권익을 위해 단체를 구성하는 것은 여러 국가들에서 확인되었다. 특히 고령화가 빠르게 진행되는 상황에서는 고령자의 인구 비중이 다른 계층에 비해 높아지면서 정치적 과정에서 의사결정을 주도하게 된다. 또한 인구 비중만 높아지는 것이 아니라 투표율도 상대적으로 높아 자신의 정치적 입장을 효과적으로 관철시킨다. 그러나 고령이 되었다 하여 바로 자신의 이익을 위해 단체를 구성하거나 기존의 단체에 참여한다고 보기는 힘들다. 고령이 되면 직업에서 은퇴하면서 사회적 관계망에서 떨어져 나오게 되고, 대신에 동창회나 가족 등의 상대적으로 사적인 관계 속에 존재하게 된다. 또한 정치적 성향은 일반적으로는 고령이 되면서 보수화 성향을 보이게 된다. 고령화가 되면서 변화하는 성향을 누가 나서서 이끌어내지 않는다면 고령자의 정치적 의사는 개인적 차원에 머무르지만 선거를 통해서는 표출될 가능성이 크다. 우리나라에서는 고령 인구의 비중이 크게 증가하면서 유권자 중 고령 인구의 비중도 상대적으로 더 크게 나타난다. 그리고 고령의 유권자는 상대적으로 보수적 투표성향을 보여왔다. 이러한 일반적 경향이 앞으로 네트워크 사회에서도 그대로 나타날지 여부는 살펴볼 필요가 있을 것이다.

그런데 단체를 구성하는 것이 곧바로 정치적 영향력을 확대하는 것은 아니다. 단체를 구성하더라도 정치적 영향력을 확대하기 위한 구체적 활동이 뒤따르지 않으면 오히려 선거 시 표만 얻고자 하는 세력에 의해 이용될 뿐이다. 흔히 얘기하듯이 고령 인구 규모가 커짐에 따라 고령층의 정치적 영향력이 커질 것이라는 "시니어 파워senior power 가설"은 정책에 대한 인식 수준과 정치 참여의 격차 등에 따라 결정될 것이다.151)

자신의 권리를 자신이 지키겠다고 하는 것을 비난할 근거를 찾기는 어렵다. 그렇지만 자신의 권리를 지키기 위한 행동이 다른 개인 또는 집단의 권리를 유보하거나 침해하는 것은 상대의 반발을 일으킬 수밖에 없다. 연금 개혁은 이러한 사례에 해당하는데, 재원이 부족한 상황에서 자신의 기득권을 지키겠다고 할 때 그 기득권을 유지하기 위해 희생당하는 처지에서는 받아들이기 어려울 것이다.

▌투표권이 없는 세대에게 부담 전가

사회보장제도가 정치적 과정을 거쳐 수립되는 점을 고려하여 제도 개선 과정에 국민들의 참여를 보장한다 하더라도, 정치적 과정은 결국 투표권을 누가 어떻게 행사하는가의 문제로 연결된다. 우리나라는 선거에 참여할 수 있는 연령을 2019년 말에 18세로 낮추었다. 이렇듯 선거권이 부여되는 연령이 만 19세에서 만 18세로 1년이 낮추어진 것은 긍정적이나, 만 18세가 되지 않은 미성년자 내지는 아직 태어나지 않은 후세대는 자신의 이해와 관련된 정책결정에 직접적인 참여가 여전히 가능하지 않다. 따라서 미성년자 세대와 아직 태어나지 않은 후세대는 자신이 부담하고 누려야 할 사회보장제도에 관한 의사결정에 참여하지 못하게 된다.

이렇듯 후세대는 자신이 감당해야 할 부담과 관련하여 의사결정에 참여하지도 못한 채 기존에 구조화된 이슈를 받아들이지 않으면 안 되는 상황에 처하게 된다. 그렇기 때문에 전세대와 현세대는 자신의 의사결정은 자신의 입장에서만이 아니라 후세대의 입장도 고려하여 하지 않으면 안 되는 당위성이 있다. 또한 전세대와 현세대가 자신의 자녀 또는 손자녀에게 모든 부담을 떠안길 정도로 이기적이라고 가정하는 데도 문제가 있다.

1980년에서 2002년에 걸친 패널 데이터를 이용하여 인구고령화가 유럽 18개국의 공적 연금의 프로그램 규모 및 급여 관대성에 미친 영향을 분석한 한 연구는 공적 연금에 영향을 미친 것은 노인지배gerontocracy가 아니라 재정적 및 선거상 제약을 받는 정치였다고 결론을 내렸다. 즉 그들은 인구의 고령화가 빠르게 진행되었지만 아직은 노인 권력이 내놓은 새로운 분배 정책에 영향을 받지 않았다고 보았다.[152]

또 다른 연구는 1980~2010년까지 OECD 30개 회원국들을 분석한 후에, 중위 투표자의 연령 증가가 한층 관대한 연금과 유의미하게 연관되어 있지 않으며, 또한 중위 투표자의 연령이 높아지는 것과 GDP 대비 연금 지출의 증가 간에도 유의미하게 연관되어 있지 않다는 결과를 얻었다.[153] 이러한 결과는 중위 투표자의 연령이 더 많아지면 개별 급여를 성공적으로 인상시킬 것이라는 중위 투표자 모형의 주요 예측이 들어맞지 않음을 보여주는 것이다. 그러나 부양률이 높아지면 고령자에 대한 공공지출과 연금의 관대성 모두 유의미하게 커지는 것으로 나타났다.

그런데 투표 결과는 다양한 요소의 영향을 받지만, 투표권이 있는 세대의 인구구조의 영향을 크게 받는다. 잘 알려졌듯이 현재의 세대별 인구구성을 볼 때 인구고령화의 영향으로 소위 베이비붐 세대의 인구 규모가 동질적 집단 기준으로는 가장 크다고 할 수 있다. 그러므로 향후 사회보장제도의 개편과 관련하여 베이비붐 세대가 보여주는 태도가 중요하게 된다. 베이비붐 세대는 은퇴를 앞두고 있거나 은퇴한 세대이기 때문에 자신들의 노후생활을 보장하는 사회보장제도와 관련하여 기존에 부여된 권리를 강하게 지키는 것에서 나아가 더 확대하고자 할 수 있다.

이렇게 투표라는 정치적 과정을 통해 자신의 권리를 확대해가는 것이 아니라 스스로의 기여에 기초하여 급여를 받게 된다면 세대 간 충돌은 발생하지 않을 것이다. 그러나 혜택은 자신 세대가 누리면서 그를 위한 부담은 다른 세대, 특히 후세대에게 돌린다면 세대 간 충돌은 불가피하게 일어날 것이다.

그런데 2017년 5월에 실시된 19대 대선공약 중 복지를 둘러싸고는 세대 간 충돌의 지점이 일반적 예상과는 달리 나타났다. 세계일보가 행한 대선후보 경제 공약 선호조사 결과[154]에 따르면, 2030을 주축으로 한 젊은 세대는 정부가 시장 실패를 바로잡기 위해 주도적 역할을 해야 한다는 인식을 보였으나, 반면에 중장년·고령층은 정부의 사회·경제적 간섭은 최소화하고 시장이 자율적으로 작동하도록 해야 한다는 데 동의했다. 응답자 과반인 57.1%가 선별복지에 찬성했는데, 특히 30~40대는 54%가량이 찬성하고 50대 이상에선 60% 이상이 선별복지에 찬성했으나, 유일하게 20대 연령층에서만 44.3%로 선별복지 찬성률이 절반 아래였다. 그리고 복지 수준을 높이기 위해 세금을 더 부담할 용의가 있는지를 묻는 문항에서도 19~29세는 50.4%, 30대는 54.5%, 40대는 58.3%가 증세에 동의했으나, 50대는 48.3%만, 60대 이상은 35.1%만 찬성할 정도로 증세에 부정적이었다.

한편 2018년에 치러진 지방선거에서는 녹색당을 중심으로 20~30대가 지방정치에 진출하려 했는데, 주된 공약이 지역 참여, 탈핵, 성 평등, 기본소득, 생명 존엄, 미세먼지 감축, 소수자 인권 조례 제정, 장애인 배제 금지 등이었다. 서울과 제주도에 광역자치단체장 후보를 낸 것 이외에도 총 30명의 후보가 출마하여 아무도 당선되지 못하는 결과를 얻었지만, 성 평등 등에 대해서는 어느 정도 이슈화시켰다. 그렇지만 이들은 세대를 이슈로 삼아 다른 세대에 대해서 적대적 태도를 취하지는 않은 것으로 평가된다.

▌고령화가 세대 간 정치적 갈등을 심화시킬 것인가

이렇듯 동일한 역사적 시간을 살아온 같은 세대라 하더라도 정치적 의견이 동일한 것은 아니다. 정치적 의견은 단순하게 어느 시기에 태어났는가뿐만 아니라 경제적 지위, 교육 배경, 사회적 환경 등 다양한 요소의 영향을 받아 결정되기 때문이다.

최근까지 진행된 고령화는 한국 사회에서 세대 내 경제적 분화와 세대 간 경제적 분화를 모두 진행시키고 있으나, 세대 내 계급분화가 세대 간 계급분화에 비해서 상대적으로 크다는 결론155)을 내릴 수도 있다.

이렇듯 동일 세대라 하더라도 경제적 수준에 따라 정치적 견해가 다르게 결정될 수 있음을 전제할 때 조세 부담, 예산 지출 등에 대한 의견도 다르게 표현될 수 있을 것이다. 조세 구조가 간접세 중심의 구조를 취하고 있는지 직접세 중심의 구조를 취하고 있는가에 따라 조세 부담에 대한 의견이 다르게 나타날 것이다. 그렇기 때문에 조세 부담에 대해 항시 민감한 것은 중산층 이상의 계층이며 특히 부유한 계층이다. 이러한 점은 세대가 바뀌어도 마찬가지로 나타날 것이다. 이를 고려하면 현재 세대 중 부유층은 후세대의 부담이 늘어나는 것을 자신의 후손들의 부담이 늘어나는 것으로 생각할 것이고, 따라서 증세에 대해서 반대 의견을 가질 가능성이 높을 것이다. 그러한 점을 고려할 때 후세대의 조세 부담에 관한 견해는 계층 간 갈등을 세대 간 갈등으로 교묘하게 포장한 것이라고 해석할 수밖에는 없다.

세대 내 연대와 자조 노력을 통한 세대충돌 완화

복지국가별 성과와 교훈

▌ 복지체제는 서로 영향을 주며 발전한다

복지국가의 근간이 되는 사회보장제도는 기본적으로 적정 수준의 경제성장과 인구 증가를 중요한 조건으로 삼고 있다. 그렇기 때문에 역사적으로 보면 제2차 세계대전 후 경제가 성장하고 인구가 증가하던 1950년대와 1960년대가 사회보장제도의 황금기라고 할 수 있다. 인구의 고령화가 심화되면 생산가능인구가 줄어들고 궁극적으로는 총인구도 줄어들어 경제가 저성장의 상태로 전환된다. 따라서 고령사회에서 사회보장제도는 본래의 목적과 의도대로 운영되기 어려울 것이다.

그러나 사회보장제도는 경제적 변수 이외에도 정치사회적 전통의 영향도 크게 받으므로 국가별로 발전해온 양태가 다르다. 이는 복지에 대한 국민들의 생각과 이를 구현하는 정치화 과정이 다르기 때문이다. 따라서 어느 특정 국가의 모델을 이념으로 삼아 그를 따르기보다는 각 모델의 성공과 실패를 가져온 요소들을 잘 이해하여 교훈을 찾는 것이 중요하다.

이를 위해 일찍이 1990년에 복지체제를 자유주의 복지체제, 보수주의 복지체제, 사회민주주의 복지체제로 분류한 에스핑-앤더슨을 따라 복지체제의 유형을 개관하면 다음과 같이 정리될 수 있다.[156]

보수주의 복지체제는 우리나라의 복지체제를 구축하는 데 중요한 시사점을 제공해왔을 뿐만 아니라 모델로서 역할하였다. 보수주의 복지체제는 독일, 프랑스 등 유럽대륙 국가들을 중심으로 발전해왔는데, 길드의 전통하에 직종, 직역, 지역 등을 중심으로 복지를 확충하는 방식을 택하였다. 그 결과 같은 국가 내에서도 복지 수준의 편차가 크고 재분배 기능은 다소 약한 특징을 보인다. 즉, 보수주의 복지체제는 피용자 중심의 사회보험제도를 중심으로 발전하였기 때문에 고용되어 있지 않으면 취약해질 수 있는 단점이 있다.

사회민주주의 복지체제는 주로 북유럽 국가들이 채택하였는데, 소국으로서 상대적으로 국민적 합의를 기초로 운영되어온 특징이 있다. 이들 국가는 높은 수준의 조세 부담에 기반하여 높은 수준의 복지를 제공해왔다.

자유주의 복지체제는 미국과 영국이 주도하고 있는데, 사회적 책임을 최소한으로 두고 나머지 필요한 보장을 기업이나 개인에게 돌리고 있다. 이러한 원리의 배경에는 역사적 경험, 정치 체제, 사회운동 세력의 지향 등 다양한 요소가 함께 어울려 작용하는 것이기 때문에 획일적으로 얘기하기 어려운 점도 있다. 예를 들어 의료보장의 경우 동일한 자유주의 국가라 하더라도 미국은 주로 기업이나 개인에 맡겨두는 데 비해 영국은 조세를 재원으로 정부가 책임지고 있다. 그럼에도 불구하고 미국이 모든 복지를 시장에만 맡기고 있는 것은 아니다. 미국은 65세 이상의 고령자, 저소득계층에 대해서는 OASDI, 메디케어, 메디케이드 등 조세에 기반한 정부 주도의 복지제도도 시행하고 있다.

그 외에도 복지체제 비교에 대한 기존의 연구 성과는 많이 있는데, 인구의 고령화와 글로벌화가 빠르게 진행되었던 2000년대 이후로는 복지체제를 유형화하는 것이 어려울 정도로 이슈가 불평등의 구조화와 재정 적자의 극복이라는 이슈로 동조화되는 흐름을 보여주고 있다. 이를 고려할 때 주요국의 복지제도 중 연금 및 건강보험제도를 역사적 흐름에 따른 변화를 통해 먼저 살펴보고, 그러한 흐름 속에서 공통적으로 어떠한 이슈가 새롭게 나타나고 있는지 살펴볼 필요가 있다.

▌독일 복지체제의 성과와 교훈

보수주의 복지체제의 대표적 국가인 독일은 1883년에 질병보험법을 도입하여 1884년부터 시행함으로써 세계 최초로 사회보험제도를 도입한 국가가 되었다. 이어 같은 해인 1884년에 산재보험법을 도입하여 1885년부터 시행하였고, 1889년에는 장해 및 고령보험법을 도입하여 1891년부터 시행하였다. 1927년에는 직장알선 및 실업보험에 관한 법률을 도입하였는데, 동 제도는 1969년에 고용촉진법으로 대체될 때까지 시행되었다. 1954년에는 연방아동수당법이 도입되어 1955년부터 시행되었으며, 1995년에는 장기간병보험이 도입되었다. 가장 최근인 2007년부터는 모성수당이 도입되었다.

이렇게 독일이 일찍부터 사회보장제도를 도입하게 된 데는 여러 요인이 있다. 먼저 정치적으로는 19세기 후반에 사회주의 운동이 확산되는 가운데 총리였던 비스마르크가 그를 저지할 필요가 있었기 때문이다. 기술적으로는 직역 구성원을 대상으로 공제조합 제도가 잘 발달되어 있어 조합 중심의 사회보험제도를 도입하기가 용이했기 때문이다. 다른 한편으로는 농촌에서 도시로 이동해온 사람들이 제대로 고용되지 못하거나 실업을 당하여 도시 빈민으로 존재하고 있어 이들을 기존의 구빈제도가 아닌 새로운 제도로 구제할 필요성이 있었기 때문이다. 대부분의 제도는 19세기 말에서 20세기 초에 도입되었다.

제2차 세계대전 후 다수당인 기독교민주동맹CDU이 중심이 되어 기독교사회동맹CSU 및 독일사회민주당SPD과 더불어 현대 독일의 복지체제 구축을 위해 연합전선을 맺었다. 이들이 연합할 수 있었던 것은 사회민주당이 혁명을 통한 사회변혁보다는 수정주의 노선을 택한 데 있다. 제2차 세계대전 후의 독일은 사회국가Sozialstaat로서 사회정의와 사회안전을 지향하고 있어서 이념보다는 현실적 개선이 중요했기 때문이다. 그럼에도 불구하고 독일 사회정책의 이념이라 할 수 있는 '사회적 시장경제'라는 개념은 1960년대 중반이 되어서야 확립되었다.

독일은 이러한 정치연합을 기초로 제2차 세계대전 이전의 사회보장 정책의 전통에 따라 질병보험, 재해보험, 장애·고령보험, 실업보험, 요양보험으로 구성된 5대 사회보험을 통해 사회국가를 실현하였으나,[157] 1980년대 이후로는 경제성장의 둔화와 인구구조의 변화 등을 반영하여 본래의 모습에서 변화를 겪었다. 이러한 변화가 시작되던 상황에서 1990년 동서독의 통일은 재정부담을 확대시키면서 경제에 부담을 주었는데, 결국에는 2000년대 들어 하르츠 개혁을 하게 된다.

하르츠 개혁은 단지 사회보장제도에 국한시키지 않고 노동개혁까지 포함하여 근본적으로 접근했다는 점에서 의의가 크다. 사회민주당 쉬뢰더 정부하에서 노동시장을 개혁하기 위해 2002년 2월에 설치된 노동시장의 현대적 서비스 위원회 위원장이었던 하르츠는 8월에 보고서를 내고 여러 가지 개혁조치를 제안하였다. 2003년 3월 14일에 발표된 '어젠더 2010Agenda 2010'은 사회시스템 및 노동시장 개혁정책으로, 실업부조와 사회부조를 통합하여 단일제도로 만들었으며, 공적 연금 급여 및 실업 급여의 삭감, 간접의료비 삭감, 조세 경감과 같은 조치를 시행하였다. 이러한 개혁은 1990년 동서독 통일을 계기로 사회보장제도를 복지국가 모델에서 자유주의 모델로 전환시켰는데, 2000년 3월에 결정된 신자유주의적 리스본 전략의 영향하에 추진되었다.

하르츠 개혁은 혹독한 구조조정을 수반하며 추진되었고, 2005년에는 실업률이 하락하기 시작하는 성과를 거두었다. 2005년 11월에 기민당, 기사당, 사민당 간 연정협상을 거쳐 앙겔라 메르켈이 총리로 취임한 후에도 '어젠더 2010'은 계속해서 추진되었다.

'어젠더 2010'을 추진하던 중에 맞이한 2008년 글로벌 금융위기 또한 사회보장제도를 급격히 변화시켰다. 이에 노동시장에서는 24시간 가동하는 제조업을 중심으로 고용 유지를 위한 조업단축제도를 실시하여 일자리를 공유하기도 했다.[158] 그럼에도 불구하고 하르츠 개혁은 일을 해도 빈곤해지는 근로빈곤자 working poor를 양산하여 고령자가 되었을 때 연금을 적게 받는 결과를 초래했는데, 이는 특히 여성근로자들에게서 두드러졌다.

이상과 같은 사회보장제도 개혁과 노동시장 개혁의 전체적 흐름에 맞추어 연금제도와 건강보험제도도 1970년대 이후에는 1950년대와 1960년대에 사회보장제도가 확대되던 모습과는 달리 변화하게 된다.

연금제도의 경우 1957년에 단행된 연금 개혁으로 적립방식에서 '세대 간 계약'에 기초한 부과방식으로 전환하면서 급여는 종전소득에 비례하여 받을 수 있게 하였다. 그리고 1972년에는 연금법을 개정하여 전 국민을 포괄하는 연금체계를 구축하였다. 그러나 1980년대에 들어서면서 낮은 경제성장과 인구구조의 변화로 부과방식을 유지하는 데 현실적 어려움이 생기면서 기업연금의 역할이 강화되고, 2002년부터 시행된 리스터연금이나 2005년부터 시행된 뤼럽연금과 같은 개인연금의 중요성도 커지고 있다.

리스터연금은 정부가 제시한 일정 요건을 충족하는 개인연금이나 퇴직연금을 가입하면 고소득층에게는 세제혜택을 주고 저소득층에게는 보조금을 주는 제도이다. 2020년 현재 다음과 같이 운영되고 있다. 정부는 정액으로 최소 연당 60유로를 기여할 것을 요구하는데, 전년 소득의 4%까지 보험료로 기여할 수 있다. 보조금은 보험료에 대해 제공되므로 보조금을 받을 경우 전체 보험료에서 보조금을 제외한 나머지 금액을 납부하면 되므로 보험료 부담이 줄어든다. 보조금은 연당 175유로의 리스터 기본 공제와 1자녀 및 연당 185유로의 아동공제로 구성된다. 2008년 이후 출생한 자녀에 대해서는 보조금이 연당 300유로의 보조금이 제공된다. 소득금액의 4%에 해당하는 보험료에 대해 모두 세제혜택이 주어지는 것이 아니라 최대 2,100유로까지만 혜택이 주어진다. 이미 저축된 리스터 자산은 상속도 가능하다.

또한 2004년 3월에 성립한 공적 연금보험 지속법에 따라 보험요율이 2020년까지는 20%를, 2030년까지는 22%를 넘지 않도록 되어 있었는데, 2018년 11월에 성립한 공적 연금보험 급여 개선 및 안정화법에 의해 2025년까지 20%를 넘지 않도록 규정되었다. 이렇듯 요율 인상을 억제하는 대신에 2006년에는 노령연금 조기 지급을 위한 하한연령을 60세에서 63세로 높였고, 2012년부터 2023년까지는 매 1년마다 1개월씩 상향 조정하고 2024년부터는 매 1년마다 2개월씩 상향 조정하여 최종적으로는 연금수급 개시 연령을 2029년에는 67세까지 높이기로 했다.[159] 보험료 공제 후·조세 공제 전 평균 노동보수에 대한 표준연금 비율 기준으로 보면 공적연금보험지속법에 의해 2020년까지는 46%를, 2030년까지는 43%를 하회하지 않도록 되어 있었으나, 공적 연금보험 급여 개선 및 안정화법에 의해 새롭게 2025년까지 이 수준에 대해 48%를 유지하는 것으로 되어 있다. 이와 함께 2007년 5월 1일에는 고령자의 고용기회 개선에 관한 법률을 시행하여 고령자의 고용환경을 개선함으로써 공적 연금제도의 축소에 대응할 수 있게 하였다.

이러한 변화는 공적 연금의 개시연령을 높이고 급여 수준을 낮추는 등의 조치를 보완하기 위한 것이었다. 결국 연금제도의 변화를 보면 세대 간 계약에 기초한 연금의 역할은 줄어들고 기업과 개인의 책임이 강조되는 연금의 역할이 커지고 있다. 또한 점차 임금과 연금이 고령자의 고용유인과 고용지원을 목적으로 상호보완적 기능을 할 수 있는 임금보충적 성격의 급여들을 적극적으로 개발하였다.[160] 이는 인구구조의 변화로 더 이상 세대 간 계약을 유효하게 유지하기 어려운 상황에 직면했음을 보여준다. 2007년 이후로는 근본적 개혁을 추진하기보다는 연금보험료의 미세한 인상과 급여 수준의 삭감을 통한 재정안정을 도모하는 한편으로 적립방식의 사적 연금 가입자에 대한 재정적 지원이라는 세 축을 중심으로 운영하고 있다.

이러한 변화는 질병보험에서도 생겨났는데, 1970년대 들어 질병보험 비용 억제를 위한 법률들을 시행하여 보험급여 수준을 인하하고 강제적용 대상자 범위를 축소시키는 등의 조치를 취하였다. 더구나 이런 상황에 대응하여 민영 질병보험회사들이 고소득자를 대상으로 포괄적인 질병보험을 개발하기 시작했다. 이렇게 되자 일정 소득수준 이상일 경우 민영 질병보험을 가입할 수 있는 점을 이용하여 민영 질병보험을 선택하는 국민의 수가 증가하였다.

또한 1983년에는 환자본인부담제도를 도입하였고, 그 이후로 본인부담률을 1991년, 1993년, 1994년에 연이어 인상하였다. 1996년 9월에는 질병보험절감법[161]을 제정하여 1997년 1월부터 시행하였는데,[162] 의료비 지출 억제를 위한 대책으로 약제 관련 본인부담을 인상하여 피보험자의 자기책임을 강화하는 방향으로 대책을 강구하였다.

한편 1989년에는 의료보장개혁법을 계기로 질병금고 선택권을 부분적으로 허용하기 시작했고, 1993년에는 의료보장구조개혁법GSG을 실시하여 부담의 공평성을 확보하면서 의료보험에 시장경제원리를 더욱 확대시켰다. 즉, 1993년 개혁에서는 가입대상자를 한정하는 질병금고의 정관을 폐지하여 임의가입자뿐만 아니라 모든 피보험자에게 근무지 또는 거주지의 질병금고 중에서 자유롭게 선택할 수 있도록 하였다. 이는 소비자의 공급자 선택을 제한한 것이 공급자 간 효율성을 증대시키려는 노력을 억제하는 결과를 초래하였기 때문이다. 이에 따라 피보험자는 1997년 1월 1일부터 가입할 질병금고를 자유롭게 선택할 수 있게 되었다.[163] 질병금고 선택권의 확대 조치 이후 각 질병금고가 보험료를 기준으로 가입자 유치 경쟁을 함으로써 가입자는 가장 유리한 질병금고를 선택할 수 있게 되었다. 이때 질병금고의 위험선택risk selection을 방지하기 위해 각 금고는 가입자의 지역과 업종을 초월하여 피보험자를 가입시키도록 하였다.

2004년에는 보건의료현대화법을 실시하여 공적 질병보험의 재정부담을 가입자 및 고용주와 정부뿐만 아니라 의료공급자인 의료계 및 제약업계 등 의료 관련 모든 이해당사자들을 포함시켰다. 외래진료 분야에서 일반의들의 진료보수를 보험료 수입 등을 고려하여 질병금고와 협의하여 결정되게 했으며,[164] 의약품 가격도 출시 첫해에는 제약회사가 결정하지만 둘째 해부터는 질병금고와 합의하여 결정하도록 하였다. 물론 이와 함께 가입자는 외래를 이용할 때마다 정액의 '진료기관이용료'라는 본인부담금을 부담시켜 의료이용량을 감소시키고자 하였다.

2007년 2월에 공적 질병보험 경쟁강화법이 제정되면서 2009년 1월부터는 공적 질병보험에 가입해 있지 않은 자에 대해서는 원칙으로서 공적 질병보험 또는 민영 질병보험에 가입하도록 하였다. 공적 질병보험의 재정이 연방질병금고최고협회의 건강기금Gesundheitsfond[165] 도입과 함께 통합됨에 따라 기존에는 질병금고별로 정하던 보험요율도 통일되었다. 또한 자신이 가입한 질병금고의 보험료가 높다 생각될 때는 다른 질병금고를 선택할 수 있게 하여 질병보험 가입자의 사회적 위험이 한 질병금고 내에서만 분산되는 것이 아니라 전체 질병보험 가입자들에게로 확대되어 분산되는 효과를 기대하였다.

2011년부터는 공적 질병보험 재정조달법 규정을 완화하여 공적 질병보험 대신에 민영 질병보험에 가입하는 것을 더 용이하게 했다. 즉, 그 전까지는 3년 연속해서 44,950유로를 넘어야 민영 질병보험에 가입할 수 있었으나, 1번만 넘어도 민영 질병보험에 가입할 수 있게 한 것이다.

2014년 6월에 제정된 공적 질병보험의 재정구조 및 질의 발전에 관한 법률에 의해 보험요율이 재평가되어 공적 질병보험의 일반보험요율을 15.5%에서 14.6%로 낮추고 7.3%씩 노사가 분담하게 했으며, 종래 노동자만 부담하고 있던 0.9%의 특별보험료를 폐지하였다. 그 위에서 각 질병금고의 자립성을 강화하는 관점에서 건강기금으로부터 교부금을 받지 못한 질병금고가 독자적으로 보수비례의 추가보험료를 징수할 수 있게 하였다.[166] 2018년 10월에는 공적 질병보험의 피보험자부담 경감법을 제정하여 종래 피보험자만 납부하고 있던 추가보험료에 대해서 사업주와 함께 노사가 반반씩 부담하게 하였다.

독일 질병보험 관련 개혁의 흐름을 보면 인구의 고령화와 함께 가장 크게 부각된 재정안정화에 초점이 맞추어져 있음을 알 수 있다. 이를 위해 재정을 통합해서 운영할 수 있는 메커니즘을 만들고 질병금고 간 경쟁을 통한 효율화를 도모하는 한편으로 가입자 본인의 부담을 높이는 방식을 택했다. 또한 민영 질병보험 가입 조건을 완화시켜 공적 질병금고와 민영 질병보험회사 간 경쟁도 강화시켰다. 특히 보험료 인상만으로 해결하려 하지 않고 재정부담을 의료공급자 등 모든 이해관계자를 참여시킴으로써 의료를 통한 과도한 이익추구행위를 제약하려는 노력도 기울이고 있다. 이러한 노력은 소득보장제도인 공적 연금의 개혁보다도 먼저 추진되어 최근까지도 추진되었다.

▌프랑스 복지체제의 성과와 교훈

프랑스의 경우도 독일과 마찬가지로 19세기 말인 1898년에 산재보험제도부터 도입되면서 사회보장제도가 시작되었다. 그 뒤로 1910년에 근로자와 농민을 위한 퇴직연금 제도가 법제화되었으나 시행되지는 못했고, 1928년에는 농민특별 제도, 1930년에는 의무사회보험법, 1932년에는 고용주 부담 가족특별수당 제도가 도입되었다.

그러나 프랑스에서 사회보장제도가 본격적으로 꽃 피운 것은 제2차 세계대전 이후이다. 제2차 세계대전이 끝나기 전부터 피에르 라록Pierre Laroque은 프랑스의 사회보장제도를 구상했다. 라록은 1944년 9월에 출범한 프랑스 임시정부의 노동 및 사회보장부 산하 사회보험 및 공제조합국 초대 국장을 역임하면서 사회보장제도를 확립했다. 그는 보편성의 원칙, 단일화의 원칙, 민주주의 원칙에 입각하여 사회보장제도를 운영하고자 했다. 그러나 1945~1946년에 걸쳐 각종 사회단체가 라록의 안을 반대함에 따라 단일한 사회보장제도를 구축하지는 못했다.

그 결과 기존에 존재했던 농업종사자레짐과 특수레짐을 제외한 일반레짐 general regime에서 자영업자레짐이 떨어져 나감에 따라 일반레짐은 상공업 분야 임금근로자와 기술직 및 관리직 근로자만으로 구성되게 되었다. 일반레짐은 기술직 및 관리직 근로자가 1947년에 노사협약 방식으로 보충연금제도인 간부퇴직제도 일반단체를 설립함에 따라 1950년대 들어서는 상공업 분야 임금근로자만을 위한 제도로 자리잡았다.

이러한 배경하에 프랑스의 노사는 상호 간의 협력을 기반으로 사회보장제도를 구축하기 위해 노력해왔다. 라록은 무엇보다도 사회보장제도의 관리는 당사자 자신이 맡아야 한다고 강조하였는데, 그러한 사상하에 프랑스 사회보장제도는 노사가 중심이 되어 사회보험을 관리하고 국가는 후견의 역할을 맡는 지배구조를 형성하게 되었다. 또한, 노사 동수가 아니라 근로자의 수가 더 많게 위원회를 구성하고 보험료 부담도 사용자가 더 많이 부담하는 방식으로 운영하였다.

이러한 역사적 전통에 따라 프랑스의 사회보장제도는 가입자에 따라 4개 레짐을 보장하는 사회보험제도와 그 이외의 보장영역인 사회부조제도로 구성되어 있다. 즉, 사회보험제도는 임금근로자를 대상으로 하는 일반레짐, 공무원 등 국가기관이나 공기업 종사자를 위한 특별레짐, 농업종사자를 위한 농업레짐, 농업을 제외한 비임금근로자를 위한 자영업자레짐로 구성되어 있다. 그리고 사회부조제도는 지방자치단체가 노인, 장애인, 아동 등을 대상으로 시행하는 복지서비스인 사회복지서비스가 있다. 이러한 각 제도에는 기초, 보충, 추가 제도 등이 부가됨으로써 사회보장제도는 모자이크와 같은 형태로 나타난다.

이러한 체계하에 주요 제도의 연대기적 흐름은 다음과 같다. 1948년에는 비근로자와 비농업 직업을 위한 노령보험이 도입되어 수공업자, 산업 및 상업, 자유직업에 대해 특별제도가 마련되었다. 또한 1952년에는 농업상호공제Mutualité Sociale Agricole, 이하 MSA가 관리하는 농업경영자들의 의무노령보험제도가 도입되었다. 이어 1956년에는 모두에게 최소한의 은퇴연금을 보장하는 노령최저연금이 도입되었으며, 1958년에는 실업보험이 도입되었다. 1988년에는 사회적 최저 수준의 생활지원을 위해 사회적 최소보장Minima Sociaux 제도가 도입되었다가 2009년에 정부의 조세로 운영되는 적극적 연대 수입Revenu de solidarité active, 이하 RSA[167]로 바뀌었다.

이렇듯 프랑스 사회보장제도는 제2차 세계대전의 전쟁 피해로부터 벗어나 높은 수준의 경제성장을 배경으로 착실하게 도입·확장되었다. 그러나 1970년대 들어서 경제가 어려워지면서 사회보장제도의 변화를 모색하는 과정에서 기존의 운영방식도 검토할 수밖에 없었다. 이는 직역 단위로 운영되는 시스템으로는 거대한 경제적 변화에 대응하기 취약하여 재정 적자가 발생할 뿐만 아니라 직역 간 격차가 불가피했기 때문이다.

이에 1974년부터 시작된 지스카르 데스탱 정부는 법률을 제정하여 각 제도의 독립성을 유지하면서도 제도 간에 재정을 조정하게 된다. 1976년에 지스카르 데스탱 대통령하에서 총리이자 경제재정부 장관으로 임명된 레이몽드 바르Raymond Barre[168]는 심각한 수준의 인플레이션 억제와 경제 및 사회의 구조조정을 추진하기 위해 소위 바르 플랜을 내놓았는데, 나중에 신자유주의라는 평가를 받았다. 바르 플랜은 연료, 담배 및 주류에 대한 증세, 인플레 대응을 위한 임금 동결, 재정 절감, 노조 공격, 산업특히 철강산업 구조조정 등을 결합시킨 것으로, 청년층의 고용을 촉진하기 위한 사회보장기여금 감면도 포함되어 있었다. 이러한 바르 플랜은 재정 절감이 근로자계층을 압박한 반면에 조세를 회피하고 고소득을 향유하는 계층은 상대적으로 그대로 두고 있었기 때문에 강한 저항에 부딪혔다. 결국 1976년에 4.6%이었던 실업률이 1981년에는 7.5%까지 치솟았고 인플레이션도 억제되지 않았기 때문에 바르 플랜은 실패한 것으로 평가된다.

중도우파인 지스카르 데스텡 정부가 구조개혁을 시도하였지만 인구구조의 고령화, 경제성장 둔화와 반복되는 경제불황에 따른 높은 수준의 실업 발생, 경제의 글로벌화에 따른 국제적 경쟁압박 심화 등의 파고를 넘는 것은 어려웠다. 그러한 상황에서 대통령이 된 프랑수아 미테랑은 집권 초기에는 사회보장 개혁보다는 실업문제와 인플레이션 대응 등 거시경제정책에 주력했다. 특히 주목해야 할 점은 노령연금 수급연령을 65세에서 60세로 낮추어 고령 근로자의 조기은퇴를 유도하여 청년실업의 문제를 해결하려 한 것이다. 그러나 1990년대 들어서도 실업 문제, 특히 청년실업 문제가 해결되지 않고 연금재정의 적자만 늘어나자 그를 해결하는 차원에서 연금 개혁을 추진하였다. 또한 1990년대 이후로는 사회보장제도를 노사자치보다는 정부가 주도하는 형태로 전환시켰다. 노사자치에서 정부 주도로 전환하는 과정은 자연스럽게 이루어진 것은 아니었다. 이는 더 이상 사회보험료만으로 사회보장 재정의 균형을 유지하기 어렵게 되어 정부의 지원을 받을 수밖에 없게 된 것이 결정적 계기가 되었다.

이를 위해 미테랑 정부는 1991년 재정법에 근거하여 일반사회보장기여금contribution sociale généralisée, 이하 CSG을 도입하였다. 이는 북유럽의 사회보장세와 같은 것으로, 사회보장제도 재원조달에서 사회보험료의 비중을 낮추고 조세 부담을 높이는 요소로 작용하였다. 1993년에는 사회당이 총선에서 참패한 후 성립된 동거정권의 에두아르드 발라뒤르Édouard Balladur 총리는 1991년에 제출된 연금 백서에 근거하여 보험료 납부 기간을 연장하는 등의 연금 개혁을 시작했다.

미테랑 정부가 14년간에 걸친 장기집권을 한 후에 대통령이 된 우파 정치인 자크 시라크 대통령은 1995년부터 2007년까지 집권하였다. 시라크 대통령은 집권 후 알랭 마리 쥐페Alain Marie Juppé를 총리로 임명하고 사회보장 개혁을 하였다. 1996년부터 소위 '쥐페 플랜'을 추진했는데, 그것은 의료비 억제 등 사회보장 개혁을 목적으로 했다. 특히 1996년에 개헌을 거쳐 「사회보장재정법」을 제정하여 사회보장 재정 균형의 책임을 의회가 갖도록 한 것은 중대한 변화였다. 그렇다 하더라도 보험요율과 급여 수준의 결정은 행정부가 갖도록 하여 결국 의회조차도 행정부에 의존하게 하였다. 또한 행정부는 사회보장재정법의 제정을 통해 질병보험지출 국가목표ONDAM라는 제도를 도입하여 다음연도 보건지출 상한선을 정할 수 있게 되었다.

그리고 1997년에서 2002년까지 총리를 역임한 사회당의 좌파 정치인 리오넬

조스팽Lionel Jospin은 근로복지연계 정책을 강화하였다. 조스팽 총리하에서 1997년부터 2000년까지 사회부 장관Minister of Social Affairs을 역임한 마르틴 오브리 Martine Aubry는 1998년에 일명 35시간법으로 알려진 노동시간 단축법을 제정하여 주당 근로시간을 39시간에서 35시간으로 낮추었다. 또한 1999년에는 질병보험 미가입자를 대상으로 보편적 질병급여CMU, couverture maladie universelle169)를 도입하는 법을 제정하여 2000년부터 시행했다.

2002년부터 2005년까지 총리를 역임한 장피에르 라파랭Jean - Pierre Raffarin은 2003년에 피용 개혁을 통해 연금제도를 개혁했다. 프랑수와 피용François Charles Amand Fillon은 뒤에서 자세히 설명하겠지만, 연금제도를 가입자 간 공평성을 강화하고 시장원리에 부합하는 방식으로 개혁하였다.

2005년부터 2007년까지 총리를 역임한 도미니크 드 빌팽Dominique Marie François René Galouzeau de Villepin은 '고용 증진'을 앞세워 '사회성장'을 달성한다는 목표하에 세제 및 서민주택 정책 등을 통한 공평한 부의 분배를, 그리고 고용, 교육 면에서는 차별 없는 기회의 균등을 강조하였다. 사회성장은 사회정책의 근본적 개혁에 초점을 맞추고 있는데, 정부가 부의 재분배뿐만 아니라 사회구성원의 인적 자원관리 측면에서도 공정한 재분배 정책을 수립해야 한다고 생각했다. 특히 자발적인 실업을 줄이고 취업 동기 효과를 높이기 위해 파격적인 고용수당 제도 도입, 복잡한 사회보조금 제도 간소화, 실업연금 혜택자에 대한 체계적인 통제장치 강구 등을 내세웠다.

시라크 대통령의 뒤를 이은 사르코지 정부2007~2012년는 특수레짐 대상의 연금제도를 개혁하여 일반레짐 대상의 연금제도와 동등하게 만들었으며, 연금을 받을 수 있는 연령을 60세에서 62세로 상향하고 완전연금을 받을 수 있는 연령을 65세에서 67세로 상향 조정했다. 또한 근로를 통해 빈곤에서 벗어날 수 있게 하는 장치인 RSA를 2009년에 도입하였다.

사르코지까지 이어진 보수정부로부터 정권을 되찾은 사회당의 올랑드 정부2012~2017년는 연금 개혁을 되돌려 연금을 받을 수 있는 연령을 62세에서 60세로 환원시켰으나, 보험료 납부 기간을 계산할 때 청년과 출산 여성에게 혜택을 부여했다. 또한 2015년 10월 30일에는 재정 적자에 대응하기 위해 보충연금에 관한 전국협약을 체결하여 2016년부터 부분 실시하기 시작하여 2019년에는 전면 실시하게 하였다. 동 협약은 일반근로자와 관리자로 나뉘어 있는 제도를 통합하고 연금을 정해진 시기보다 조기 또는 이연하여 수급하는가에 따라 10% 감액 또는 10~30% 가산하여 지급하도록 개정했다. 그리고 2015년 7월부터는 사회적 공정에 한층 더 중점을 두어 가족수당에 소득 요건을 도입하여 기존에 동일한 금액을 주던 것을 소득 수준에 따라 차등 지급할 수 있게 하였다.

2017년 대통령선거에서는 보수적 공화당도 진보적 사회당도 아닌 중도우파 및 중도좌파의 대안으로 에마뉘엘 마크롱이 대통령으로 당선되었다. 마크롱은 사회보장제도를 사회보험료 중심에서 일반사회기여금을 중심으로 운영하는 방향을 더욱 강화하는 공약을 내걸었다. 이는 연대성을 강화하면서 사회보장제도의 효율성을 높이기 위한 차원의 제안이었다. 결과적으로 마크롱은 이와 같은 사회보장 개혁 등 프랑스의 사회경제 개혁 이슈를 내걸고 대통령에 당선되었고, 이어 총선에서도 신당 LREM을 창당하여 전체 의석의 70%를 넘게 차지하는 다수당이 되게 하였다. 당선된 후에는 2020년에 사회보장재정의 수지균형을 정상화시키겠다며 2018년 사회보장재정법안을 의회에 제출하였다.

이상과 같은 프랑스 사회보장제도변천에서 가장 중대한 변화로 평가될 수 있는 것은 CSG의 도입이다. CSG는 도입 초기에는 가족급여의 재원으로 쓰였으나, 1993년 연금 개혁에서 연금의 일부 재원으로 활용되기 시작한 후 1997년에는 질병보험의 일부 재원으로도 활용되기 시작했다. 이에 따라 CSG의 기여율은 재원의 소요처가 확대될 때마다 인상되어 도입 당시 1.1%에서 1993년에는 2.4%로 인상된 후 1997년에는 7.5%로 급격히 인상되었다.

반면에 피용자의 의료보험료 기여는 5.5%에서 0.75%로 인하되었다. 또한 1993년에는 기여를 하지 않은 사람들에게도 연금을 지급하기 위한 재원을 마련하기 위해 노령연대기금Fonds de Solidarité Vieillesse, 이하 FSV을 도입하여 소득대체율 저하를 보완하였다. 1996년에는 사회적 부채 상환 분담금contribution au remboursement de la dette sociale, CRDS이 도입되었고, 그 외에도 사회적 공제와 이 공제에 대한 추가기여금prélèvement social et contribution additionelle, PS, 적극적 연대 수입revenu de solidarité active, RSA[170]), 자율을 위한 추가 연대 기여금contribution additionnelle de solidarité pour l'autonomie, CASA이 도입되었다. 이렇듯 보수주의 정권은 기업의 사회보장 비용 부담을 줄이고 전 국민에게 분산시키는 장치를 고안하였다.

그 결과 사회보험료 중심의 프랑스 사회보장제도는 점차로 조세의 비중이 높아지게 되었다. 사회보장 재원에서 사회보험료가 차지하는 비중은 1980년 97.9%에서 2000년에는 73.5%로 낮아졌고, 2018년에는 54.2%까지 낮아졌다.

개별 제도 중 공적 연금은 부과방식으로 운영되는 기본체제 즉 '일반레짐과 의무적으로 적용되는 보충레짐으로 이루어져 있는데, 보충레짐의 역할은 상대적으로 크지 않다. 1층인 기초제도는 세대 간 연대를 기초로 하고 있으며 부과방식의 재정제도를 택하고 있다. 기초제도는 1층의 강제가입 직역연금제도로서 일반레짐, 특수레짐, 농업레짐, 직역별 자치제도로 구성되어 있다. 일반레짐이 가장 큰 규모인데, 1980년대부터 재정 적자가 우려되어 보험료를 인상하여 해결하고자 했다. 그런데 앞서 언급했듯이 미테랑 정부가 고령 근로자를 조기에 은퇴시켜 청년 실업률을 낮출 목적으로 1983년부터 노령연금 수급연령을 65세에서 60세로 낮추었으나 청년실업을 줄이는 데는 성공하지 못한 채 조기은퇴에 따른 연금 급여가 늘어 연금재정 적자만 키웠다. 이에 1985년부터 1991년까지 임금근로자부담분 요율을 4.7%에서 6.55%로 인상하는 것으로 귀결되었다.

그리고 1991년에는 미셸 로카르Michel Rocard 총리하에서 연금제도의 미래에 관한 백서가 정부에 제출되었는데, 그에 의거하여 에두아르드 발라뒤르 총리가 1993년 연금 개혁을 추진하였다. 1993년 연금 개혁에서는 연금 전액을 수급하기 위한 자격 확보에 필요한 민간부문 근로자의 기여기간을 1994~2003년 중 37.5년에서 40년으로 연장하였다. 이에 따라 소득대체율이 50%에서 47%로 낮아지는 효과가 생겼다. 그리고 은퇴연금 계산을 위한 평균 참조임금을 더 이상 10년이 아니라 25년에 걸쳐 계산하게 변경되었다. 마지막으로 매년의 연금액은 총임금액의 변화가 아닌 소비자물가지수에 근거하여 결정되게 하였다.

이어 1995년에 알랭 쥐페 총리가 특수레짐에 대해 연금 개혁을 하려 했으나 공무원의 강력한 반대로 실행에는 옮기지 못했다. 이렇게 실패한 특수레짐에 대한 연금 개혁은 그 후 2003년 장-피에르 라파랭 총리하에서 피용 개혁이라는 이름으로 행해진다. 당시 사회문제, 노동 및 연대 장관이었던 피용은 연금재정의 불균형이 우려되는 상황에서 연금제도의 지속가능성을 높이기 위해 연금 개혁에 관한 2003년 8월 21일 법률을 제정하여 연금 개혁이하 2003년 연금 개혁을 단행했다. 2003년 연금 개혁에서는 높은 연금 수준 보장, 공정과 사회적 정의의 보호, 유연성과 선택의 자유 부여, 연금재정의 보장이라는 네 가지 방침이 채택되었다.

네 가지 방침에 따라 구체적으로 다음과 같은 주요 조치가 취해졌다. ① 높은 연금 수준을 보장할 목적으로 일반레짐 가입자와 특수레짐 가입자 모두의 만기 가입기간을 40년으로 맞추기 위해 특수레짐 가입자의 만기 가입기간을 37.5년에서 40년으로 늘렸다.[171] ② 일반레짐 가입자를 대상으로 55세 이상을 위한 취업촉진책도 동시에 취해졌다. ③ 필수 기여기간을 채우지 못하고 은퇴하는 사람들의 연금 수급액을 낮추는 몰수 메커니즘도 만들었다. ④ 필수 기여기간보다 더 오래 근로하는 사람들의 연금 수급액을 높이는 보너스 메커니즘도 도입하였다. ⑤ 14세 또는 16세에 근로를 시작하여 60세 이전에 필수 기여기간을 충족한 사람들에게 연금수급 자격을 부여하기 위해 조기은퇴제도를 만들었다. ⑥ 특수레짐에 소속된 공무원에 대해서는 연금 지수가 물가와 연동되게 하고 공무원의 급여를 계산하기 위해 이용된 근무 점수에 더 이상 연동되지 않게 하였다. ⑦ 연기금 형태의 적립식 기업연금제도와 개인연금제도를 신규 도입하였다.

2008년에는 보수적 사르코지 정부하에서 과도한 적자에 빠질 우려가 있는 특수레짐에 대한 개혁을 단행하여 일반레짐에 적용되는 조치가 동일하게 적용하였다. 사르코지 정부는 2010년에도 다른 은퇴 개혁을 추진하여 연금을 받을 수 있는 법정 연령을 60세에서 2018년까지 62세로 높이고 완전노령연금을 받을 수 있는 자격이 생기는 연령을 65세에서 67세로 높이는 조치를 취했다. 2011년에는 2010년 연금 개혁의 속도를 높이기 위해 법정 은퇴연령과 완전노령연금을 수급할 자격이 부여되는 연령을 2018년 대신에 2017년 기준으로 각각 62세와 67세로 높였다.

2012년에 올랑드 정부는 60세에 연금을 받을 수 있는 기여연수 요건 41~42년을 충족할 수 있는 사람들에 대해서는 60세로 낮추었다.[172] 이러한 과정에서 기여 기간을 계산할 때 청년들에 대해서는 수급자격이 없는 실업 기간을, 여성들에 대해서는 출산 휴가를 받는 동안을 포함시켰다.

올랑드 정부는 2013년에는 새로운 개혁을 하였다. 즉 이전의 개혁과 달리 2013년 개혁은 근로자 및 고용주의 기여를 2014년 0.15%포인트, 2015년, 2016년 및 2017년에 0.05%포인트 증가시켜 궁극적으로 총 0.3%포인트 증가하도록 했다. 정부는 은퇴연령을 높이는 것을 거부하고 완전노령연금의 수급 자격을 얻기 위한 기여 기간을 3년마다 1분기씩 높여 2035년에는 43년이 되게 하였다. 개혁을 통해 기업들이 기여하는 '개인의 불쾌한 근로 예방 계정'이 마련되었는데,

이로써 직업을 바꾸거나 근로시간을 단축하기 위해 은퇴나 재무 훈련을 진행할 때 종업원들이 불쾌한 요소들에 노출되는지 여부가 검토될 수 있게 되었다. 동 제도는 2015년과 2016년에 걸쳐 단계적으로 실시되었다.

2015년 말에는 경영자단체와 노동조합을 대표하는 사회적 파트너들이 2013년 은퇴 개혁의 연장선상에서 보완적 은퇴 제도, 즉 사회적 파트너들이 관리하는 부과방식 재정 제도에 적응했다. 이러한 맥락에서 근로자들이 자신들의 근로 활동을 연장하도록 장려하게 설계된 인센티브 체계가 최초로 채택되었다.[173]

2017년 5월 8일에 마크롱이 대통령에 당선되었고, 공약을 이행하는 차원에서 연금 개혁을 추진했다. 2017년에 들르브아Jean-Paul Delevoye를 연금개혁위원장으로 임명하였는데, 들르브아는 2018년부터 사회적 논의를 거쳐 2019년 7월에 자신의 권고안이 담긴 보고서를 내놓았다. 2019년 12월 11일에 마크롱 대통령은 이전의 연금 개혁에 비해 훨씬 더 포괄적인 다음과 같은 연금 개혁 계획을 공식 발표했다. ① 42개의 연금제도를 통합하여 단일한 보편적 국가은퇴플랜으로 대체한다. ② 기여에 비례해서 연금을 지급하는 "점수제"를 도입한다. ③ 은퇴연령을 62세에서 64세로 높인다.

이에 철도노조, 의료노조, 공공기관, 교직원들이 연금제도 통합과 은퇴연령 상향으로 손해를 보게 된다며 크게 반대하며 2019년 12월과 2020년 1월에 대대적인 시위에 나섰다. 그런 와중에 2019년 12월 16일에는 들르브아가 연금 개혁과 이해관계가 있는 프랑스보험협회로부터 자금 지원을 받은 사실이 드러나면서 사퇴하자, 마크롱은 오셩Auchan그룹에서 인력담당 임원을 지낸 로랑 피에트라셰프스키Laurent Pietraszewski를 임명했다. 2020년 들어 3월 4일에 프랑스 하원은 야당이 제출한 연금 개편안 반대 결의안 2건에 대해 표결한 결과 각각 148표와 91표를 얻어 모두 과반인 289표에 미치지 못하여 정부의 연금 개혁안을 원안대로 통과시켰다. 이에 따라 정부는 법안을 보수당 등 야당이 장악하고 있는 상원에 상정하여 동의를 얻어야 하는데, 부결되더라도 하원이 그 결과를 무시할 수 있는 상황이지만 코로나19로 인해 연금 개혁안에 대한 논의는 중단되어 있다.

한편 질병보험은 공적 질병보험제도가 공적 연금과 마찬가지로 피용자와 자영자를 대상으로 4개 레짐으로 나뉘어 보장을 제공하고 있다. 공적 질병보험 외에도 민영보험회사와 공제가 제공하는 보충 질병보험이 있다.

1974년까지는 질병보험 보장을 보편화하기 위해 노력하면서도 지출의 통제와 재정수지의 균형을 맞추는 데 주력했다.

공적 질병보험에 대한 개혁은 1993년에 발라뒤르 총리가 수상이 추진했는데, 1997년 1월부터 일반사회보장기여금으로부터도 재원 조달, 입원 정액부담을 50프랑에서 55프랑으로 인상하는 등 가입자 부담 증가, 개업의의 진료·약제급여의 상환율을 각각 5%씩 인상하는 등의 조치를 하였다.

1995년에는 시라크 정부에서 쥐페플랜이 추진되면서 질병보험에 대한 개혁도 단행되었다. 질병보험지출 국가목표ONDAM 제도를 도입하여 의료비 지출을 억제하고자 했다. 질병보험지출 국가목표는 의회가 사회보장재정 지출을 통제할 권한을 가지면서 사회보장에 할애될 재원에 맞추어 정해졌다.

2000년 1월부터는 CMU가 시행[174]되면서 프랑스에 법적으로 거주하는 것이 확인되면 급여를 받게 되었다. CMU는 기본적인 질병보험 보험료를 지원하여 질병보험에 가입하도록 하는 CMU–BCMU 기본보험와 질병보험을 이용할 때 발생하는 본인부담을 지원하는 CMU–CCMU 보충보험가 있다.

2004년 두스트–블라지Douste-Blazy 질병보험개혁은 129억 유로라는 막대한 규모의 재정 적자를 배경으로 착수되었기 때문에 일반사회보장기여금 기여율 인상, 입원 시 본인부담액 및 기타 의료비 본인부담분 인상 등의 조치가 취해졌다. 이렇게 본인부담금이 늘어남에 따라 자연스럽게 보충보험의 영역을 담당하는 사적 질병보험의 발달이 뒤따랐다. 2004년 8월에는 질병보험개혁법을 통해 전국질병보험금고연합UNCAM을 창설하였다. 그리고 질병보험금고의 의사결정기관인 이사회를 폐지하고 제도 운영방향에 의견을 진술하는 평의회에 노사가 참여하는 것을 제한하였으며, 대신에 정부가 임명하는 사무국장이 업무집행을 감시하는 것으로 전환하였다.

2005년에는 질병보험하 주치의médecin traitant 제도 유지를 위한 기여금으로 1유로의 정액기여금participation forfaitaire이 도입되었다.

사르코지 정부는 2010년 들어 2004년 개혁의 연장선에서 150억 유로에 달하는 재정 적자 해결을 목표로 개혁을 추진하였다. 보험가입자 정보의 통합 관리, 주치의의 게이트키퍼 역할 강화, 복제약 사용을 통한 의약품 비용 축소, 약품구매비 환급률 하향 조정과 본인부담금 계산 근거금액의 상향 조정을 통한 보험가입자 부담 증가, 직원이 질병을 이유로 휴가를 남용하는 것을 방지하기 위한 심사 강화 등이 추진되었다.

2017년에 출범한 마크롱 정부는 의료보장 개혁과 관련하여 관리체계 효율화 및 의료비 절감 방안과 함께 민간 부문의 역할을 확대하는 방안도 추진하였다.

프랑스 사회보장제도의 핵심을 구성하는 연금제도와 질병보험제도의 개혁 흐름을 보면 독일과 비슷하게 시장적 요소를 강화하고 개인의 부담을 늘리는 방식을 채택했다. 이 과정에서 사회당 정부는 노동자에 유리하게 복지를 강화하려고 하나 궁극적으로는 목적을 달성하지 못하여 실질적인 내용 측면에서는 보수적 정부와 큰 차이를 보여주지 못했다고 할 수 있다. 결국 제3의 세력인 마크롱 정부가 개혁을 추진하고 있지만 성공 가능성은 그리 크게 보이지 않은 채 사회적 갈등은 커지는 모습이다.

▌스웨덴 복지체제의 성과와 교훈

OECD의 조사에 따르면 스웨덴은 높은 노인 인구 비율에도 불구하고 세대갈등이 크지 않은 국가로 분류된다. 이는 스웨덴이 노사 간 합의에 기초하여 복지국가를 운영하면서 연령별 또는 소득수준별로 능력에 맞게 조세를 부담하도록 하고 있고 고령자라 하더라도 연금을 받는 시기를 가급적 늦추고 일을 하고 있기 때문이다.

이를 이해하기 위해서는 먼저 스웨덴 복지제도가 어떻게 변화했는지 살펴볼 필요가 있다. 스웨덴도 유럽의 다른 국가들처럼 19세기 중반에 진행된 산업혁명을 겪으면서 사회보장이라는 개념이 부각되기 시작하여 20세기 들어서면서 사회보장제도를 도입하기 시작했다. 1889년에 직업안전법을 시행하였지만 사회보험제도로 산업재해를 보상하기 시작한 것은 1901년이었고, 1916년에 산업재해보험제도를 실시하였다. 그 뒤 세계적인 대공황이 진행되는 가운데 사회민주당이 선거에 승리하면서 1932년에 실업보험제도를 실시하고, 1935년에는 국민연금제도를 도입하였다.

제2차 세계대전이 끝난 후 1955년에는 전 국민을 대상으로 의료보험제도를 실시하였으며, 노동조건의 향상을 위해 산업재해보험을 폭넓게 시행하였다. 또한 기존에 취약계층에 대한 보호가 충분하지 못했던 점을 고려하여 1956년에는 극빈가족법을 제정하였다. 이렇게 장기간에 걸쳐 순차적으로 시행되기 시작한 각종의 사회보장제도는 세제개혁을 통한 증세와 기업의 복지재원 분담을 기반으로 1970년대에 완성단계에 들어선다. 1974년에는 기존에는 여성에게만 주던

출산휴가와 출산보조금을 남성에게도 확대한 부모보험제도를 도입하였다. 또한 고용주가 노동자를 마음대로 해고할 수 없도록 고용보호법LAS을 시행하였다. 1976년에는 장애인보험 제도를 재정비하고 보험금을 인상하였다.

그러나 1970년대 초부터 세계석유파동으로 유발된 스태그플레이션의 영향을 받으면서 사회보장제도는 도전을 받게 된다. 대표적인 사례가 1976년의 선거에서 마이드너Rudolf Meidner가 제창하여 만든 임금소득자 기금Wage Earner's Fund이 대기업의 반대에 부딪힌 것이다. 임금소득자 기금은 사회적 경제에 가장 효과가 있고 구체적인 수단이라는 평가에도 불구하고, 결국 1976년 선거에서 사회민주당이 패배하는 원인으로 작용했다.

스웨덴 사회보장제도의 발전은 정치체제의 변화와 관련이 깊다. 20세기 초 스웨덴은 독일과 덴마크를 통해 사회민주주의를 받아들였지만 독일 등 대륙의 사회민주주의와는 다른 길을 걸었으며, 다른 한편으로는 1917년에 볼셰비키 혁명으로 성립한 러시아 공산주의를 염두에 둔 경쟁을 할 수밖에 없었다. 그러한 과정에서 사회민주당은 교조적 마르크스주의를 따르며 러시아 볼셰비키를 옹호하는 세력이 떨어져나가 공산당을 결성하는 분열도 맛보았다. 그런데도 스웨덴 사회민주당이 제대로 정체성을 확립하며 자리를 잡는 데는 시간이 더 필요했다.

1915년에 처음으로 스웨덴 제1당이 되었던 사회민주당은 1920년대에는 1920년과 1924년에 두 차례 정권을 잡지만 소수당으로서 영향력이 크지 않아 사회보장정책을 적극적으로 추진하기 어려웠다. 그렇지만 사회민주당은 이념보다는 당장 현안이 되어 있는 구체적 노동조건의 개선과 삶의 질 향상에 중점을 두는 정책 방향을 정하였다. 그 결과 1932년 선거에서 사회민주당은 큰 승리를 거두고 1976년까지 44년간 장기집권을 하게 된다. 장기집권은 노동조합의 지지를 받았기 때문에 가능했는데, 1936~1939년과 1951~1957년에는 농민당과 연정을 하면서까지 정치적 헤게모니를 잡는 노력을 기울였다.[175]

그런데 1970년대에 진행된 두 차례의 석유파동의 영향을 받으며 사민당이 1976년 선거에서 중앙당, 자유당, 보수당으로 구성된 중도우파연합에 패배하면서 사회보장제도의 헤게모니를 주도적으로 행사할 동력이 약화되었다. 물론 그 뒤 다시 정권을 잡았으나 과거와 같이 장기집권을 하지 못하고 1991년, 2006년, 2010년에도 선거에서 패배했으며, 2018년 선거에서는 과반 의석을 확보하지 못했다.[176] 이렇듯 사회민주당이 1970년대 후반 이후로는 정권을 잃었다 찾았다를 반복하면서 사회보장제도는 이전과 같이 운영되기는 어렵게 되었다.

1980년대 들어서는 세계적으로 미국과 영국이 주도하는 신자유주의 흐름에서 스웨덴만 벗어나 있기 어려워졌다. 이에 사회민주당은 급기야 1985년에는 세계화의 추세를 거스를 수 없다고 보고 자본시장을 개방하기에 이른다. 또한 노동시장을 유연화하고 이를 바탕으로 기업의 경쟁력을 높이려는 시도를 하기도 했다. 그렇다 하더라도 근로자가 구조조정과정에서 노동시장으로부터 탈락하는 것이 아니라 전직훈련 등을 통해 새로운 일자리를 구할 수 있게 지원함으로써 사회적 안전망을 통한 보호를 확실히 하였다. 따라서 근로자들이 평생직장보다는 평생직업을 추구하는 양상이 자리잡게 되었다.

사회민주당이 기존의 사회보장제도를 유지하기 어렵게 됨에 따라 근로자들의 지지도 점차로 하락했다. 1982년에서 1991년 사이에 근로자계층의 지지가 70%에서 57%로 하락했고, 그 결과 1991년 선거에서 1932년 이래 가장 낮은 정당지지율을 얻으며 정책적 입지가 크게 후퇴되었다.

1991년 선거에서 사회민주당이 패배하면서 등장한 우파연합은 세제개혁, 연금개혁, 사회복지서비스 공급 개혁을 추진하였다.

먼저 1991년 세제개혁은 다음과 같은 문제점들을 극복하는 차원에서 추진되었다. 개인소득세는 세수기반은 좁고 1980년대 85%까지 상승되었던 최고 한계소득세율이 1989년에도 여전히 73%에 머물러 있는 문제를 해결하고자 했다. 이는 높은 세율이 노동공급에 부정적이었고, 과세가 되지 않는 현물급여의 규모를 키워왔기 때문이다. 또한 소득유형 간 과세가 균일하지 못하여 자본소득세에 대한 왜곡이 심각했다. 고용주세의 높은 세율도 해결하고자 했는데, 고용주가 부담하는 사회보장기여금도 1991년 기준으로 총 노동비용의 28%까지 인상되었기 때문이다. 이에 개인소득세, 고용주세, 법인세, 자본소득세 등은 세율을 인하하고 부가가치세는 과세기반을 확충하여 전체 조세부담 수준은 유지하는 정책을 취하였다.

이를 구체적으로 살펴보면 누진체계로 되어 있는 개인소득세에 대해 큰 폭의 세율 인하가 단행되어 최고세율 기준으로 1990년에 66%이던 것을 1991년에 51%까지 낮추었다.[177) 고용주세는 1990년에 39.97%까지 올랐던 세율을 낮추기 시작하여 1992년에는 35%, 1994년에는 31.36%까지 낮추었다.[178) 법인세는 1991년 개혁 이전에는 52%라는 높은 세율이 적용될 뿐만 아니라 세제상 각종 이윤조정이 광범위하게 인정되는 문제가 있었다. 이에 1991년 개혁에서는 우선

1990년에 40%로 인하된 법인세율을 30%로 다시 인하하였고, 대신 과세베이스를 확충하였다.[179] 자산소득에 대한 과세는 1991년 세제개혁에서 명목소득에 대해 30%의 비례세를 적용하는 것으로 결정되었다. 개인소득세나 법인세의 세율을 낮추면서 이를 보충할 세원이 필요했는데, 소비세인 부가가치세의 세율을 23.46%로 고정시킨 후 과세기반을 확충하는 방식을 택했다.[180]

스웨덴의 사회보장제도는 일과 사회복지 제도에 기반하고 있는데, 고용 측면의 개혁과 함께 사회복지제도의 개혁도 중요하게 부각되었다. 1991년에 재정 적자가 발생하자 공적 연금 개혁을 위해 연금워킹그룹이 구성되어 1992년에 연금제도 개혁 보고서를 냈으며,[181] 1994년 6월에 노령연금제도 재구축 계획 가이드라인을 국회에서 통과시켰다. 이 개혁의 목적은 ① 경제성장을 감안한 연금제도의 재구축, ② 제도에 대한 기여와 급여 사이의 상관성 강화, ③ 장기저축의 장려 등이다.

1994년 연금 개혁은 먼저 공적 연금을 기존의 보편적 기초연금제도AFP와 비례연금인 부가연금제도ATP에서 보증연금제도와 소득비례연금제도로 구성하였다. 다시 보증연금제도는 보증연금과 보완보증연금으로 구성되고, 소득비례연금제도는 부과식 연금과 보험료 적립식 연금[182]으로 구성되도록 하였다. 부담자는 고용주 전액 부담과 국고 부담에서 고용주 반액 및 피용자 반액 부담 그리고 보증보험과 육아관념적 소득의 보험료에 대한 국고 부담으로 변경되었다.

우파연립정부는 사회복지 서비스의 공급은 1991년에 '선택의 자유 혁명'이라 불리는 개혁을 추진하여 보육, 간병, 교육 등 여러 분야에서 영리기업이 담당하게 하였다. 다만 서비스 공급은 민간이 담당하더라도 공적인 감독을 통해 질적 수준을 유지할 수 있게 했다. 또한 공적 의료보험제도에 대해서도 시장방식의 개혁을 추진했는데, 이는 이미 사회민주당 정부도 1980년대 말부터 추진해온 것이었다. 의료서비스 구매자와 공급자를 분리하여 공급자에 대해 성과에 근거한 보상을 통해 경쟁을 강화시켜 효율성을 제고하고자 했다. 그와 함께 의료서비스를 받으려 할 때 불가피한 대기시간의 문제를 극복하기 위해서 1991년에 중앙정부 재정을 투입하여 재원을 늘리고 1992년에는 최대 대기기간 보장제도를 도입하기도 했다. 그러나 대기기간의 문제는 쉽게 해결되지 못해 이를 개별적으로 해결하기 위해 민간의료보험에 가입하는 사람들의 수가 2000년대 이후로도 2000년에서 2013년 사이에 약 6배 가까이 늘어났으며, 2019년 말 현재 전체 인구 1,033만 명의 6.6%에 해당하는 68만 1천 명이 가입해 있다.[183]

1991년 선거에서 최악으로 패배한 사회민주당은 1994년에 재집권에 성공했음에도 불구하고 1990년대 들어서는 재정 적자가 커지자 우파연립정부[184]가 축소한 사회보장제도를 다시 강화하기보다는 적극적 구조조정을 통한 국가재정의 균형 회복에 치중한 후 취약계층 중심의 사회보장을 강화하였다. 그렇기 때문에 사회민주당과 우파연합 간에는 정책의 차이가 크지 않게 되었다.

사회민주당은 1998년 6월에는 1994년 노령연금시스템 재구축 계획 가이드라인을 따라 연금제도를 재구축했다. 0층에는 저소득 또는 소득이 없는 모든 거주자들을 위해 최저보장연금Guarantee Pension 제도를 도입하였다. 1층에는 부과방식의 명목확정기여형Notional Defined Contribution 소득비례연금과 완전적립방식의 프리미엄연금premium pension을 도입하였다.[185] 이와 함께 65세가 되는 생일 이전에 연금을 수령하면 매월 0.5%씩 급여를 삭감하는 반면에 이후에 연금을 수령하면 매월 0.7%씩 급여를 증액하는 조치도 취했다.

소위 NDC 연금제도는 이미 이탈리아 등 다른 국가들에서 스웨덴에 앞서 논의되어 도입된 제도였다. 스웨덴이 NDC 연금제도를 도입한 것은 연금제도가 일정 수준 이상의 경제성장[186]을 하지 않아도 유지되게 하고 연금가입자 및 수급자의 평균수명이 더 늘어나도 장기적으로 유지할 수 있는 연금제도를 구축하려는 데 주된 동기가 있었다. 이를 위해 연금급여를 평균소득성장에 연계시키고, 평균수명연장과 인구의 고령화에 연금제도가 순응할 수 있게 하기 위해 퇴직시점에서의 평균수명을 감안하여 총누적액을 연금자산으로 하여 연금 급여 수준을 결정하기로 했다. 그리하여 총기여율은 개인의 연간 급여소득에 대해 18.5%로 고정하고, 그중 16%는 부과방식의 NDC 연금에 돌리고 나머지 2.5%를 적립방식의 연금에 돌렸다.

1998년 연금 개혁은 은퇴 행동에 영향을 미쳐 평균적으로 은퇴를 2.5년 늦춘 것으로 추정된다.[187] 이는 2000년대 들어서는 60~64세 인구 중 노동시장에 참가하는 비율이 꾸준히 증가하고 있는 데서 확인된다. 1963년에 83%이었으나 2000년에 57%까지 낮아진 후 다시 상승하기 시작하여 2016년에 75%로 높아졌다. 특히 남성의 경우 1960년대 기간 동안 80% 이상이 노동에 참여하고 있다가 1970년과 1980년을 거치며 50% 정도가 빠른 속도로 노동시장에서 퇴장하는 양태를 보였으나, 2000년대 이후로는 노동시장에 남아 있는 비율이 꾸준히 높아지고 있다. 여성은 남성과 달리 1960년대 이후 1990년대 초까지 꾸준히 노동시장 참가율 증가 추세를 보여왔는데, 1990년대 초 이후로는 남성과 동조하는 현상을 보였다. 그 결과

여성 또한 남성과 마찬가지로 1990년대 초에서 1990년대 후반까지는 감소 추세를 보이다 2000년대 들어서는 증가 추세를 보일 뿐만 아니라 남성의 노동시장 참가율에 근접하였다.[188] 이렇듯 고령자라 하더라도 적극적으로 근로에 종사하게 됨에 따라 세대 간 갈등이 적어지는 요인이 되었다.

또한 인구가 증가하며 인구구조의 고령화가 늦춰지고 있는 것도 세대갈등을 줄이는 간접적 요소가 되는 것으로 생각된다. 스웨덴은 1990년대 후반 이후로 인구가 증가하는 추세를 보여왔으며 2019년 말 기준으로 1,033만 명인데, 2030년 1,110만 명, 2050년 1,193만 명, 2070년 1,275만 명으로 증가할 것으로 예측되고 있다.[189] 이렇듯 인구증가가 지속됨에 따라 고령화율 또한 정체상태를 보이고 있는데, 2015년에 19.8%에 이르렀던 65세 이상 인구의 비율은 2019년에도 20.0%에 머물고 있다.

양당은 2000년대 들어서는 상속세, 부유세, 주거용 재산에 대한 세금을 없앴고, 노동소득에 비해 자본소득에 대한 과세를 줄였으며, 사회수당의 규모를 축소했다. 그 결과 최고세율이 70%까지 올랐던 상속 및 증여세는 2004년에 폐지되었고, 1947년에 도입된 부유세는 2007년 이후 폐지되었으며 현재는 부동산세만 부과되고 있다.

이에 따라 스웨덴은 지니계수로 측정한 소득불평등도는 1980년 이후로는 중간에 개선되는 시기도 있었지만 악화되는 추세를 보였다.[190]

2006년 9월 총선에서는 보수당 중심의 중도우파연합이 사회민주당에 근소하게 이겨 사회민주당은 정권을 잃게 된다. 2010년 선거에서도 중도우파연합은 사회민주당에 이겨 정권을 연장하게 된다. 이렇게 연이은 승리를 거둔 중도우파연합은 복지수당 축소, 복지 서비스 민영화 등을 추진했다.

그러나 그러한 중도우파연합의 시도는 결실을 거두지 못하고 반발을 일으켜 2014년 선거에서는 사회민주당과 녹색당이 연합하여 연정을 수립하지만 의석의 39%를 차지하는 데 그쳐 적극적인 정책을 추진하기에는 어려운 상황이 되었다. 더구나 2018년 선거에서는 사회민주당계와 중도우파연합 모두 과반의 의석을 차지하는 데 실패했지만 사회민주당계가 승리하였다. 이는 사회민주당이 노동자계급으로부터 받은 지지가 2014년까지만 해도 56% 수준이었으나, 2018년 선거에서는 31%의 지지만 받았기 때문이다.[191] 상황이 이렇다 보니 새정부 구성에 어려움을 겪다 결국 2019년 1월 11일에 사민·녹색 연정측과 중앙당, 자유당 간 정책합의 January Agreement가 성사되면서 사민·녹색 연정이 성립되었다.

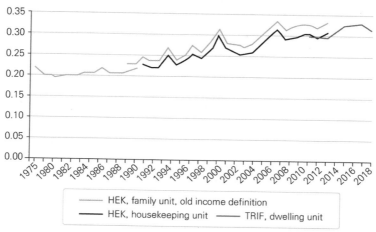

[그림 8] 스웨덴의 소득불평등도(지니계수) 추이

----- HEK, family unit, old income definition
----- HEK, housekeeping unit ----- TRIF, dwelling unit

주: HEK는 가계금융통계, TRIF는 총소득분배 통계에 근거함
자료: SCB(Statistics Sweden) 홈페이지

　　스웨덴의 사례에서는 사회보장제도의 유지 및 개혁에 안정적 정치 권력의 확보
가 중요하다는 것과 함께 국민의 사회보장에 대한 지지도 바뀔 수 있다는 점이다.
또한 경제가 한 국가 단위로 운영될 때에 비해 대외적 요소가 커지면 경쟁 격화와
국제적 경기변동의 영향으로 사회보장제도를 안정적으로 운영하기 어려워진다는
점도 고려해야 할 것이다.

▌영국 복지체제의 성과와 교훈

　　영국은 다른 유럽 국가들과 마찬가지로 사회보장제도를 19세기 후반부터 도
입하기 시작했으나, 제2차 세계대전 이후 베버리지 보고서를 통해 현대적 사회
보장제도의 기틀을 닦았다. 1908년에 재무장관 조지David Lloyd George는 무기여
방식 연금제도를 도입하는 노령연금법을 제정하여 여왕의 재가를 받은 후 1909
년부터 연금을 지급하였다. 　조지는 1911년에는 국민건강보험법National Health
Insurance Act을 제정하고 의료보험과 실업보험을 도입하여 출산, 장애, 질병, 실
업 시 현금을 지급하였다. 의료보험과 실업보험은 사회보험으로 도입되었으므
로 당시 국민들은 네 부류로 나뉜 국민보험기여금을 납부하였다.192)

영국은 제1차 세계대전과 제2차 세계대전으로 사회보장제도에 특별한 진전을 보이지 못하다, 제2차 세계대전 이후의 경제부흥을 바탕으로 사회보장을 확대하였다. 제도적으로는 1945년에 가족수당법, 1946년에 국민보험법과 국민건강서비스법, 1948년에 국민부조법이 도입되었다. 1911년부터 국민건강보험법이 시행되었으나, 제2차 세계대전이 끝난 후인 1946년에 국민건강서비스법National Health Service Act이 제정되어 1948년부터 시행되면서 의료서비스 제공은 NHS National Health Service 방식으로 전환되었다.

정치적으로 보수당과 노동당 모두 복지체제 구축을 위해 서로 협조하는 모습을 보였다. 그러나 경제가 어려워지면서 잠재적으로 내재해 있던 보수당과 노동당 간의 갈등은 표면화될 수밖에 없었다. 이미 1975년에 사회보장연금법이 시행되면서 인가된 직역연금 플랜에 참가하는 노동자를 사회보장 프로그램의 일부에서 제외하여 베버리지 체제의 기본원리인 균등 기여에서 제외한 것에서부터 두 당의 협조관계에 금이 가고 있었다.

1979년 총선거에서는 보수당이 승리하여 총리가 된 마가렛 대처Margaret Thatcher는 제2차 세계대전 후에 성립한 베버리지 체제를 해체하고자 했다. 대처의 보수당 정부는 1983년부터 연금제도를 검토하기 시작하여 1985년에는 연금제도를 간소화하고 효율화한다는 방침하에 국가소득비례연금제도를 1987년부터 1990년까지 3년간에 걸쳐 단계적으로 폐지하고, 대신 직역연금과 개인연금에 가입하도록 의무화할 것을 제안하였다. 이러한 제안에 대해 반대 여론이 심하자 제도 수정이 제안되기도 했으나, 보수당 정부는 1986년 1월 17일에 백서에서 밝힌 연금 원칙을 의회의 압력에도 불구하고 변경 없이 통과시켜 1986년 사회보장법이 성립되었다. 이에 따라 국가 슬라이드연금및 직역연금을 탈퇴하고 개인연금에 가입할 수 있도록 선택권과 함께 이를 장려하기 위해 조세특별조치를 두며, 국가 슬라이드연금의 산정기준을 변경하여 급여 수준을 낮추었다. 그러나 국가소득비례연금을 민영화하여 직역연금과 개인연금만 남겨두려는 시도는 무산된 채 국가소득비례연금과 개인연금을 선택할 수 있게 하는 데 그쳤다.

또한 조세방식 의료보험제도를 채택하고 있는 탓에 의료비 증가로 만성적인 재정 적자 상태에 있던 NHS에 대해서도 개혁을 추진하였다. 그 일환으로 점차 본인부담을 확대하고, NHS서비스 중 보조서비스에 해당하는 세탁서비스, 식사보조서비스 등을 제외시켜 유료화시켰다. 치과서비스에 대해서는 정액부담제를 도입하고 있었는데 그 상한액을 서서히 인상하였으며, 안과 서비스 부문 역시 1989년부터 정액일부부담을 도입하였다. 이렇듯 대처 정부의 사회보장억제 정책으로 인해 NHS에서의 본인부담률도 큰 폭으로 증가하여, 처방료의 경우 1980년에는 1.0파운드에서 1985년에는 2.0파운드로 인상되었다.

나아가 1990년대 초부터는 NHS 조직을 의료서비스의 구매자와 공급자로 구분한 후 시장원리를 도입하여 의료서비스 구매자가 의료서비스 공급자를 선택할 수 있도록 하는 의료보장제도의 개혁이 집중적으로 추진되었다. 이는 과거의 NHS 조직은 지역보건당국이 중앙정부로부터 할당받은 예산을 관할지역 내 병원에 총액예산의 형태로 재배정하여 주민들에게 의료서비스를 공급하는 방식으로 운영되어 거시적 효율성은 달성할 수 있었으나 과도한 중앙집중화에 따른 폐해로 자원할당의 낭비와 비효율을 초래하였으며 획일적 적용으로 인해 소비자의 선택권이 무시되었기 때문이다. 이러한 개혁으로 인해 지역보건당국의 기능은 여러 병원들 중 우수한 진료와 비용효과적인 의료서비스를 구매하는 것으로 변경되었으며, 병원도 구매자의 선택에 따라 실제로 제공한 진료량에 따라 지역보건당국으로부터 진료비를 받게 되었다.

1990년에 총리에 취임한 메이저는 대처의 색깔을 지워가며 초기에는 조세 감면과 사회보장 축소에 소극적이었으나, 1995년 이후로는 사회보장 예산의 대폭 삭감에 나서는 등 사회보장을 적극적으로 축소하였다.

이렇듯 보수당이 18년이라는 장기간을 집권하면서 복지제도를 위축시키는 시도를 하자 노동당의 토니 블레어는 일하기 위한 복지를 내세우며 제3의 길을 주장하여 집권에 성공하면서 1997년 2월에 총리에 취임하였다. 토니 블레어의 제3의 길이라는 아이디어는 스칸디나비아 국가들의 적극적 노동시장 프로그램의 영향을 받은 것으로 알려지고 있다. 또한 1998년에 『제3의 길』이라는 저서를 내놓아 유명해진 영국의 사회학자 앤서니 기든스가 영향을 미쳤다. 토니 블레어의 신노동당 정부는 실업을 줄이고 근로로 복귀시키기 위해 뉴딜을 추진하였는데, 노인들과 청년들의 실업을 줄이는 데 중점을 두었다.

토니 블레어 총리는 1988년에는 급여 체계의 광범위한 개편 차원에서 자산조사 기반 급여인 보충급여Supplementary Benefit[193])를 소득부조Income Support로 명칭을 바꾸었다. 1999년에 은퇴연금자의 최저소득제도로 조세를 재원으로 하는 최저소득보증Minimum Income Guarantee, MIG을 도입한 후[194]) 2003년에는 이를 확충하는 방식으로 연금크레딧Pension Credit으로 이행하였다. 2007년 연금법에서는 저소득자도 기여제에 의한 소득보장을 확충하였다.

제3의 길을 외치며 사회보장 개혁에 나섰던 토니 블레어를 뒤이은 고든 브라운은 2007년에 총리에 취임하면서 근로를 통해 빈곤을 감소시켜야 한다는 신념을 가지고 사회보장 정책을 추진했다.

그러나 2010년에 노동당이 보수당에게 선거에서 패배한 후, 보수당과 자유민주당의 연립정부에 데이비드 캐머런David William Donald Cameron이 총리로 취임하면서 재정 적자 축소를 위한 복지개혁을 내세움에 따라 영국의 복지제도는 다시 전환점을 맞이하게 된다. 캐머런은 2011년에 복지개혁법안Welfare Reform Bill 2011을 발표했는데, 동 법안에서는 통합수당Universal Credit이라는 실직 관련 지원과 근로 관련 지원을 하나로 통합한 간결한 시스템을 통해 복지개혁을 하고자 했다. 이는 근로 인센티브를 개선하고 복지 의존성을 줄이고자 했는데, 노동당 정부의 기조와 궤를 달리하는 것은 아니었다. 또한 근로계층 급여에 관련된 지수를 소매물가지수에서 소비자물가지수로 바꾸고 근로세액공제를 삭감하여 복지예산을 줄였다. 복지예산 삭감은 주로 노령 및 보건 분야를 중심으로 이루어졌다. 사회서비스도 줄어들었는데, 예를 들어 공적 기금의 뒷받침을 받는 케어 서비스의 경우 수급자 수가 2009/10년에 비해 2013/14년에 27% 줄어든 후 그 수준을 2017/18년까지 유지하고 있다.[195]

NHS서비스에서도 변화가 생겨났는데, 일부 지역에서 케어UKCare UK나 버진 케어Virgin Care와 같은 민간회사들이 서비스를 대행하게 되었다. 이러한 변화는 이미 1989년부터 정신건강, 수술, 병리학 등 일부 분야에서 민간기업들의 참여가 시작되어, 2012년 건강 및 사회적 케어법Health and Social Care Act of 2012이 제정되면서 더 확대되었다[196]. 일부 사회적 기업들을 포함하지만 주로 영리기업들이 서비스를 제공한 NHS 계약의 가치가 2015년에서 2019년까지 150억 파운드 가까이 되었는데, 연당 19억 파운드에서 36억 파운드로 증가하였다[197].

2016년에 테레사 메이로 총리가 바뀌고, 2019년에는 보리스 존슨으로 총리가 바뀌었지만 보수당이 계속해서 정권을 잡고 기존 정책기조를 이어가면서 사회보장에 대한 민간의 역할이 확대되고 개인의 책임이 더 강조된 것으로 평가된다. 영국의 복지체제는 제2차 세계대전 이후 10여 년간은 세계의 모범이었으나, 경제 여건의 악화와 장기간에 걸친 자유주의 정부로 인해 유지되지 못한 결과를 보여주었다. 단기간의 변화는 용인될 수 있지만, 경제상황과 정치체제가 장기간 뒷받침되지 않으면 아무리 좋은 사회보장제도도 유지될 수 없다는 교훈을 주었다.

▌미국 복지체제의 성과와 교훈

미국은 영국과 마찬가지로 자유주의 복지체제 국가에 속한다. 미국의 현대적 복지체제가 갖추어지는 데는 뉴딜정책이 중요한 역할을 했다. 1935년에 노령연금, 빈곤노인 부조, 실업보험, 빈곤아동 부조, 맹인부조가 도입되었고, 1939년에는 연금제도가 확대되어 유족 및 장애연금이 도입되었다. 1940년대에는 제2차 세계대전으로 인해 복지제도가 더 이상 확충되지 못하다 전쟁이 끝난 후인 1950년에 빈곤완전영구장애인 부조가 도입되었다. 이후 1960년에 빈곤노인을 대상으로 메디케이드가 도입되고, 이어 1965년에는 메디케어가 도입되었을 뿐만 아니라 메디케이드가 빈곤층을 대상으로도 확대되었으며, 빈곤층 대상 식품부조도 도입되었다. 1972년에는 빈곤 노인, 맹인, 장애인 부조인 보충연금급여가 도입되었다.

비록 잔여적 사회정책국가 또는 자유주의 복지국가라는 평가를 받고 있지만, 미국에서 이러한 복지제도 확충은 민주당이 장기집권을 하면서 복지제도 확충에 노력을 기울였다는 것과 전후의 경제부흥을 기반으로 하고 있다. 그렇기 때문에 민주당이 정치를 확고하게 주도하지 못하고 경제가 불황을 반복하기 시작하는 1970년대 들어서는 복지제도가 더 이상 확충되기 쉽지 않았을 뿐만 아니라 일부 후퇴하기도 했다. 이는 세계적으로 만연한 스태그플레이션을 극복해야 했기 때문에 복지제도 확충보다는 경제성장 문제와 인플레이션을 동시에 해결하기 위한 방안을 찾아야 했기 때문이다.

그러나 1981년 1월에 대통령으로 취임한 레이건은 신자유주의 사상하에 소위 레이거노믹스에 기초하여 감세와 동시에 복지를 줄이는 조치를 취하였다. 즉, 레이건은 1981년 2월 18일에 경제회복 프로그램을 내놓는데, 주된 내용은 한계세율 인하, 정부지출 증가 축소, 긴축적 통화 정책, 규제제도 개혁이었다. 이러한 정책의 경제학적 기초가 된 레이거노믹스는 감세를 하여 기업의 부담을 줄여줌으로써 경제를 활성화시키고 감세로 인해 부족한 정부 재정은 사회보장을 대폭 축소시켜 해결하겠다는 공급주의 경제학에 입각하고 있었다.

이 중에서 복지제도와 직접적 관계가 큰 것이 바로 한계세율 인하와 정부지출 증가 축소이다. 먼저 개인소득에 대해 최고한계세율을 70%에서 28%로 낮추었고 법인세율도 48%에서 34%로 낮추었다. 그리고 높은 인플레이션의 주범인 정부 지출의 빠른 증가를 잡기 위해 진정으로 궁핍한 사람들을 제외하고는 지출 통제 프로그램에 동의할 것을 요청하면서도 국방은 강화하겠다고 하였다. 레이건 정부는 예산을 줄이는 데 적용할 9가지 특수 가이드라인을 다음과 같이 제시하였다. 즉, '사회안전망' 유지, 의도하지 않은 급여를 없애기 위한 재정 지원 혜택 개정, 중간 및 차상위 소득 집단에 대한 보조금 삭감, 기타 국익 프로그램에 대한 재정 제약 부과, 이용자들에게 명확하게 할당될 수 있는 비용의 회수, 공공부문 자본투자 프로그램의 연장 및 일정 변경, 연방정부의 공통비용 및 인건비 삭감, 보조금 지원 프로그램에 대한 건전한 경제적 기준 적용, 개별 보조금 프로그램categorical grant programs을 정액 보조금block grants 프로그램에 통합하기이다. 레이건은 이러한 가이드라인하에 정부 지출 삭감 프로그램의 입법을 시도했으나 의회가 몇 년 동안은 수용하지 않았다.

그러함에도 불구하고 레이건은 취임 7개월만에 350억 달러의 예산 지출을 삭감하고 377억 달러의 개인소득세 및 법인세 부담을 줄였다. 350억 달러의 삭감된 예산 중 약 70%인 250억 달러는 빈곤층에게 영향을 미칠 수 있는 프로그램에 소요될 예산이었다. 그는 자신이 반복지적임을 1986년 2월 15일에 국민들에게 행한 라디오 연설에서 밝히기도 했다. 그는 그 연설에서 미국의 복지 시스템이 무언가가 잘못되었다면서 현재 지출하는 복지 예산의 절반만 가지고도 모든 빈곤한 사람들, 여성들, 어린이들이 빈곤선을 벗어나도록 하기 위해 그들에게 충분한 돈을 줄 수 있을 것이라고 말했다.

레이건 대통령 재임 8년 동안 아동부양세대부조Aid to Families with Dependent Children, 군인연금, 메디케이드, 사회보장보험Social Security Insurance, 식료품할인구매권 Food Stamp과 같은 자산조사 프로그램은 급여가 삭감되거나 수급 자격이 엄격해졌으나 규모가 계속 커졌고, 종합고용훈련법Comprehensive Employment and Training Act, 청년취약계층 지원프로그램Job Corps, 공무원고용, 저소득층 아동의 영아기 교육 서비스 Head Start, 그리고 기타 교육 프로그램 등 빈곤층을 목표로 하되 한층 간접적인 보조금은 크게 악화되거나 심지어는 폐지되기도 했다.[198] 이러한 레이건의 노선은 뉴딜과 위대한 사회라는 기치하에 발전시켜온 복지체제를 거부하는 정치적 행위였다. 이러한 기조는 1989년에 레이건의 뒤를 이은 부시 대통령 재임기간1989~1993년 내내 지속되었다.

레이건과 부시의 신자유주의 정책은 1993년에 민주당의 클린턴이 대통령으로 당선되면서 새로운 국면을 맞이하게 된다. 부시로부터 정권을 되찾은 민주당의 클린턴 대통령은 1993년에 취임 후 복지제도 확충 차원에서 전 국민 건강보험제도 도입 등 복지를 회복시키려는 시도를 하였다. 클린턴 대통령은 1993년 10월에 건강보장법Health Security Act을 의회에 제출하였는데, 주요 내용은 의료보장을 정부가 정하는 기본원칙하에서 전 국민에게 동일한 방법으로 적용하되 서비스 제공이나 비용통제는 시장의 경쟁원리에 맡긴다는 것이다. 이러한 클린턴 행정부의 건강보장법은 전 국민 의료보험 보장과 의료비 지출을 억제하기 위한 포괄적인 법안으로 의료보험 관련 당사자들에게 조건과 인센티브를 변경하여 기존의 의료보험제도를 근본적으로 재구성한 것이었다. 그러나 건강보장법안은 기존의 제도를 급격하고 광범위하게 변화시킬 것을 요구하고 있으며, 새로운 제도 도입에 따른 이해당사자들의 상호이해와 공감대를 형성하지 못하였기 때문에 1994년에 의회에서 부결되었다.

그 후 클린턴 대통령의 뒤를 이은 부시 대통령의 8년 재임(2000년~2009년) 뒤에 취임한 오바마 대통령은 재임 기간2009~2017년 중에 소위 오바마 케어를 도입함으로써 민주당은 뉴딜 이후의 꿈을 실현시켰다. 그러나 공화당의 트럼프 대통령의 재임기간2017~2021년에 '오바마 지우기'에 나서 '오바마 케어'를 해체하려는 시도를 꾸준히 했으나 오바마 케어를 없애지는 못했다. 코로나19 팬데믹을 경험하면서 더욱 필요성이 커진 오바마 케어에 대해 대법원은 위헌 여부를 판결할 예정이다.

미국 역시 민주당이 좋은 경제적 여건과 장기집권을 기반으로 사회보장제도를 일정 궤도에 올려놓았으나 신자유주의를 앞세운 공화당의 집권으로 크게 훼손되는 경험을 했다. 특히 미국인들의 염원인 공적 의료보험이 오바마케어라는 이름으로 도입되었음에도 공화당 정부가 바로 폐지를 시도한 것은 사회보장제도를 둘러싼 대립이 심각한 수준임을 알 수 있다. 특히 막대한 규모의 재정 적자가 있는 점을 앞세워 일부에서는 사회보장제도를 둘러싼 세대 간 갈등도 부추기고 있어 세대충돌의 가능성도 높아지고 있다.

▎네덜란드 복지체제의 성과와 교훈

네덜란드는 폴더 모델이라고 하는 독특한 사회협약 모델을 가지고 있다. 이 폴더 모델은 노사정 3자 협력을 특징으로 하는데, 나중에 미국, 독일, 영국 등의 제3의 길에 영향을 미친 것으로 알려지고 있다. 네덜란드에서 폴더 모델이 성립하게 된 배경과 과정은 다음과 같다.

네덜란드는 1960년대와 1970년대에 걸쳐 소위 '네덜란드 병Dutch diseases'199)으로 인해 경제는 활력을 잃은 채 실업률이 높아졌다. 이에 정부가 조기퇴직정책을 실시하였으나 실업문제는 해결되지 않은 채 정부 재정 지출만 확대되었다. 이후 1982년에 보수정당인 기민당과 자유당의 연립정부 주도로 바세나르 협약Wassenar Accord을 맺으면서 정책을 전환하기 시작하여 폴더 모델Polder Model로 불리는 노사정합의를 기초로 경제를 부흥시켜 소위 '네덜란드의 기적Dutch Miracle'을 만들어냈다.

바세나르 협약은 근로자들이 임금 인상을 억제하는 대신에 근로시간을 40시간에서 38시간으로 단축하고, 주당 30시간 미만의 근로시간제 고용 활성화를 통한 고용 창출에 합의하며, 세금감면 등 주요한 합의를 도출하였다. 한편 폴더 모델에서 노사정 3자의 협의는 사회경제위원회Social－Economic Council200)에서 구체화된다.

또한 네덜란드는 노동정책에서 스웨덴 등 북유럽국가들과 비슷하게 근로자에 대한 교육과 훈련을 통해 노동시장의 유연성과 노동환경 변화에 적절히 대응할 수 있게 하였다. 1993년에는 임금인상을 억제하고, 근로시간을 주 38시간에서 주 36시간으로 단축하며, 인적자원투자 확대 및 근로소득세 부담 경감 등의 신노선New Course 협약을 추진키로 합의하였다. 이러한 협약에 힘입어 네덜란드 경제는 1990년대에는 호황을 구가하였다.

네덜란드는 이후에도 임금인상 억제, 노동시장 유연성 제고를 지속 추진하여 1990년대 후반에는 경제활동참가율과 취업률이 EU 평균보다 10% 높은 수준을 유지했다. 한편 사회보장제도에 대해서는 실업급여의 지급요건 강화 및 급여액 삭감, 상병보험의 급여 수급자격 강화 등의 개혁이 추진되었다. 상병보험의 급여 개혁은 2000년대 들어서도 지속되어 2001년에는 장애요건을 강화하여 근로복귀를 촉진시키고자 했다. 또한 2004년에는 실업자 재취업 지원 활성화를 유도하는 등의 적극적 노동시장 정책을 전개하기도 했다.

2004년 가을에 정부는 조기퇴직 제도, 상병급여 및 실업급여 제도 개혁을 독자적으로 추진했으나 노조의 반대파업으로 좌절되었다. 결국 정부는 본래 계획에서 한 발 물러서서 상병급여 제도의 경우에는 사회경제위원회의 권고안을 수용하였다. 즉, 완전장애와 부분장애를 별도로 구분하여 관리하는 대신에 2006년부터는 완전장애자의 수급액을 종전의 70%에서 75%로 인상하였다. 또한 기존에는 최장 5년이었던 실업급여 지급기간을 38개월로 단축하고, 수급요건도 강화하여 실직 당시 직전 1년간 39주 동안 고용되어 있지 않을 경우 지급대상에서 제외시켰다.

2013년에는 실업급여 최대 수급기간을 38개월에서 24개월로 줄이기로 이전에 맺은 협약을 다시 38개월로 되돌리기로 고용주 단체와 종업원 단체가 합의하였다. 그럼에도 불구하고 고용주 단체는 해고를 규율하는 규칙의 추가적 완화를 강력히 원하고 있다.

네덜란드의 폴더 모델은 노조 가입률이 하락하면서 핵심 두 축 중 하나인 노조의 지위가 약해져 흔들리게 되었다. 더구나 근로인구 중 40%가 직원을 두지 않은 자영자 또는 유연 근로자이다. 또한 1990년대에는 실업 리스크에 대비한 종업원보험제도를 시행할 때 사회적 파트너들이 중요한 역할을 한 데 반해, 2000년대 들어서는 이 역할이 완전히 종업원보험청Employee Insurance Agency, UWV으로 넘겨졌다.[201]

네덜란드에서는 일반적으로 연금과 관련하여 비관적 정서가 존재하며, 그러한 정서가 개혁의 동력이 되고 있다. 이러한 비관적 정서는 다음과 같은 세 가지 범주이다.[202] 첫째, 젊은이들이 자신들은 나쁜 거래를 했다고 느낀다는 것이다. 즉, 기여율은 계속해서 증가해왔으나 자신들이 은퇴하여 연금을 수급할 때쯤에는 연금제도가 없어질 것이라고 두려워한다. 둘째, 고연령 노동자들과 은퇴자들이 자산 붐에 반응하면서 연금이 물가에 연동되지 않고 심지어는 삭감되는 경우도 있다고 불만을 표한다. 셋째, 은퇴연령이 최근 높아졌으며 향후에도 추가적인 수명 연장에 연계하여 높아질 것이다.

2011년에 연금 개혁안이 나와 사회경제위원회의 감독하에 노사 간에 협상하였는데, 정부와 사회적 파트너들 간에 이루어낸 연금 합의안을 두 노조가 거부하여 결렬되었다. 그 후 정부와 사용자단체 및 노동조합은 논의를 계속하여 2019년 6월 5일에 다음과 같은 개혁 방안에 원칙적으로 합의했다. 즉, ① 퇴직연금 기금 지급능력을 책임준비금 대비 105%에서 100%로 낮추고 한층 더 유연한 연금 계약 도입, ② 모든 종업원이 급여에 관계 없이 동일한 기여율로 보험료를 납부하도록 하여 젊은 종업원에 비해 고령의 종업원에게 혜택이 크다고 비판을 받아온 평균기여율 폐지, ③ 연금 수급연령은 현재 66세 4개월에서 2024년까지 67세로 인상 등에 합의했다.[203]

한편 네덜란드에 의무보험으로 건강보험이 처음 도입된 것은 1941년이다. 그 전까지는 빈자들은 지방정부의 의료구제기금의 보호를 받고, 나머지 근로계층은 자발적 질병금고 제도에 참여했다. 이때는 현물서비스가 아닌 소득대체율 80%까지 상병수당을 현금으로 지급했다. 그리고 중산층과 상류계급은 민간제도를 이용했다. 그러나 그러한 방식이 한계에 부딪히면서 1941년부터는 일정 소득 수준 이하의 근로자와 그 가족을 대상으로 강제가입의 사회보험제도인 독일식 질병금고가 도입되었고 현물서비스를 제공하였다.

제2차 세계대전이 끝나고 1956년에 건강법, 1966년에 건강보험기금법Ziekensfonds Wet, ZFW[204] 제정을 통해 단계적으로 적용대상이 확대되고 급성질환 치료보장 제도로 정착된다. 건강보험기금법은 전 국민에게 강제적용되지 않았기 때문에 기존의 강제가입 질병금고와 민영보험이 공존하는 양상이 지속되었다. 이후 1968년에 예외적 의료비법Algemene Wet Bijzondere Ziektekosten, AWBZ 제정으로 장기요양과 예외적 의료비지출 보험제도가 도입되었다. 그 결과 건강보험은 예외적 의료비를 보장하는 제1영역, 급성질환 진료를 보장하는 제2영역, 제2영역에서 보장하지 않는 부분을 보충하는 제3영역으로 구성된다.

네덜란드는 건강보험제도 내에서 고령자간병보험제도를 실시하고 있는데, 고령자간병보험은 장기의료보험인 예외적 의료비제도에 의해 실시되고 있다. 고령자의 경우 퇴직 전에 의무적으로 건강보험제도에 가입하고 있는 사람들은 그대로 그 제도의 적용을 받고 있는데 장기화된 의료 및 요양소 등의 장기입소에 대해서는 전 국민을 대상으로 한 예외적 의료비보상제도를 실시하고 있다.

네덜란드는 다른 국가들과는 달리 공적 건강보험과 민영 건강보험의 구별이 뚜렷하지 않다. 네덜란드의 공적 건강보험은 일반의료비제도ZFW와 예외적 의료비제도AWBZ에 근거하는데 양자는 서로 보완적인 역할을 담당한다. 일반의료비제도의 적용대상자는 일정소득 이하의 자, 65세 이상 노령자로서 연금액이 일정액 이하인 자와 사회복지급여를 받는 자이다. 따라서 일정소득을 초과하는 자는 공적 건강보험의 강제적용대상에서 제외되어 자유로이 민영 건강보험에 가입할 수 있다.

일반의료비제도의 급부는 현물급여로 제공되는데 대부분이 무료이고 의료공급자가 보험자로부터 진료비를 지불받는다. 일정 지역 내에서 일반개업의General Practioner가 피보험자에게 무료로 의료서비스를 제공하며 입원치료 환자의 경우에도 자신이 선택한 의료기관에서 무료서비스를 받는다. 급여내용으로는 365일 이내의 단기 병원진료, 치과진료, 모성보건과 병원후송비용 등이다.

한편 공적 건강보험의 재원인 질병금고는 1964년의 질병금고법, 1971년의 병원서비스제공법Wet Ziekenhuisvoorzieningen, WZv을 제정하여 하나로 통합되었다. 1992년부터 질병금고 가입자들에게 2년에 1회씩 다른 질병금고로 이동할 수 있게 하였다. 이로써 정액보험료, 의료서비스의 질, 의료공급자의 명성 등에 기반하여 보험자 간 잠재적 경쟁이 치열해졌다. 이와 함께 질병금고들은 지역적으로 영업구역을 확장하는 것이 허용되어 다른 주에서도 가입자를 모집할 수 있게 되어 거의 모든 질병금고가 전국적인 영업을 하고 있다. 이에 따라 네덜란드 의료개혁 전인 1941~91년 동안에는 기존의 질병금고 간 합병을 제외하고는 새로운 질병금고의 설립이 없었으나, 1992년부터는 몇 개의 민영 건강보험회사들이 새로운 질병금고 조직sickness fund organization을 설립하였다. 1996년부터는 보험자를 옮길 기회를 연1회로 제한하였다.

1993년부터는 리스크를 조정한 의료보험료 징수체계인 위험조정인두불제risk-adjusted capitation payment를 시행하여 역선택의 문제를 방지하고자 했다. 위험조정인두불제는 고위험자, 노령인구, 기왕증을 가진 가입자 등이 불이익을 받지 않고 종합적인 의료서비스를 받을 수 있도록 하는 데 목적이 있었다. 보험자는 중앙기금으로부터 자신의 피보험자 집단의 위험에 따른 위험조정보험료를 지불받으며 피보험자는 보험자와 급여범위에 대한 선택에 따라 정액의 보험료를 지불한다.

보험자의 수입은 중앙기금으로부터 교부받은 위험조정인두불과 피보험자가 납입한 정액보험료의 합이 된다. 모든 보험자들에게 실제소요비용과 위험조정인두불은 일치하지 않고 차이가 발생하게 되므로 보험자들은 정액보험료 부분에서 경쟁하게 된다. 바로 이 부분이 보험자들로 하여금 효율적인 운영을 하도록 유인하는 것이다. 이런 제도하에서는 각 보험자들이 낮은 정액보험료를 부과하고 양질의 의료서비스 제공을 위해 경쟁하게 되는데 네덜란드에서는 질병금고간의 경쟁뿐만 아니라 질병금고와 민영 보험자 사이에도 고객유치 경쟁을 한다.

개혁 전인 1941~1991년 동안에는 모든 질병금고들이 그들의 의료비 지출에 대해 완전한 상환을 받았으므로 질병금고들은 단순한 행정기구에 불과하였다. 그러나 제도개혁으로 인해 질병금고들은 위험을 보유한 기업체로 변신하였다. 또한 1941년 이후로 질병금고들은 영업구역 내에서 계약을 원하는 의료공급자들과는 계약을 체결해야 하는 법적 의무가 있었으나 1994년부터는 질병금고가 의사와 약사를 선택해서 계약을 체결할 수 있는 매우 급진적인 변화를 경험하였다.

네덜란드의 건강보험 개혁은 엄밀하게는 데커 플랜 이전인 1983년부터 추진되었다. 천연가스 가격 상승으로 1960년대에 누리던 고복지를 1980년대 들어 경기후퇴로 유지할 수 없게 되자 경제 전반에 걸쳐 개혁이 착수되었는데, 의료 분야에서는 의료비 억제가 도모되었다. 그 결과 1983년에 병원에 총액예산제를 도입했고, 1984년에는 체감형 진료보수제를 도입하였다. 총액예산제는 도입 당시는 병원 경상경비만을 대상으로 했으나 1984년에 입원치료 전체에 적용하였다. 체감형 진료보수제는 행위별수가제하에서 목표수준을 초과하는 진료보수를 삭감하는 조치인데, 환자 수를 파악하는 것이 힘들어 비용억제 효과가 크지 않아 1989년에는 전문의 진료에 대해서 총지출제한 조치가 시행되었다.

본격적인 건강보험 개혁은 중도우파정권하에 발족한 데커Dekker위원회가 1986년에 내놓은 보고서인 『변화를 향한 의지Bereidheid tot Veranderen』에서 시작된다. 이 보고서의 핵심 메시지는 첫째, 재원조달을 단일화하고 전 국민에게 동일한 기본 보험급여를 제공하여 공평성을 추구한다. 둘째, 의료소비자인 일반국민과 의료공급자, 보험자인 질병금고205)에 효율성 제고 유인을 제시한다. 셋째, 의료체계 관리 원칙을 정부의 직접 통제나 규제에서 시장지향형 관리경쟁으로 전환한다는 것이었다.

한편 1987년에 제출된 데커위원회의 권고안이 완전히 이행되기 전에 총선이 실시되었는데 신정부는 의료이용의 공평성과 의료서비스의 질을 향상시키는 데 중점을 두고 위원회의 권고안을 수정하였다. 신정부는 주로 저소득층 및 고위험 집단이 공적 건강보험에 가입하고, 고소득층 및 저위험집단은 민영 건강보험에 가입하도록 하는 것이 부적절하다고 판단하여 공적 건강보험과 민영 건강보험 간 구분을 완화하려고 하였다. 이러한 판단하에 모든 국민에게 단일한 재정하에서 의무적인 기본급여를 제공하도록 하였다. 기본건강보험은 만성의료서비스와 장기적인 의료서비스까지도 제공하도록 제안되었으며 운영주체는 질병기금과 민영 건강보험자 모두 가능하도록 하였다.

1990년에 들어선 중도좌파정권은 데커 플랜의 가격경쟁 요소를 완화시킨 '사이먼즈 계획'을 제시, 포괄적이고 급진적인 데커플랜을 실천과정에서 일정 부분 약화시켰다. 이어서 더닝Dunning위원회 보고서인 건강관리 선택Kiezen en Delen이 1991년에 나오면서, 1992년부터는 다음과 같은 네 개의 기준을 충족하지 못하는 서비스는 완전히 자유로운 민영 보험으로 공급되게 하였다. 즉, 1) 건강 관점에서 본질적일 것, 2) 효과가 실증되어 있을 것, 3) 비용효과적일 것, 4) 환자에게 경제적으로 이용할 수 없을 정도로 고가일 것이다. 또한 1992년부터는 질병금고가 전국을 대상으로 활동할 수 있게 하고 질병금고 간 가입자의 이동도 허용하고1992년부터는 2년에 1회 이동을 허용하였으나 1996년 이후 연간 1회로 바꿈, 리스크조정인두보험료를 도입했으며, 질병금고가 전문의를 선택하여 계약을 체결할 수 있도록 허용하였다. 1994년에는 노인이 2층 사회보험에 가입할 수 있게 하였고, 1999년에는 자영업자도 허용하였다[206].

특별의료비보상제도AWBZ[207] 포함 건강보험의 일원화 단념1995, 사회경제위원회sociaal economische raad, SER보고서 건전한 의료보험체계를 향하여2000, 수요의 문제question of demand(2001), 보험자와 병원의 개별교섭 허가2005, 예산 10%에 이어, 2006년에는 건강보험법을 제정하여 질병금고와 민영 건강보험의 통합을 허용하였다. 이는 지나치게 긴 대기가 문제가 되고 의료 수요와 공급이 불일치하며 의료비가 그다지 억제되지 않았다는 문제로 인해 추진되었다. 이에 따라 관리경쟁이라는 개념하에 그때까지 공적 건강보험, 민영 건강보험, 공무원보험으로 분립하여 있던 보험을 통합하여 제2층에 해당하는 급성질환, 단기입원 등과 관련된 의료보험을 민영 보험회사도 제공할 수 있도록 하였다. 민영 건강보험회사는 2층에 해당하는 기본보험 이외에 3층에 해당하는 보충형 보험도 제공할 수 있다. 또한 2층의 단기건강보험 급부를 현물 이외에 현금도 선택할 수 있게 하고, 영리보험자의 진입을 허용하여 배당을 할 수 있게 하였다.

개혁에 의해 건강보험회사 간 통합이 가속화되어 2019년 현재 시장에 존재하는 24개 보험회사 중 4사의 시장점유율이 88.8%이고, 시장집중도를 보여주는 허핀달-허쉬만지수HHI는 2006년 1,234에서 2015년에는 2,190으로 증가하였다. 또한 병원공급법WZv을 폐지하고 건강관리기관인가법WTZi을 입법화하여 수요자 주도의 경쟁이 이루어지게 하였다.

이러한 일련의 건강보험제도 개혁을 통해 네덜란드가 지향하는 시장 중심의 건강보험제도는 자유의료보장시장을 의미하는 것이 아니라 모든 국민이 양질의 의료서비스를 받을 수 있도록 하는 것이다. 대부분 사회에서 의료 부문에서의 자유시장은 저소득층과 만성적 질병자들이 그들이 필요로 하는 의료공급을 받지 못하도록 하는 부정적 효과를 낳았다. 따라서 네덜란드 정부는 의료보장에 관한 정부규제를 폐지한 게 아니라 형태를 변경하여 정부가 직접적으로 의료의 양과 가격, 생산능력을 통제하는 대신, 자유시장의 부정적 효과를 방지하기 위해 필요한 환경을 조성하고208) 시장이 의료서비스에 대한 사회적 목표를 달성하도록 하였다.

늦게 도입된 공적 건강보험의 영향으로 민영 건강보험이 일찍이 발달한 네덜란드는 2006년에 공적 건강보험과 민영 건강보험을 통합하는 실험을 단행한 최초의 OECD 국가가 되었다. 민영 건강보험의 급여는 보험자와 피보험자의 협상에 의해 결정되는데 대체급여, 보충급여, 선택급여 등이 있다. 대체급여는 공적 건강보험제도에서 제공하지 않는 부분을 급여하는 것으로 주로 입원, 전문의·일반의 서비스, 직업병치료, 의약품, 안과, 산부인과의 요양 등에 대한 의료비를 상환한다. 공적 건강보험의 피보험자가 선택하는 민영 보충보험은 공적 건강보험에서 상환되지 않거나 불완전한 급여를 보충하는데 주로 치과치료, 의료보장구, 선택적 의료, 회복기의 치료, 국외치료 등이 해당된다. 대체로 민영 보충건강보험의 급여내용은 공적 보험과 거의 같으나 공제deductibles와 같은 제도를 이용하여 보험료를 낮추는 보험회사들도 있다. 대체로 네덜란드에서는 공적 건강보험에 가입한 사람의 90% 정도가 치과나 기타 급부 등에 대해 보충 건강보험에 가입하고 있다.

비용억제가 2012년 총선에서 가장 중요한 논쟁거리가 되기도 했는데, 2015년 기준으로 의료비 지출 증가율이 0.8%까지 낮아졌다. 이는 연간 공제액이 2008년 170유로에서 2016년 385유로로 상향조정되고, 2013년에는 보건부, 의료공급자, 그리고 보험자들이 입원 및 정신 진료에 대한 연간 지출 증가율의 상한을 자율적으로 정하기로 협약을 맺은 것에서 비롯되었다고 본다. 이를 위해 1차 진료에 대해서 2014년에는 1% 이내의 추가지출을 하고 2015~2017년간에는 1.5% 이내의 추가지출을 하기로 했다. 비용억제는 특히 장기간병보험에서 가장 강력하게 추진되었는데, 낮은 등급의 피보험자에 대해서는 더 이상 재가요양을 받을 자격을 주지 않고 평균적으로 약 10% 정도 예산이 삭감되어 지방정부에 서비스가 이양되었다. 2015년에는 장기간병보험이 향후의 재정적 유지가능성과 보편적 접근성을 보증하고 개인과 사회의 책임을 강화하기 위해 근본적으로 개혁되었다.

2018년 1월 1일부터는 기본건강보험 패키지가 확대되었는데, 고관절 또는 무릎관절에 관절염이 있는 환자가 처음으로 무료로 12세션의 운동 요법을 받을 수 있다. 또한 암에 대해 면역요법을 받고 있는 환자들은 치료 세션에 오가는 교통편에 대한 수당을 받게 된다.

▌주요국 복지체제 비교의 시사점

독일과 프랑스를 중심으로 알아본 보수주의 복지체제는 사회보험제도가 중심이 되는 체제라는 의미에서 우리나라와 유사하지만, 우리나라와 다른 환경에서 긴 기간에 걸쳐 복지체제가 변화해왔고 현재 처한 환경이 다름을 고려할 때 계속해서 우리나라의 발전모델로 삼기에는 여러 면에서 어렵다. 더구나 이들 국가는 어려워진 경제상황을 극복하기 위해, 최근 들어서는 고령화로 인한 문제들을 극복하기 위해 개혁을 꾸준히 해왔기 때문에 우리가 모델로 삼는 기존의 복지제도와는 상당히 다른 모습이다. 그럼에도 불구하고 이상과 같은 사실로부터 조합주의 복지체제가 우리에게 주는 시사점은 다음과 같이 정리할 수 있을 것이다.

첫째, 직역에 기초한 사회보장제도는 직역의 이익을 최적으로 구현하기에 적합한 방식이나, 해당 직역이 산업구조 변화, 국제적 경쟁 심화, 산업 내 고용자들의 인구구조 변화 등의 근본적 변화가 생길 때는 대응능력에 한계가 생긴다는 것이다.

둘째, 직역을 중심으로 사회보장제도가 운영되면서 직역 간 불필요한 경쟁과 격차가 불가피해져 국가 차원에서는 새로운 논란이 생겨난다는 점이다. 더구나 어느 직역에도 포함되지 못하거나 소규모의 직역은 사회보장제도에서 배제되거나 취약한 상태에 노출됨으로써 사회보장제도가 전체 사회를 포괄하지 못하는 한계를 드러낸다.

셋째, 직역별 사회보장금고가 제도를 관리하는 역할을 한다 하더라도 제도의 큰 틀이나 세부규정은 정부가 관장하고 있고 사회보장금고는 사무처리 기능에 국한된 역할을 하고 있어 제도 운영에 대한 책임소재가 논란이 된다. 이러한 책임소재 논란은 단지 책임을 누가 떠안을지의 문제가 아니라 제도 개혁을 누가 주도하여 시행할 것인지의 문제로 연결된다.

넷째, 사회보험 방식하에서 늘어나는 복지 수요에 대응하기 위해서는 사회보험료가 지속적으로 인상되어야 하는데, 이에 대해서 부담의 주체 중 한 편인 기업이 글로벌 경쟁에 노출되면서 보험료 인상을 꺼리고 다른 편인 근로자도 보험료 인상을 꺼림으로써 다른 방안을 강구하지 않으면 사회보장 재정의 적자가 지속되는 문제점을 노출한다.

마지막으로, 순수하게 사회보험료만으로 조달되든 조세의 비중을 높여 보완하든 사회보장 급여를 수요하는 인구의 비중이 높아짐에 따라 재원조달과 공정한 급여를 둘러싼 세대 간 충돌을 피하기 어려워진다는 점이다.

영국과 미국으로 대표되는 자유주의 복지체제는 개인의 자유와 책임을 존중한다는 이념하에 복지에 대한 책임을 기업 또는 개인에게 돌리고 있다. 이러한 사상은 19세기와 20세기 초의 자유주의 시대를 풍미했으나 다시 본격화된 것은 1980년대 들어서부터라고 할 수 있을 것이다. 이는 보수주의 복지체제국가든 사회민주주의 복지체제 국가든 1950년대에서 1960년대에 걸쳐 인구는 늘어나고 경제는 고도성장을 유지하면서 누리던 황금기가 끝나고, 1970년대 초부터 세계적으로 제1차 오일쇼크와 함께 스태그플레이션으로 경제가 어려워지자 높은 수준의 복지제도를 유지하는 데 부담이 생겼기 때문이다. 이러한 흐름은 자유주의 복지체제를 선택했던 미국과 영국도 예외라 할 수 없다. 다른 두 체제의 복지국가와는 달리 최소한으로 구축해왔던 복지제도를 유지하기 어려운 경제적 조건에 처하게 된 것이다. 이에 복지제도의 변화에 앞서 정치체제의 변화가 먼저 시작되었다.

20세기 초반에 러시아에서 볼셰비키혁명이 성공하면서 계획경제 또는 사회주의 경제모형과 시장경제 또는 자유주의 경제모형은 이데올로기적으로 대립해 왔다. 이념적으로는 두 모형이 존재하지만, 역사적으로는 두 모형은 양극단에 있고 그 사이에 다양한 경제모형이 존재해왔다. 시장경제에 계획경제 요소를 가미하기도 하고, 계획경제에 시장요소를 도입하기도 했다. 전자에 해당하는 대표적인 것이 미국의 뉴딜혁명이라면, 후자에 해당하는 대표적인 것은 중국의 사회주의 시장경제 모델이라 할 수 있을 것이다. 또한 영국에서 시도된 제3의 길 또한 이념적으로 대립하는 두 경제모델을 통합하려는 시도로 인정될 수 있다.

사회적 시장경제는 시장이 원활하게 운영될 수 있게 할 요소들의 존재를 인정하면서도 시장제도로부터 탈락되는 사람들을 보호하고 최소한의 인간적 삶을 유지할 수 있게 할 장치로서 사회보장제도를 구축한다.

앞에서 살펴보았듯이 다양한 복지체제는 절대적인 것이 아니라 각각의 특수한 사정 속에서 발전해온 것임을 알 수 있었다. 그럼에도 불구하고 다음과 같은 몇 가지 공통적 시사점을 알 수 있다.

첫째, 경제적 뒷받침이 되지 않는 복지제도는 유지가능성이 낮다. 어떤 체제의 복지국가든 1970년대에 시작된 세계적인 스태그플레이션 앞에서 위기를 겪지 않은 국가는 없다. 또한 세계화와 함께 시작된 금융시스템의 개방으로 글로벌 금융위기를 겪으면서 많은 복지국가들의 복지체제가 위협을 받았다.

둘째, 복지제도의 발전은 정치적 과정을 거치기 때문에 선진적 정치체제가 자리잡지 않는 한 복지제도의 발전은 기대하기 어렵다. 스웨덴의 사례에서 볼 수 있듯이 복지제도가 제대로 정착하기 위해서는 그에 대한 청사진을 제대로 세우고 실천할 수 있는 정부가 있어야 하며, 충분한 집권기간을 필요로 한다.

셋째, 복지체제를 구성하는 개별 제도는 가능한 한 각각 세대 중립적일 필요가 있으며, 총론적으로도 세대 중립적이어야 한다. 사회보장제도를 구성하는 각 제도는 자체적 배경과 목적이 있겠지만, 그럼에도 불구하고 재정적으로는 세대 중립적일 필요가 있다.

넷째, 복지제도는 노동과 연계되어 구축되는 것이 바람직하다. 기본적으로 노동할 의무와 권리를 부여함으로써 가능한 한 복지제도에 의존하기보다는 자신의 노동을 통해 생활의 많은 부분을 해결하도록 하고 복지제도는 노동을 할 수 없거나 노동을 통해 해결할 수 없는 부분을 보완하도록 하는 것이 바람직하다.

사회보장제도는 원칙적으로 조세 또는 사회보험료로 운영되기 때문에 시장의 원리가 아닌 공공경제의 원리가 작용하게 된다. 즉 자원의 배분이 시장 메커니즘이 아니라 법규에서 정한 제도를 통해 이루어진다.

그렇다고 하여 사회보장제도가 공공의 원리만을 중시하고 효율성을 경시할 때는 자원의 낭비가 발생하게 된다. 조세 또는 사회보험료를 제도에 의해 강제할 수는 있을지 몰라도 그 과정이 효율적이지 않다면 경제 운영에 부담을 주어 경제성장에 부정적 영향을 미칠 수 있다. 그렇기 때문에 사회보장을 위한 재원은 경제에 지나친 부담을 주지 않아야 하고 지출의 전달과정도 효율적이지 않으면 안 된다.

또한 사회보장 지출이 효율적으로 집행되지 않으면 부담이 지속적으로 증가할 수밖에 없어 경제에 부정적 영향을 미치게 된다. 사회보장제도에서 존재하는 부정수급, 관리의 비효율성 등은 사회보장지출을 비효율적으로 만드는 대표적인 원인들이다.

사회보장제도는 사회가 존속되는 한 유지되어야 하며 특히 장기간에 걸쳐 지급되는 연금 같은 경우에는 지급의 책임이 미치는 효과가 장기간에 걸쳐 나타난다. 또한 여러 세대에 걸쳐서 재원조달과 급여의 지급이 이루어지기 때문에 세대 간에 이해관계가 늘 상충할 수밖에 없는 구조 속에 있다.

세대 간 공평성을 경제 전체에 걸쳐서 측정하기는 어렵지만 제도별로 접근할 경우 상대적으로 용이하게 측정할 수 있다. 따라서 각 제도는 세대 간 공평성을 확보하는 방향에서 설계되고 운영되어야 할 것이다. 다만 각 제도는 제도 도입의 시기나 운영 상황상 불가피하게 일시적으로 세대 간 공평을 맞추기 어려울 수 있는데, 그럴 경우에는 중장기적으로 세대 간 공평성을 맞추는 노력을 꾸준히 기울일 필요가 있다. 또한 특성이 서로 다른 제도들 간 연계하여 보았을 때 세대 간 공평성이 보완될 수 있다면 하나의 제도에서만 공평성을 따지기보다는 연계해서 따질 필요도 있다.

후세대의 부담을 줄여 세대 간 충돌을 막기 위해서는 다양한 방법이 있을 것이다. 우선은 조세 부담을 후세대로 가능한 한 적게 넘기는 것이다. 이는 다른 말로 표현하자면 적자 재정을 가급적 지양하고 정부의 재정 수입 범위 내에서 사회보장비를 지출하고 사회보장비 지출의 효율성을 높이는 것이다. 그러나 사회보장비는 대개는 최소 수준에 맞추었기 때문에 줄이기 어려워서 하방경직성을 가지므로 재정 적자가 발생할 수 있다. 이 경우 다른 재정소요를 줄이고 재원을 전환할 수 있을 것이나 쉽지 않으므로 재정 적자를 낼 것인지 아니면 재정 수입을 더 높일 것인지 판단해야 한다. 그러나 이 문제에 대한 해답은 정형화되어 있는 것이 아니고 관련 여건 속에서 판단되어야 할 것이다.

다음으로 사회보험 방식으로 운영되는 공적 연금제도와 국민건강보험 및 노인장기요양보험의 수지 균형을 맞추는 것이다. 이를 위해 가급적 보험료 부담을 높이고, 보험료에 비해 과도한 혜택은 줄이는 것이다. 또한 후세대에 부담이 전가되거나 후세대가 부담에 비해 혜택을 적게 받지 않도록 할 필요가 있다.

마지막으로 세대 간 부담 전가에서 벗어난 요소들을 적극 활용할 필요가 있다. 이는 근로를 통한 개인의 자조 노력을 강조하는 것이다. 그렇다 하여 개인에게만 맡겨두기보다는 정부와 기업이 지원할 수 있는 시스템을 병행해야 한다. 결국 부담이 정부에게 넘어가는 것이라는 지적이 있을 수 있는데, 형식적 순환상 정부의 지원이 있어 그렇게 보여도 수혜자의 생산 참여가 포함되기 때문에 경제의 선순환을 이끌어낼 수 있는 장점이 있다.

　현재로서는 이들 세 가지를 병행하여 사회보장제도를 혁신해야겠지만 앞의 두 방법은 이미 많은 지적이 있었고 또한 이미 시도도 되고 있으므로 근로를 통한 자조 노력이 더 강조될 필요가 있을 것이다. 자조 노력이 먼저 기울여질 때 사회보장제도의 부담도 덜어지고 제도 운영을 위한 재원도 확충되어 고령화의 위기가 극복될 수 있기 때문이다.

CHAPTER 09

고령 세대의 근로를 통한 자조 노력 강화

▎왜 자조 능력을 키워야 하는가?

인간은 사회를 형성하여 서로 상호관계 속에서 살아가므로 사회적 동물이다. 기본적으로는 각 주체가 자립하여 독립적 주체로서 다른 주체와 사회적 관계를 맺는다. 그러므로 일반적으로 사회에서 공동으로 해결해야 할 문제는 협력을 통해서 해결하되 자신의 문제는 자신이 해결하는 노력을 먼저 기울여야 한다. 하지만 미성년, 장애, 질병, 고령 등과 같은 사유로 인해 스스로 자립하기 어려운 조건에 있으면 가족, 친지, 사회, 국가 등의 도움을 받아야 한다. 인간은 사회에 존재하기 때문에 그에 따른 책임과 권리가 존재한다. 그 책임은 자기 자신을 스스로 보호하는 능력과 함께 사회구성원으로서 행해야 할 의무를 지는 것이다. 이렇듯 원리상으로 개인은 사회적 존재이지만 사회에서 자립할 책임이 있다. 그러나 한편으로 개인은 다른 개인에 대해 독립적 존재이지만 사회를 형성하면서 연대를 하게 된다. 따라서 자립과 연대가 조화를 이룰 필요도 있다.

개인은 타고난 능력과 재능이 다르며 사유재산제하에서는 출생의 경제적 배경도 다르다. 개인은 처음부터 동일한 출발선상에 서서 경쟁하는 것이 아니라 다양한 타고난 위치에서 경쟁을 시작한다. 물론 출발선상에서 앞서 있다고 하여 계속해서 앞서는 것은 아니다. 시장에 존재하는 많은 불확실성으로 인해 성공의 기회와 실패의 기회가 주어지기 때문이다.

또한 세대별로 타고난 경제사회적 여건이 달라 특정 세대가 다른 세대에 비해 더 운이 좋다거나 불운할 수도 있다. 어느 세대가 경제적 호황기에 직장생활을 시작하면 유리한 위치를 독점하고 높은 생애소득에 이르는 확실한 길을 나설 수 있다. 그러나 그 세대보다 조금 뒤에 있는 세대가 호황기에 뒤이은 불황기

동안에 자리를 잡게 되면 앞 세대에 비해 불리할 수 있다. 이를 근거로 학자들은 "운이 좋은 세대와 운이 덜 좋은 세대"의 체계적 순환에 대해 가설을 세웠다.209)

인류의 역사를 보면 사회보장제도가 생겨나기 훨씬 전부터, 아니 인류가 탄생하면서부터 인류는 서로 도우면서 생활해왔다. 근대국가 형태가 아닌 고대국가나 중세국가의 틀 내에서도 빈자 등을 구제하기 위한 제도를 마련하여 운영해왔다. 현대에 들어서는 대부분의 국가에서 사회보장제도를 실시하면서 사회보장 수급권이 사회적 기본권으로 자리잡고 있다. 즉 우리나라는 헌법 제34조 제1항에서 "모든 국민은 인간다운 생활을 할 권리를 가진다."고 규정한 데 이어, 제2항에서 "국가는 사회보장·사회복지의 증진에 노력할 의무를 진다."고 규정하고 있다. 이어 제3항에서 제5항까지는 여자, 노인, 청소년, 신체장애자 및 질병·노령 기타의 사유로 생활능력이 없는 국민의 복지향상 내지는 국가의 보호를 규정하고 있다.

그런데도 개인이 국가로부터 보호받는 것은 제한적이다. 우선은 국가가 보호하기 이전에 개인이 스스로 자립할 것을 암묵적으로 전제하고 제도가 마련되어 있기 때문이다. 이는 각 제도가 정한 조건에 부합할 때에만 보호할 수 있는 조치가 내려지는 것과 연결되어 있다. 다음으로 제도적 보호를 위한 예산의 문제를 고려하기 때문이다. 예산의 제약이 상존하는 상황에서 복지를 무조건 확대하는 것이 어려워 대상자가 제한되거나 대상자를 넓히면 복지 수준이 제한될 수밖에 없다. 행정적인 절차로 인해 복지가 제공되어도 받지 못할 수도 있다. 대상자가 혜택을 받을 수 있는지를 스스로 판단하여 신고해야 한다면 이러한 제도를 제대로 알지 못하거나 행정적 접근성이 취약한 사람들은 보호를 제대로 받을 수 없다.

우리나라에서는 법률로 정년을 규정하고 근로에서 배제하는 것을 정당화하고 있으며 정년을 설정하는 것을 차별로 보지 않는다. 그렇기 때문에 법으로 규정한 나이를 넘게 되면 퇴직할 수밖에 없으나, 그렇다고 하여 국가가 은퇴로 인한 소득의 부족을 보호하지 않는다. 다만, 국민연금 등 공적 연금을 조기에 받거나 기초생활보장 대상자가 되어 사회안전망 차원에서 생계급여 등을 받을 수는 있다. 그렇지 않은 경우에는 정년연령을 넘겨 정기적 소득이 없다 하여 국가가 소득을 지원하는 제도는 없다.

국가가 책임을 지는 것이 기초적 역할이라면 기업의 종업원 복지프로그램은 조세 혜택을 매개로 한 개인의 자조 노력을 강화하는 수단으로서 중요하다고 할 수 있을 것이다. 특히 사회보장제도가 상대적으로 약하다고 평가되는 국가들에서는 기업이 제공하는 복지가 국가가 제공하지 않는 복지를 대체하는 역할을 해왔다. 미국에서는 공적 연금인 OASDI는 강력한 소득재분배 장치를 두어 저소득층을 위해 기능하는 반면에, 기업이 제공하는 퇴직연금제도는 소득에 비례하여 급여가 결정되게 함으로써 소득이 높을수록 퇴직연금의 중요성이 더 크다. 이는 자유주의 전통이 강하여 개인의 자조 노력이 강조되었기 때문이다. 또한 사회보장제도를 일찍 확립하지 못한 국가들에서는 가족주의에 입각한 가족의 부양이 사회보장제도를 대체해왔다.

정치체제가 사회보장제도에 미치는 영향 또한 크다. 앞서 살펴보았듯이 국가정책을 주도하는 집단의 이념에 따라 사회보장제도는 변천해왔다. 같은 시대에 있는 국가라도 사회민주주의, 자유주의, 제3의 길 등 다양한 이념하에 다른 사회보장제도를 발전시켰다. 또한 같은 국가라 하더라도 시대에 따라 어떤 이념으로 정권을 잡는가에 따라 사회보장제도가 변화하였다. 따라서 정치체제와 사회보장제도는 동전의 양면과 같다고 할 수 있다. 그런데 앞으로 고령 인구의 비중이 높아지면서 어느 정파든 고령자의 이해를 반영하는 정책이 많아질 것이다. 그러나 고령자는 생산보다는 소비를 하는 집단이기 때문에 고령자의 이해를 반영한 정책으로 인한 경제적 부담을 둘러싸고 생산을 담당하는 세대와 갈등이 불가피해질 것이다.

인구구조의 고령화에 따라 고령자를 위해 공적 연금과 국민건강보험 및 노인장기요양보험의 급여를 확대하여 재정 적자가 커지면 이는 모두 후세대가 부담하게 될 것이기 때문이다. 특히 정상적인 의료비 증가만이 아니라 도덕적 해이까지 가중되면 후세대의 부담은 더욱 커질 것이다.

이러한 점들을 고려할 때 복지의 무원칙한 확장보다는 가능한 한 자조할 수 있는 능력을 키우는 것을 지원할 필요가 있다. 자조능력이라고 하는 것은 가능한 한 일을 할 수 있게 하고, 일을 통해 자신의 생계를 해결하는 것은 물론 다양한 파생효과를 누릴 수 있게 하는 것이다.

▌ 고령자 노동에 대한 관념을 바꾸고 은퇴연령을 늦추어야 한다

고령 세대의 자조능력을 강화하기 위해서는 무엇보다도 노동을 통해 수입을 얻을 수 있게 해야 한다. 이와 관련해서 가장 먼저 부딪히는 것은 일정 연령을 넘겨서까지 일하는 것을 부정적으로 보는 시각과 경제적 활동을 할 수 있고 의지가 있음에도 불구하고 강제로 은퇴하게 하는 사회제도이다.

은퇴를 근원적으로 추적해보면 근대 공장제 산업화의 산물이라고 할 수 있다. 그 이전의 농업 중심의 사회에서는 노인은 경제활동 공간과 생활공간이 크게 분리되지 않은 가운데 무언가 역할을 하며 은퇴하지 않았다. 그들은 농사일을 거들기도 하고 그조차도 어려우면 아이들을 돌보며 지냈다. 그들이 완전히 은퇴를 할 때는 노화가 심해져 거동이 힘들거나 치매 등의 상태에 처할 때였다.

그러나 공장제 산업화가 시작된 이후로는 이러한 은퇴는 기대할 수 없게 되었다. 무엇보다도 노화가 일정 정도 진행된 이후에는 공장의 작업흐름을 따라가는 데 어려움이 생긴다고 보고 은퇴를 하도록 했기 때문이다. 현대에 들어서는 근로능력의 유무보다는 기업의 지속가능성에 따라 고용의 지속 여부가 결정되기도 한다. 그렇다보니 근로능력이 있음에도 불구하고 경기의 흐름에 맞추어 또는 경영의 효율화를 위해 직장에서 강제로 퇴직을 당하는 일이 빈번하게 발생하고 있다. 그런데 한 직장에서 강제로 퇴직을 당한 후에는 다시 새로운 직장을 구하는 일이 많은 경우에 용이하지 않다. 이러한 일이 생기고 나면 그 개인이나 가정은 심각한 경제적 위기에 처하게 된다.

인생 100세 시대에는 이러한 고용관행은 바람직하지 않을 것이다. 그렇지만 경쟁이 심화되고 기업의 수명이 짧아지는 상황에서는 불가피한 측면도 있다. 이러한 상황을 종합적으로 고려하더라도 현재의 은퇴제도는 다음과 같은 이유에서 바람직하지 않다.

첫째, 은퇴 준비 기간이 짧아져 노후생활이 어려워질 것이다. 인생 100세 시대인데, 30세부터 경제활동을 시작하여 60세에 은퇴한다고 가정하면, 30년 일하여 번 수입으로 저축이나 연금을 든 후 그것으로 40년을 살 수 있는 방법은 사실상 쉽지 않기 때문이다. 현재 법으로 정하고 있는 60세를 넘어서 훨씬 더 긴 기간을 경제활동을 해야 한다. 더구나 국민연금을 수령할 수 있는 연령이 이미 2018년부터 62세로 늦추어졌고 2033년부터는 65세가 되기 때문에 그 전에 은퇴한다는 것은 생활상 많은 곤란을 야기할 수 있다.

둘째, 노동은 단순히 소득을 얻기 위한 수단 이상의 의미를 가지고 있다. 노동을 하는 과정은 일터로 출근하여 그곳에 있는 근로자들과의 사회적 관계 속에서 물리적 생산수단과 결합되는 것이라고 볼 수 있다. 물론 노동을 하는 과정에서 건강을 해치거나 상해를 입을 가능성도 상존하지만, 이러한 리스크가 적절히 관리될 수 있다면 규칙적 활동을 통해 육체적 및 정신적 건강을 유지할 수 있게 한다. 그러나 은퇴를 하게 되면 이러한 규칙성은 강제되지 않고 개인의 노력에 맡겨져 오히려 건강이 관리되지 않을 수 있다.

그러나 은퇴연령을 높이는 것은 단순히 이러한 현실적 이유만으로는 가능하지 않을 것이다. 우리는 수천 년을 살아오면서 각종의 사회제도 속에서 노동 또는 일에 대해서 필요하다는 생각과 함께 부정적 관념을 키워왔기 때문이다. 그래서 힘들고 어려울수록 그 일을 직접 하지 않고 노예, 하인, 고용인 등에게 맡기고 자신은 여유롭고 편안한 삶을 유지하는 것이 마땅한 일이라고 생각해왔다. 이는 근대적 산업사회가 성립한 이후라고 해서 본질적으로 달라지지 않았다. 여전히 힘들고 고통스러운 일은 미숙련의 저임금을 받는 근로자, 그중에서도 여성 근로자의 몫이었다. 이렇듯 힘든 노동은 사회적 약자가 담당하게 됐고, 또 노동을 하기 때문에 약자가 되는 악순환 속에서 노동을 평생 해야 한다는 것을 빨리 벗어나고 싶었을 것이다.

다른 한편으로는 부모 세대가 은퇴하지 않으면 자녀 세대의 일자리가 생기지 않는다면서 고령자의 조기은퇴를 강요하는 여론이 존재하는 것도 문제이다. 실제로 일부 직장에서 고령자의 은퇴를 늦추면 청년 세대를 채용하기 어려운 환경이 발생할 수 있으나, 고령자가 은퇴하지 않은 탓에 생겼는지 판별해서 보아야 할 이슈이다. 나아가 고령자가 은퇴하면 그에 해당하는 인건비만큼 청년 근로자를 채용하는 것인지도 살펴보아야 한다. 현실에서는 청년 세대가 원하는 일자리와 정년을 넘긴 부모 세대가 원하는 일자리가 달라 일자리를 둘러싼 세대충돌이 일어나기 쉽지 않다.

더욱이 청년과 고령자의 지식 및 지혜는 대체관계에 있지 않고 보완관계에 있다. 이러한 점에 대해 여러 국가를 대상으로 행한 실증연구도 청년 근로자와 고령 근로자 간에서 구축효과를 확인하지 못했다.[210] 이는 청년 근로자와 고령 근로자가 기술과 경험이 다르기 때문으로, 오히려 고령 근로자를 가장 가깝게 대체할 수 있는 것은 다른 고령 근로자인 것으로 나타났다.

이러한 여러 가지 사정을 고려하여 OECD 회원국 중 북미와 유럽의 주요국을 대상으로 한 연구[211]는 다음과 같은 사실을 밝혔다. 첫째, 청년 근로자와 고령 근로자 간 고용의 이해상충은 존재하지 않는다. 고령 근로자의 고용 증가와 청년 근로자의 고용 증가는 동시에 일어난다. 둘째, 청년 근로자와 고령 근로자는 대체관계에 있기보다는 서로를 보완하는 관계에 있다. 셋째, 고령자의 고용을 감소시키는 것이 청년층에게 더 많은 고용 기회를 제공하지는 않는다. 넷째, 고령자의 고용을 증가시키는 것이 청년층의 고용을 줄이거나 실업의 증가로 이어지지 않는다.

이에 반해 우리나라에서 60세로 정년을 연장한 것에 대한 연구에서는 정년 연장이 청년고용을 감소시키는 것 등 다음과 같은 몇 가지 사실을 밝혔다.[212] 첫째, 60세 정년의무화와 함께 공공부문을 중심으로 임금피크제가 광범위하게 시행되었다. 둘째, 정년연장의 대상이 되는 출생 코호트에서 정년이 연장된 이후에 연령별 고용률이나 임금근로 확률이 통계적으로 유의미하게 증가된 것으로 확인되었다. 셋째, 민간 부문에서는 정년 연장으로 인해 1명의 고령자 고용 증가가 예상될 때 약 0.2명의 청년고용이 감소한 것으로 추정되었다. 넷째, 정년 연장의 폭이 컸던 사업체에서 청년고용 감소 효과가 두드러지게 나타났다.

그러나 이 연구의 분석 방법을 보면 거시경제의 변화에 따른 영향이나 성장하는 산업과 사양산업의 구분에 따른 영향 차이, 나아가 자동화 정도에 따른 영향 차이 등 많은 중요한 요소가 고려되어 있지 않은 점에서 한계가 있다. 이는 2020년의 경우 정년의 변화 요인이 없는 상황에서 코로나19로 인한 거시경제의 변화가 두드러졌는데, 경제가 성장하지 않아 고용에 대한 수요가 적으면 청년실업이 높아짐을 보여준다. 즉 15~29세의 청년고용률은 2020년 5월 기준으로 42.2%로 2019년 5월의 43.6%에 비해 1.4%포인트가 낮아졌다. 2020년 12월 현재 41.3%인데 전년동월의 43.8%에 비해 2.5%포인트가 하락한 것이다. 따라서 정년연장만으로 청년고용이 감소되었다고 판단하는 데는 한계가 있다.

이렇듯 부모 세대가 은퇴하지 않는다고 자식의 일자리가 생기지 않는 것은 아니다. 자식의 일자리를 위해 부모가 조기에 은퇴하면 부모 세대 스스로 그 부담을 모두 지는 것이 아니다. 결국 그 부담 중 일부는 다음 세대로 넘어오게 된다. 부모 세대의 부담을 넘겨받기보다는 부모 세대가 자조 노력을 기울여 노후생계 문제를 해결하도록 하는 것이 더 바람직할 것이다.

▌고령자 노동의 워라밸을 위해 제도적 지원 필요

고령자의 노동은 일반 근로자가 행하는 노동의 특성을 반영하면서도 몇 가지 다른 특성을 가지게 될 것이다. 그중에서 가장 크게 부각되는 특성은 근로상 지위가 급격하게 나빠진다는 점이다. 다음으로는 근로와 여가의 조화를 더 중시한다는 점이다. 마지막으로는 새로운 기술에 적응하는 데 어려움이 많다는 점이다.

고령자가 취업시장에서 새로운 일자리를 구하려고 하면 우선 나이가 많다는 점이 약점으로 작용할 뿐만 아니라 제공되는 일자리도 정규직보다는 파트타임 일자리 등 비정규직이다. 더구나 제공되는 일자리에 비해서 일을 하려는 고령자는 점점 많아지고 있다. 상황이 이렇다보니 고령자는 취업시장에서 점점 더 약자가 되어 많은 불이익을 감수해야 되는 상황에 처하게 된다. 이렇듯 고령자가 취업상 약자의 위치에 있다는 것은 고령자 노동이 정년 이전의 노동과 다른 측면의 보호 필요성이 있음을 알려준다.

근로자들이 근로와 여가를 조화시킨 삶을 살아야 한다는 것은 일반적으로 당연한 이야기이지만, 고령의 근로자가 일하기 위해서는 더욱 그러하다. 건강과 근로 여건의 개선으로 노년기에도 일을 할 수 있다고 하지만, 과도하게 일할 경우 건강을 해치고 그로 인한 연쇄효과가 재무적 손실로도 이어질 수 있기 때문이다. 그러나 워라밸work‒life balance을 추구할 수 있는 경우는 그리 많지 않다. 더구나 소득이 크게 부족하여 이를 보충할 목적으로 노동에 참여하게 되면 더욱 그러하다. 대부분은 장시간 노동에도 불구하고 저임금이 주어지는 것이 현실이기 때문이다. 또한 현실적으로 고령자를 위한 일자리가 정규직보다는 비정규직으로 주어지기 때문에 현실적으로 온종일 일해야 할 것이다.

그런데 4차 산업혁명이 진행되면서 노동의 성격이 바뀌면서 근로하는 양태도 바뀌고 이에 따라 일상적인 삶에도 많은 영향을 미치게 된다. 무엇보다도 고령자에게 익숙한 전통적 일자리가 줄어들면서 일을 하고 싶어도 일을 할 수 없는 상황이 생기고, 기술혁신에 따라 새로운 일자리가 생긴다 하더라도 그러한 일자리에서 일을 하도록 준비되지 않은 고령자에게 그 일자리가 주어질 가능성은 거의 없다. 결국 고령기에는 비정규직의 파트타임 형태로 근로를 하게 되면서 근로 시간이 줄어들고 여가가 많이 늘어날 것이다. 이러한 상황은 기존에 문제가 된 장시간 근로는 줄 것이나, 그에 따른 소득 감소와 고용불안정으로 인해 일상의 불안이 커지는 문제를 야기한다. 결국 소득을 보충하기 위해 일을 할 경우에는 여러 개의 파트타임 일을 할 수밖에 없어 장시간 노동에서 벗어나기 어려울 수 있다. 따라서 저소득 고령 근로자에 대해서는 다른 소득보장장치로 소득의 안정성을 보충해줄 필요가 있다. 그래야만 진정한 의미에서 일과 여가가 조화된 워라밸이 구현될 것이다.

이를 위해 최근 제안되는 것이 기본소득제도와 전 국민 고용보험제도이다. 기본소득제도는 다른 조건을 붙이지 않고 국민들에게 소정의 금액을 정기적으로 지급하는 것이다. 기본소득제도가 도입되면 많은 사람들이 일을 하지 않을 것을 우려하는데, 이는 이미 보편적 기본소득을 시행하고 있는 미국의 알래스카 주나 캐나다의 매니토바 주의 사례를 통해 볼 때 기우인 것으로 드러나고 있다. 기본소득을 통해 기본적인 생활이 안정되면 그를 바탕으로 자신이 선호하는 일을 선택하여 할 수 있게 될 것이다. 문제는 기본소득제도를 도입하면서 기존의 소득보장제도를 어떻게 개편할 것이며 그를 위한 재원을 어떻게 마련할 것인가이다.

전 국민 고용보험제도는 기존에 존재하는 고용보험제도를 전 국민에게 확대 적용하는 것이다. 이 제도는 사회보험제도이기 때문에 기본적으로 피고용성을 전제로 보험료를 노사가 분담하고 있는데, 고용주가 분명하지 않은 특수고용직의 경우에는 이러한 방식이 적합하지 않을 수 있다. 그렇기 때문에 일부에서는 사회보험 방식이 아닌 조세방식을 도입해야 한다는 주장이 나오기도 했다. 2020년 12월에 발표한 정부의 로드맵에 따르면 현행 제도를 근간으로 적용대상을 확대하는 방식을 택했다.[213] 다만 모든 취업자에게 고용안전망을 적용하기 위해 현행은 사업주 신고 기반으로 임금근로자 위주로 운영되는 것을 소득에 기반하여 모든 취업자에게 단계적 적용을 확대하는 것으로 정해졌다. 궁극적으로는 농림어업 경영주를 포함한 1인 자영자는 물론 고용원이 있는 자영자까지 포괄하겠다는 계획을 밝혔다. 이 과정에서 국세소득정보를 활용하여 신고 내용을 교차 확인하겠다는 복안을 가지고 있다.

그런데 두 제도는 현재 상황에서 대체될 수 있는 제도로서 경합하는 양상이

지만 제도의 성격은 분명 다르다. 기본소득제도가 좀 더 일반적인 데 반해 전국민 고용보험제도는 실업으로 인한 소득 상실 문제의 해결에 초점을 맞추기 때문이다. 따라서 당장의 이슈가 무엇인가를 먼저 분명히 하고 그에 적합한 제도를 적용하는 것이 바람직할 것이며, 당장의 이슈와 중장기적으로 예상되는 이슈가 어떠한 것인지를 고려하여 함께 해결할 수 있는 제도를 택하는 것도 필요할 것이다.

▌고령자를 위한 일자리가 더 많아야 한다

60세 정년을 기준으로 보면, 2021년부터 앞으로 10년 동안 636만 명의 취업자 중 근로자들이 정년을 맞이하여 퇴직하게 된다. 이들 정년퇴직자가 적어도 국민연금을 받을 때까지라도 노동을 하기 위해서는 고령자에 적합한 일자리가 제공되어야 할 것이다. 고령자에게 일자리를 제공하는 데는 산업구조의 변화와 4차 산업혁명의 영향을 동시에 고려해야 할 것이다. 일자리 공급에 지대한 영향을 미치는 요소인 산업구조의 변화와 4차 산업혁명은 기존의 일자리를 많이 없애는 한편으로 새로운 일자리를 만들어낼 것이다.

산업구조의 변화는 국제적 분업구조의 변화와 연계되어 있다. 우리나라 기업이 생산거점을 해외로 옮기면서 기존의 일자리를 없앨 것이나, 반대로 외국기업이 생산거점을 국내로 옮기면서 일자리를 만들어낼 것이다. 최근 미중 간 무역갈등, 코로나19로 인해 글로벌 가치사슬이 제대로 유지되기 어렵거나 중단될 우려가 상존하면서 해외로 나갔던 기업들 중 일부가 국내로 돌아올 수도 있으나 그 비중은 크지 않을 것으로 전망된다. 또한 외국기업이 국내에 진입할 가능성도 크지 않을 것으로 보인다. 따라서 국내 복귀 기업이나 외국기업의 국내 유입으로부터 일자리가 창출될 가능성은 크지 않을 것이다.

또한 4차 산업혁명도 기존의 전통적 기술과 사업모형에 근거한 일자리를 없애는 반면에 새로운 기술과 사업모형에 의존한 일자리와 그에 부수한 직업을 만들어낼 것이다. 4차 산업혁명이 일자리의 순증가를 결과할지에 대해서는 논란이 있지만, 4차 산업혁명이 만들어내는 일자리에 정년을 넘긴 고령자가 취업할 수 있을 것으로 보기는 어려울 것이다. 대개의 경우 새로운 스마트 기술의 뒷받침을 받아 일하거나, 그러한 기술을 개발하기 위한 연구개발직이 많을 것이기 때문이다.

그리고 일자리의 수요와 공급의 측면과 함께 노동의 기술적 측면도 고려해야 할 것이다. 기존에는 많은 일자리가 고령자가 감당하기에는 어려운 육체적 및 정신적 조건을 요구하여 고령자에 적합한 일자리가 많지 않았다. 그런데 4차 산업혁명이 추진됨에 따라 스마트 자동화를 통해 생산과정에서 육체에 대한 의존이 낮아지면서 고령자의 육체적 한계가 극복되기 쉬워질 것이다. 이와 함께 근로시간 면에서는 출퇴근 시간의 유연화, 파트타임 노동 비중 제고, 근로시간 계좌제 등 다양한 방식의 근무가 출현하여 정규직이 아니라도 근무하기를 원하는 고령자에게는 기회가 될 수도 있을 것이다. 또한 코로나19로 인해 재택근무의 가능성이 충분히 실험되었으므로 재택근무가 일부 업무에 대해서는 사무공간 제공 등에 따른 비용을 낮추는 작용을 하여 고용을 늘릴 유인이 된다. 더구나 여러 국가를 대상으로 연구한 결과 고령의 노동자들을 더 많이 고용하여 고용의 연령 스펙트럼을 넓히면 기업의 생산성에 좋다는 분석도 나와 있다.[214]

문제는 고령자가 노동시장에 오랫동안 남아 있게 되면 다른 세대와 문화적 마찰이 생길 수 있다는 점이다. 우리나라는 연령에 따른 서열을 중시하는 문화가 강하게 남아 있어 고령자가 일자리에서 나이를 내세워 행동하면 다른 세대는 불편할 수 있다. 자신보다 나이가 어린 상급자나 동료와 조화를 잘 이룰 수 있게 행동양식이 바뀌지 않으면 안 될 것이다. 그리고 자신의 과거 지위나 직업을 현재의 일에 자꾸 끌어들이면 부조화가 발생하여 곤란해질 것이다. 물론 젊은 세대도 고령자를 인격적으로 존중하고 이해하는 노력이 같이 있어야 할 것이다. 따라서 세대가 합심하여 새로운 직장문화를 만들어내지 않으면 고령자는 고령자들끼리만 일하는 아주 좁은 범위의 일만 수행하게 될 것이다. 여기에는 고용주들이 직원 채용 시 연령을 기준으로 하는 관행에서 벗어나는 것도 필요할 것이다. 채용할 때부터 연령을 고려하는 상황에서 근무 중에 연령을 배제하는 것은 어려울 것이기 때문이다. 50세 이상의 고령자에 대한 차별이 미국에서 2018년에만 경제에 8,500억 달러의 비용을 유발했다는 연구 결과[215]를 고려할 때 고령자 차별은 단순히 기업문화에서 그치는 것이 아니라 심각한 경제적 문제라 할 수 있다.

❙ 은퇴연령을 늦추기 위한 인센티브

은퇴연령을 늦추기 위해서는 은퇴를 늦추어 얻을 수 있는 이익에 대해 혜택을 부여하는 것이 가장 확실한 방법이 될 것이다. 현재 정년을 맞이한 베이비붐 세대는 은퇴를 택하기보다는 더 일하는 것을 택하는 경향을 보이고 있는데, 일을 더 하고 싶어도 마땅한 일자리가 없어 부득이 은퇴를 선택하기도 한다. 따라서 일을 하는 고령자에게는 인센티브를 부여하고, 고령자를 고용하는 기업 또는 사업주에게도 인센티브를 부여할 필요가 있다. 또한 정부는 고령자가 교육훈련을 받아 새로운 일로 전환할 수 있게 하고 일자리를 찾지 못한 고령자에게는 일자리를 알선하는 것이 필요하다. 이는 고령자의 근로의욕을 북돋기 위해서뿐만 아니라 2019년부터 시작된 생산가능인구의 감소에 대응하기 위해서도 필요하다. OECD의 연구에 따르면 여러 세대로 근로계층을 구성하고 고령자에게 더 나은 일할 기회를 제공하면 향후 30년에 걸쳐 1인당 GDP가 19% 상승할 것으로 추정되는 등 긍정적 효과가 예상되었다.[216]

일하는 고령자에 대한 인센티브는 일을 하여 벌어들이는 실질소득이 가급적 커지도록 하는 것과 연금수급자격이 생기는 연령 이후에도 일을 한다 하여 연금급여가 줄어들지 않게 하는 것을 고려할 수 있다. 먼저 고령자의 실질소득을 키우는 방법으로는 60세 이상자에 대해 근로소득에 대한 근로소득세액공제와 표준세액공제에 추가하여 고령자세액공제를 신설하여 소득세액을 감면하는 것을 고려할 수 있다. 현재 자녀세액공제가 1인 기준으로 15만 원인데, 고령자에 대해서도 15만 원의 고령자세액공제를 신설하는 것을 검토할 수 있다. 그렇게 되면 월 2백만 원의 수입을 받고 일을 해도 근로소득세를 전액 감면받는 효과가 생긴다. 근로를 하는 중에 각종 공적 연금의 수급자격이 발생하는 연령에 도달하면 근로소득과 연금소득이 합산되어 과세되어 세금이 과중해질 수 있다. 따라서 근로소득이 2천4백만 원 이하인 경우에는 연금소득과 합산하지 않고 분리과세하여 세금부담을 줄여주는 방안을 검토할 필요도 있다.

고령자를 고용하는 고용주에 대해서는 임금의 일정 비율을 보조하거나 법인세 또는 사업소득세를 감면해주는 인센티브를 고려할 수 있다. 미국은 고용되기 어려운 환경에 있는 특정대상집단의 개인을 고용하는 사업주가 그를 고용하기 시작한 최초 1년 내에 최소 120시간 이상 고용하면 사업소득세나 사회보장세를 감면하는 연방세액공제제도인 근로기회세액공제Work Opportunity Tax Credit를 실시하고 있다. 구체적으로는 고용한 직원이 받는 임금의 25%를 집단별 한도 내에서 세액공제로 청구할 수 있다. 그리고 400시간 이상 고용했을 경우에는 임금의 40%를 집단별 한도 내에서 세액공제로 신청할 수 있다. 이를 참고하여 우리나라도 60세 이상의 고령자 등 취업이 어려운 계층을 고용하는 사업주 또는 기업을 대상으로 제도 도입을 검토할 필요가 있다.

정부가 고령자의 교육훈련을 위해서는 현재 운영 중인 고령자 전문 직업훈련기관을 개편하여 좀 더 새로운 시대에 맞게 훈련과정도 개편해야 할 것이다. 또한 55세부터 70세까지의 고령자가 정부가 인정하는 기술교육훈련과정을 마칠 경우 그에 드는 자금의 50%를 최대 2백만 원 한도로 지원할 필요가 있다. 호주는 45세에서 70세까지의 근로자가 정부가 인정하는 숙련직업훈련을 받을 경우 정부가 공동으로 최대 2,200호주달러를 지원하는 프로그램을 2020년에 만들었다. 나아가 고령자가 일자리를 쉽게 찾을 수 있도록 지원할 필요가 있다. 현재 운영 중인 워크넷을 좀 더 활성화하여 더 많은 기업과 고령자가 용이하게 이용할 수 있는 플랫폼으로 발전시킬 필요가 있다.

세대충돌을 완화시키는
소득보장체계 구축

소득보장체계는 생애주기와 밀접한 관련을 갖고 구축된다. 일반적으로는 경제활동을 할 수 있는 연령 이전에는 부양가족으로서 생활하나, 경제활동을 하면서부터는 소득을 벌어들여 생활비와 저축 및 투자 등으로 지출하게 되고, 경제활동에서 은퇴하면 저축한 자금을 인출해서 생활한다. 개인이 자립하려면 소비를 할 수 있는 소득을 창출하고 자산을 축적할 수 있어야 하는데, 그렇지 못하다면 누군가로부터 무언가의 경제적 지원을 받아야 한다. 따라서 소득보장체계는 노후소득에 국한되는 것이 아니라 전 생애에 걸쳐 구축될 필요가 있다.

[그림 9] 소득보장 체계도

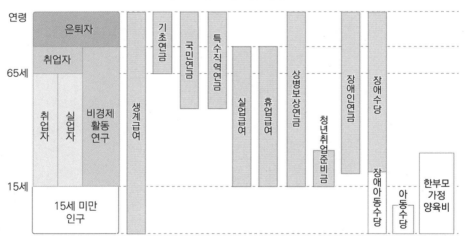

사회보장제도가 확립되기 이전에는 주로 가족이 부양하였으나, 사회보장제도가 확립되면서 가족의 부양 부담이 줄었다. 우리나라는 주로 노후소득인 연금과 취약계층에 국한한 생계급여 지원에 초점을 맞추었으나, 최근 들어 아동에 대해서도 아동수당을 지급하고 있고, 취업 준비 중인 일부 청년에 대해서도 미흡하나마 취업준비금을 제공하고 있다.

<표 25> 한국의 주요 소득보장제도 시기별 변화

	1995년 이전	2000년	2005년	2010년	2015년
국민연금	• 1988년 실시(10인 이상) • 1992년(5인 이상) • 1995년(농어촌)	도시 확대 적용		완전노령연금 지급	
특수직역연금	• 1960년 공무원, 군인연금 • 1974년 사학연금				
기초연금	1991년 노령수당	• 경로연금(1998년)		기초노령연금 (2008년)	기초연금 (2014년)
실업급여	실업급여 도입(1995년 30인 이상)	• 10인 이상(1998. 1.) • 5인 이상(1998. 3.) • 1인 이상(1998. 10.)			1인 상한액 인상
기초생활 보장제도	생활보호사업 (1961~)				맞춤형 급여로 개편
근로장려금	×	×	×	제도 시행	모든 자영업자로 확대(2014년)
장애인연금	×	×	×	제도 시행	급여 및 대상자 확대(차상위에서 71%로)
장애(아동)수당	1990년 시행 (중증, 중복장애인)	장애수당으로 명칭 변경		경증장애인으로 대상자 축소	
한부모아동 양육비	1992년 모자가정 양육비 지원				

자료: 강신욱 외(2017), p. 64.

청년의 경우 고도성장하던 시기와 달리 2008년 글로벌 금융위기 이후 실업률이 높은 수준에 있어 이들에 대한 소득보장제도의 필요성도 부각된다. 아울러 앞서 살펴보았듯이 공적 연금제도에서 후세대가 세대 간 공평성 측면에서 불리하므로 이를 보완해주는 것도 필요하다.

따라서 먼저 많은 국민들에게 적용되며 제도적으로 확립된 연금제도상의 세대

간 공평성을 제고하는 방안을 검토하면서 현재 제도적 혜택이 미흡한 청년 세대의 소득보장 장치 마련에도 초점을 맞추어 대안을 마련하는 것이 필요하다.

▌ 공적 연금을 둘러싼 세대충돌을 어떻게 극복할 것인가

노후소득을 마련하기 위한 제도로서 중추적 역할을 하는 것은 공적 연금이다. 대표적으로 국민연금을 비롯하여 공무원연금, 사학연금, 군인연금이 이에 속한다. 앞서 살펴보았듯이 공적 연금은 모두 수익비를 기준으로 평가할 때 1보다 높지만, 후세대로 갈수록 수익비가 낮아져 불리해진다. 즉, 후세대로 갈수록 부담해야 할 금액에 비해 상대적으로 더 적게 받게 되어 있다.

이렇듯 모든 공적 연금제도가 전세대와 현세대는 손해를 보는 사람이 없지만 가입 시기가 늦을수록 불리하게 되어 있다. 후세대로 부담이 전가되지 않게 하려면 다양한 제도 개혁을 통해 수익비가 적정한 수준이 되게 조정해야 한다.

우리나라 공적 연금 개혁은 현재 적자상태에 있으면서도 수익비를 높게 유지하고 있는 특수직역연금의 개혁부터 시작해야 한다. 특수직역연금은 과거 국민연금이 도입되기 전에 특수직역에 종사하는 사람들에게 우선적으로 특혜를 준 제도이다. 이 제도는 국민연금의 요소는 물론 퇴직연금과 산재보험의 요소까지 포함되어 있다. 1988년에 국민연금이 도입되었고, 2005년에는 퇴직연금까지 도입된 현 상황에서 특수직역연금 가입대상자들에게만 특혜를 계속해서 제공하는 것은 적절하지 않다.

우선 현재의 특수직역연금을 특수직역 종사자의 퇴직연금으로 전환하고, 이들의 국민연금 가입을 의무화해야 한다. 이미 2015년 공무원연금 개혁으로 신규 임용자의 경우 국민연금과 비슷한 수준의 급여를 받도록 하였다. 따라서 2015년 이후에 입직한 공무원과 사립학교 교직원이 국민연금에 가입하는 것에 대한 저항은 상대적으로 크지 않을 것이다. 아울러 2015년 이전에 가입한 특수직역 종사자의 퇴직연금의 수급비도 크게 개선하여 후세대의 부담이 생기지 않도록 함으로써 세대충돌을 극복해야 한다.

이러한 특수직역연금 개혁과 함께 국민연금에 대해서도 근본적인 개혁을 해야 한다. 현재는 국민연금 수익비가 모든 계층에서 1.0 이상을 유지하고 있어 기금운용 수익률을 넘어서 지급되는 급여가 재정 적자로 이어져 후세대의 부담으로 남게 되어 있다. 국민연금의 수익비도 근본적으로 개선하여 후세대의 부담이 생기지 않도록 해야 한다.

현재 국민연금은 소득재분배를 담당하는 기초부분과 자신의 기여에 비례하여 급여를 받는 소득비례부문으로 구성되어 있다. 그런데 국민연금 기초부분은 기초연금과 기능이 중복될 뿐만 아니라 장기가입자에게 기초연금을 삭감시키는 요소로 작용하고 있다. 우선은 국민연금의 경우 소득재분배되는 부분과 소득비례부분으로 구성되어 있는 구조를 해체하여 소득재분배가 세대 내에서 이루어짐을 명확히 할 필요가 있다.

따라서 국민연금 기초부분은 기초연금과 통합시켜 국민연금과는 독립적인 제도로 운영하는 것이 바람직할 것이다. 기초연금의 경우도 속성상 후세대에 부담이 전가될 여지가 크나, 이렇게 통합 운영함으로써 국민들에게 차등적 혜택이 돌아가는 것을 방지하고 제도를 간명하게 운영할 수 있다. 두 제도를 통합한 후에는 가급적 지속적인 세제 개혁을 통해 현세대 내에서 재원을 조달하여 운영할 필요가 있다. 이를 위해 별도의 사회보장세를 징수하여 매년 연금소요에 맞추어 재원을 현세대 내에서 해결하도록 한다. 이는 세대 간 공평성을 해결하는 효과와 함께 사각지대를 해소하는 효과를 동시에 거둘 수 있게 된다.

그리고 소득비례연금은 보험료 방식을 유지하여 기여에 비례하여 급여를 수령하도록 한다. 적립방식의 소득비례연금제도는 운용수익에 비례하여 연금 급여를 받기 때문에 세대충돌을 불러일으킬 유인은 없다. 이렇게 개혁함으로써 기존에 국민연금의 사각지대에 있었던 국민들에게 포괄적으로 기초적 노후소득을 보장하고, 소득비례 국민연금을 통해 후세대로 부담이 전가되지 않도록 해야 한다.

나아가 국민연금의 수급연령을 65세에서 점진적으로 70세로 상향하는 방안을 검토하여 시행해야 할 것이다. 물론 이를 위해서는 실질적 은퇴연령이 70세가 될 수 있도록 노동환경이 바뀌지 않으면 안 된다. 따라서 현재 60세로 되어 있는 정년연령을 65세로 높이고 궁극적으로는 정년제를 폐지할 필요가 있다. 이렇게 연령에 따른 노동환경을 개선함으로써 근로를 통한 자조노력이 연금 개혁에 앞서 선행될 필요도 있고, 보험료 납부 능력도 확충할 필요가 있다.

기초연금이 0층 연금으로서 기능하고 국민연금이 소득비례연금으로서 역할하는 것에 대응하여 퇴직연금과 개인연금 또는 주택연금을 적절히 활용하게 할 필요가 있다.

　퇴직연금제도는 2005년에 도입되었지만 2019년 기준으로 도입률은 27.5%, 가입률은 51.5%로 여전히 크게 낮은 상황에 있다. 이렇게 퇴직연금 도입률 및 가입률이 낮은 것은 퇴직연금이 퇴직금에 비해 사외적립 이외에는 매력을 크게 주지 못하는 것을 꼽을 수 있다. 그 외에도 퇴직연금에 대한 불신, 퇴직금을 일시금으로 수령하여 처분권을 행사할 필요, 퇴직연금의 낮은 수익률 등이 원인으로 지목되고 있다. 따라서 퇴직연금의 활성화를 위해서는 이러한 문제점들을 적극적으로 해결하지 않으면 안 된다.

　개인연금은 제도로서보다는 세제혜택이 부여되는 상품으로서 도입되어 있다. 그렇다보니 주로 소득의 여유가 있고 세제혜택이 필요한 중산층 이상의 사람들이 가입하고 있다. 문제는 세제혜택 때문에 가입한 연금조차도 수익률이 매우 낮아 불만을 유발하고 있다는 점이고, 그로 인해 추가적인 개인연금 가입을 유인하지 못한다는 점이다. 수익률을 법으로 해결할 수 있는 것은 아니나 시장제도를 적절히 개선하여 수익률이 제고될 수 있게 하여 가입을 늘리는 정책이 필요할 것이다. 또한 금융교육을 강화하여 연금저축을 자본시장에서 적극적으로 운용하게 할 필요도 있다.

　주택연금 및 농지연금은 꾸준히 가입이 증가되고 있는데, 향후 수명이 길어지는 추세와 함께 가입은 더 증가할 것으로 예상된다. 다만 정부의 부담이 너무 커져 감당할 수 없게 되어 지속가능하지 않게 되는 것을 방지해야 할 것이다.

　그러나 이렇게 연금 개혁을 한다 하더라도 각 제도가 새로운 제도로 이행하여 수익비가 조정되는 시간이 오래 걸리고 한계가 있을 수 있다. 따라서 후세대를 위한 별도의 제도 마련이나 공적 연금기금을 활용한 후세대 지원 등을 검토할 필요가 있다.

▌경제적 능력이 있는 은퇴자의 자기책임 강화

누구든 은퇴하면 근로소득이나 사업소득은 없어지고 대신 연금소득, 금융소득, 임대소득 등으로 소득흐름을 유지하게 된다. 연금소득은 국민연금 등의 공적 연금과 퇴직연금이나 개인연금 등 사적 연금을 가입해야 받을 수 있고, 이자소득이나 배당소득과 임대소득은 금융자산이나 부동산을 보유해야 발생하는 소득이다. 2019년 기준으로 65세 이상 고령층의 경우 48.6%는 본인의 노후 준비를 하고 있거나 준비가 되어 있으며, 이는 10년 전에 비해 9.6%p 높아진 것으로 나타났다. 노후준비 방법으로는 국민연금이 31.1%로 가장 높은 비중을 차지하고 있으며, 그다음은 예금·적금·저축성보험이 27.9%, 부동산 운용이 14.6%, 기타 공적연금이 13.0%, 사적연금이 8.1%, 퇴직급여가 4.7%순으로 높았다.

[그림 10] 고령자(65세 이상)의 노후 준비율과 노후 준비 방법(주된 응답, 2019)

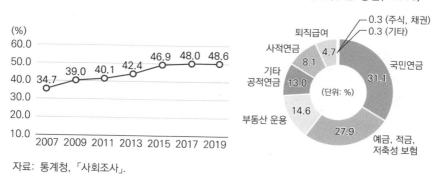

자료: 통계청, 「사회조사」.

그런데도 우리나라 은퇴자의 대표격인 베이비붐 세대는 역사상 가장 부유한 세대로 평가되는데, 은퇴하여 노후 소득흐름을 유지하기는 어려워도 주택 등 부동산을 소유하고 있어 자조 능력이 없다고 보기는 어렵다. 연령대별로 비교할 때 1차 베이비붐 세대는 2020년 기준으로 57세에서 65세에 속하기 때문에 자산 기준으로는 30대보다는 나은 수준에 있다. 다만 자산의 상당 부분이 거주하고 있는 주택을 포함한 부동산에 편중되어 있어 금융자산은 30대에 비해서도 적게 보유하고 있다. 따라서 이들은 은퇴자산의 포트폴리오를 적절히 구성하지 않아 노후소득의 흐름이 좋지 않을 가능성이 높다.

<표 26> 가구주 연령대별 자산 규모 및 구성

(단위: 만 원, %)

	자산	금융자산				실물자산			
			저축액	전·월세 보증금		구성비	부동산	거주주택	기타
	44,543	10,504	7,632	2,873	34,039	76.4	31,962	18,945	2,076
39세 이하	31,849	10,997	5,348	5,648	20,853	65.5	18,812	12,782	2,041
• 29세 이하	10,720	6,450	2,428	4,021	4,270	39.8	3,555	1,905	715
• 30~39세	35,467	11,775	5,848	5,927	23,692	66.8	21,425	14,644	2,268
40~49세	48,686	12,635	8,460	4,175	36,051	74.0	33,421	21,210	2,630
50~59세	50,903	12,694	9,800	2,893	38,209	75.1	35,681	19,822	2,527
60세 이상	42,701	7,840	6,630	1,210	34,861	81.6	33,350	19,261	1,511

자료: 통계청·금융감독원·한국은행(2020), p. 10.

그렇다고 하여 주택 등 부동산 자산이 있는데도 이를 먼저 활용하지 않고 공공재원을 통한 사회보장제도의 지원을 받는 것은 적절하지 않을 것이다. 물론 현재 국민기초생활보장법은 재산을 소득환산액으로 산정하기 때문에 이러한 일이 발생할 가능성을 원천적으로 차단하고 있다.[217] 이러한 측면에서 능력 있는 은퇴자에 대해서는 자기책임 원칙을 강화하는 한편으로 자산을 유동화하여 소득흐름을 만들어내는 노력을 하도록 할 필요가 있을 것이다.

자산을 유동화하는 방법은 여러 가지가 있지만, 주택 등 실물자산에 자산이 편중되어 있는 현실을 고려할 때는 주택연금이 가장 합리적인 방법일 것이다. 주택연금은 배우자의 사망과 관계없이 종신토록 동일한 금액의 연금을 제공하면서 거주하고 있는 주택에 대한 거주권을 보장하고 있다. 또한 주택연금은 연금지급을 국가가 보증할 뿐만 아니라, 주택처분금액이 종신토록 받은 연금액보다 클 경우 차액을 상속인에게 돌려준다. 더구나 등록면허세 감면, 농어촌특별세 면제, 국민주택채권 매입 의무 면제, 대출이자 비용 소득공제, 재산세 감면 등의 혜택을 주고 있어 정부 재정이 투입되는 사회보장제도라 할 수 있다. 이렇게 부유한 세대이지만 일부의 재정 지원으로 자조 노력을 유인하면 훨씬 적은 비용으로 노후소득보장이 가능해지므로 제도적 효율성이 제고될 것이다.

▌청년 세대에 대한 경제적 지원 강화 필요

우리나라의 청년 세대는 현재 취업 문제를 가장 크게 고민하고 있고, 독립 또는 결혼생활을 위한 주거 문제 등 경제생활상의 어려움을 겪고 있다. 이러한 문제들은 청년 세대만의 문제는 아니지만 경제활동을 처음 시작하는 세대인 데다 코로나19로 인해 경기가 더 악화되었기 때문에 이슈가 더 크게 부각되고 있다. 또한, 공평성 측면에서 악화되고 있는 우리나라의 사회경제 구조에서 유래되고 있어 단편적 처방이나 단기적 접근만으로 해결되기 어려운 특성이 있다.

먼저 청년 세대는 여러 이유가 복합되어 실업률이 높다. 우리나라 15세~29세의 청년실업률은 2020년 12월 기준으로 8.1%로 전년 동월에 비해 0.8%p가 높은 수준에 있다. 청년실업률이 높은 것은 코로나19로 인해 경제활동이 침체된 탓도 있지만, 문제는 그 이전부터도 높았다는 점이다. 이미 2014년에 9.0%로 높은 수준에 있었고 그 이후로 5년 넘게 높은 수준의 실업률을 기록하고 있다. 또한 고용률은 2013년 39.5%에서 2019년 43.5%로 꾸준히 높아지다 2020년에는 코로나19의 영향으로 42.2%로 낮아졌다. 고등교육기관 취업률만 보면 2018년 기준으로 대학은 64.2%, 전문대학은 71.1%, 기능대학은 81.0%였다. 취업의 구성을 보면 직장에 취직한 경우가 90.5%로 가장 높았고, 프리랜서 5.6%, 1인 창(사)업자 1.9%로 나타났다.

상황은 이러하나 비경제활동인구에 속하거나 취업을 준비하고 있는 청년에게 소득보장장치가 충분하지 못하여 부모에 의존하거나 단기 시간제 고용에 참여하기도 한다. 물론 국민기초생활보장제도, 청년희망키움통장,[218] 그리고 고용노동부, 서울시, 경기도 등 일부 지방자치단체가 청년구직활동 지원금, 청년수당, 청년기본소득 등의 이름으로 청년을 지원하는 제도가 있다. 고용노동부는 산하 기관인 고용정보원을 통해 미취업 청년의 구직활동 지원금을 제공하는데, 자기주도적으로 취업을 준비하는 청년만 19세~만 34세으로 졸업·중퇴 이후 2년 이내이고 기준 중위소득 120% 이내라는 조건이 있다. 또한 취업에 성공하여 3개월간 근속할 경우 현금 50만 원을 지급한다.[219] 청년수당은 서울시는 서울시에 거주하고 있는 미취업 청년(만 19세~만 34세)에 대해 최대 6개월간 매월 50만 원을 지원한다. 경기도는 도에 3년 이상 주민등록을 두고 거주하거나 합산 10년 이상 주민등록을 두는 만 24세 청년에 대해 25만 원씩 4회를 지급한다.

그러나 이들 제도 중 서울시 청년수당 제도는 적극적 취업활동을 촉진하는 등 긍정적 효과가 있다고 평가되었다.[220] 그렇다 해도 적용 범위 및 기간 등에 대해서는 개선의 여지가 있는 것으로 보인다. 최종학교 졸업 후 첫 취업까지 걸리는 시간이 10.8개월이고, 부모로부터 지원을 전제하지 않고 제도를 운영할 필요가 있기 때문이다.

청년층의 주거 문제도 심각한 수준에 있다. 청년들이 주로 거주하는 원룸이나 임대주택의 월세가 높아 오히려 같은 임대주택이라 하더라도 전세를 이용하는 경우에 비해 부담이 가중된다. 청년층의 주거 문제는 여러 요인이 복합적으로 작용하고 있는데, 대개는 취업을 하지 못하여 전세주택 또는 자가주택을 위한 자금을 모으지 못하는 데서 비롯된다. 또한 청년층의 소득 증가 속도에 비해 주택가격의 증가 속도가 너무 빨라서 부담이 커지고 있다. 그 외에도 청년층이 필요로 하는 주택의 공급이 부족하거나, 기숙사 등의 부족도 청년층 주택 문제를 야기한다. 따라서 청년층의 주거 문제도 취업 문제와 결부하여 해결책을 찾을 필요가 있고, 주택공급과 관련해서도 정책적 대전환이 필요해 보인다.

▎전 국민 고용보험이냐 기본소득이냐

코로나19로 실업률이 증가하고 자영자의 어려움이 커지자 정부는 전 국민 고용보험제도의 도입을 추진하고 있다. 이는 그동안 고용보험의 사각지대에 있던 특수고용직 근로자뿐만 아니라 소규모 자영자에게도 실업 시 고용보험의 혜택을 주겠다는 것이다. 즉, 실업 상태가 된 사람에게 구직활동을 전제로 실업급여와 취업지원 서비스를 제공할 계획이다.

한편 코로나19라는 재난에 대응하기 위해 지방정부에서부터 시작하여 중앙정부까지 나서서 지급한 재난수당은 기본소득에 대한 관심을 불러일으키고 있다. 최근에는 전 국민 고용보험제도가 아니라 기본소득을 도입해야 한다는 주장도 제시되고 있다. 중앙정부나 서울시가 전 국민 고용보험제도 도입을 우선해야 한다는 입장인 데 반해 특히 경기도가 기본소득제도 도입에 가장 적극적이다.

전 국민 고용보험이 실업상태의 구제에 초점을 맞추고 있다면 기본소득은 실업 여부에 관계없이 보편적으로 적용된다는 데 차이가 있다. 이는 제약을 받을 수밖에 없는 재원을 수혜자가 분담하여 마련할 것인지 아니면 기여에 관계없이 정부재원을 사용할 것인지의 문제로도 환원된다. 또한 전 국민 고용보험은 근로를 장려하기 위한 제도로 이해되나 기본소득은 근로를 장려하지 못하는 제도로 이해되는 차이가 있는데, 이에 대해서는 좀 더 사실 여부를 살펴볼 필요가 있다. 국가 단위에서 가장 최근에 기본소득실험을 마친 핀란드의 사례를 보면 기본소득이 적어도 근로의욕을 떨어뜨리지는 않았으며 경제적 안정감과 정신적 웰빙은 개선시킨 것으로 나타났기 때문이다.

그런데 전 국민 고용보험이든 기본소득제도든 어디까지나 사회안전망으로서 취약한 상태에 있는 국민을 보호하는 역할을 하지만 그것만으로 충분하지 않다. 적극적으로 일자리가 공급되지 않는다면 궁극적으로는 안전망에 안주하는 사람들이 늘어날 것이기 때문이다. 이는 최근 코로나19 팬데믹 상황에서 4년제 대학을 졸업하고 11월 한 달 동안 일이나 구직활동을 하지 않고 그냥 쉰 20~30대 청년이 전년동월에 비해 40%나 늘어난 20만 명에 육박한 것으로 나타난 데서도 확인된다.[221] 팬데믹 상황에서 새로운 일자리가 크게 줄어든 데다 자신들이 원하는 일자리가 부족했기 때문으로 판단된다. 문제는 이들이 일시적으로 구직활동을 단념했다는 것도 있지만 취업 시기를 놓쳐 영구히 취업상 불리한 위치에 처하게 되는 것이다.

이와 관련하여 일본의 프리터 세대의 변화 추세를 살펴볼 필요가 있다. 프리터는 엄밀하게 정의되는 용어가 아니나, 총무성은 『노동력조사』에서 "15~34세의 사람으로 파트타임·아르바이트를 하고 있거나 완전실업자 및 비노동력인구로서 파트타임·아르바이트 희망자를 말하며, 학생과 기혼여성은 포함되지 않는다."고 분류하고 있다. 이들은 주로 회사에 얽매이지 않고 자유롭게 살고 싶으며 하고 싶은 일이 없다며 아르바이트를 하여 소득을 벌어 인생을 살고 있다.

일본의 프리터 수는 2003년에 217만 명을 기록한 이후로 감소 추세를 보이고 있는데, 2019년 기준으로 138만 명이다. 이렇게 프리터가 줄어든 데는 무엇보다도 20년 이상 장기간 침체되었던 경제가 다소라도 회복되고 단카이 세대가 대량으로 은퇴하면서 줄어든 노동력 공급을 보충할 새로운 수요가 생겼기 때문이라고 볼 수 있다.

프리터보다 숫자는 적지만 청년 무업자 수도 2019년 기준으로 74만 명에 이를 정도로 적지 않다. 문제는 최대치였던 2009년과 2012년의 83만 명에 비해서는 줄었다 해도 15~39세 인구 중에서 차지하는 비율로 보면 계속 높아졌다는 점이다. 최초의 조사가 시작된 1995년에 1.3%이었던 것이 경기에 상관없이 꾸준히 높아져 2019년 현재 2.3%로 최고치이다.

[그림 11] 일본 프리터 수의 추이(2002~2019년)

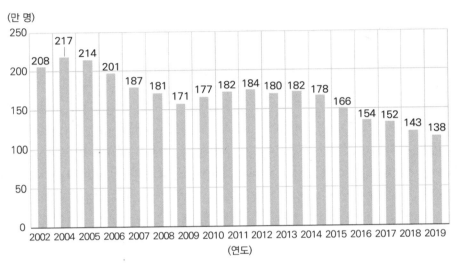

자료: 総務省 統計局, 각 연도.

[그림 12] 일본 청년 무업자 수 추이(1995~2019년)

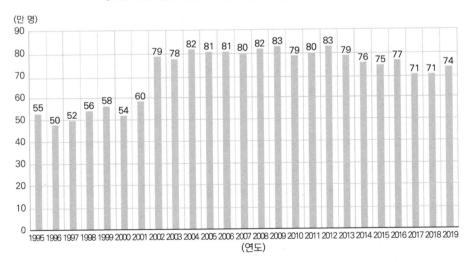

자료: 内閣府, 『子供・若者白書』, 각 연도.

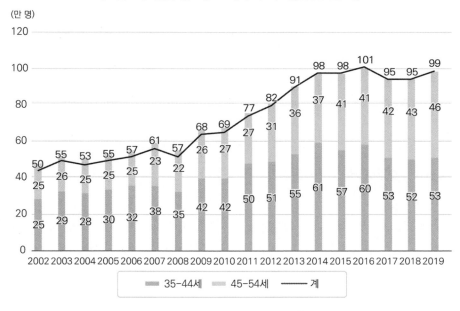

[그림 13] 일본 중고령 프리터 수 추이(2002~2019)

(만 명)

■ 35-44세　■ 45-54세　— 계

젊은 시절에 프리터를 시작한 사람들 중 연령이 많은 사람은 이제 50대가 되었다. 젊었을 때는 직장에 다니는 동년배와 소득 기준으로는 큰 차이 없는 것처럼 보였으나 실제로는 신용카드 발급, 대출 등 신용도 측면에서 차이가 있었다. 또한 연령이 많아지면서 취직의 기회를 상실하면서 회사에 정규직으로 취직한 동년배와 점점 격차가 커져 저축도 없고 결혼자금도 마련하지 못해 독신의 외톨이로 지내게 되었다. 심지어는 나이가 많아지면서 아르바이트 기회도 줄어 부모의 용돈에 의존하는 경우도 있다. 더욱이 국민연금이나 의료보험과 같은 사회보험에 가입해 있지 않아 노후소득 및 건강보장을 위협받게 된다. 이러한 일본의 경험을 볼 때, 전 국민 고용보험과 기본소득제도 중 어떤 제도를 택하든 성장정책을 통한 일자리 창출과 근로 인센티브를 통해 취업으로 연결되지 않으면 안될 것이다.

그런데 기본소득제도 도입은 단지 새로운 소득보장제도를 하나 도입하는 것으로 그칠 사안이 아니다. 전체 사회보장제도가 아니라도 기초적인 급여에 해당하는 기초생활보장 생계급여, 기초연금, 아동수당 등과 조정이 필요하다. 또한 4차 산업혁명으로 인해 일자리가 급격히 축소되어 많은 사람들이 실업에 처해 있는 상황도 아니고, 새로운 일자리가 생겨나는 것을 고려할 때는 실업의 가능성이 너무 과장되어 있다고 할 수 있다. 만약 코로나19와 같은 대재난으로 인해 경제활동이 크게 위축되어 대대적인 지원이 필요하다면 재난지원금으로 지원함으로써 연속적인 지출을 요하는 기본소득과는 구별될 필요가 있다. 이러한 사정들을 고려할 때 기본소득은 당장 시행할 사안이 아니라 기존 제도의 문제점을 더 이상 개선할 수 없다고 판단될 때 시행되는 것이 적절할 것이다.

❙ 청년 세대에게 기본소득을 제공해야

앞서 새로운 연금제도의 구축방안을 제시했는데, 그로 인해 세대충돌을 방지하는 효과가 나오는 데는 시간이 필요하므로 보완적 조치를 취해 청년 세대의 문제를 완화시킬 필요가 있다.

우선적으로 해야 할 일은 청년 세대에게 중앙정부 차원에서 청년수당 또는 청년기본소득을 도입할 필요가 있다. 현재는 취업을 준비하는 일부 청년 세대를 대상으로 취업준비 지원금이 제공되고 있으나 적용범위와 적용기간 측면에서 개선의 여지가 있어 보인다. 적용범위를 34세 이하의 청년 전체로 하고 기간을 1년으로 하되, 필요한 시기를 본인이 선택하도록 한다. 금액은 기초연금과 동일하게 매월 30만 원으로 한다. 기존에 혜택을 받던 청년들에게는 연간 60만 원 정도의 혜택이 늘어나지만, 필요성에도 불구하고 부모의 소득 수준으로 인해 지원을 받지 못하는 청년들에게 큰 도움이 될 것으로 보인다.

이와 함께 청년 세대를 위해 공적 장기임대주택사업을 적극적으로 수행할 필요가 있다. 현재 청년 세대에게 취업 다음으로 걱정하는 것이 주택문제이기 때문이다. 부유층의 경우 증여 등을 통해 주택을 용이하게 마련한다 하더라도 청년이 다른 도움 없이 주택을 단기간에 마련하는 것은 현실적으로 어렵다. 주택을 마련하는 것이 어려우면 결혼도 미루거나 포기하게 되고, 결국 국가 전체적으로는 출산율도 낮아져 고령화가 가속되는 악순환에 빠지게 된다. 그렇기 때문에 정부가 재원을 마련하여 청년 세대에게 공적 장기임대주택을 공급하면 청년 세대의 생활 안정이 빠르게 되고 부수적으로 저출산 고령화의 문제를 해결하는 데도 도움이 될 것이다.

CHAPTER 11

세대충돌을 완화시키는 건강보장체계 구축

국민건강보험을 둘러싼 세대충돌

국민건강보험은 보장 수준을 높이려고 지속적으로 노력해왔음에도 불구하고 비급여가 급증하면서 보장수준은 제자리걸음을 하고 있고 재정 적자의 가능성은 커지고 있다. 2016년 62.6%까지 하락했던 국민건강보험 보장률은 2018년에 당기수지가 2천억 원 적자를 기록하면서도 2015년 63.4%와 비슷한 수준인 63.8%로 상승하는 데 그쳤다. 다만 4대 중증질환 강화 대책에 포함되어 있는 암의 경우 보장률이 2014년 72.6%에서 2018년에는 79.1%로 꾸준히 상승했다.

[그림 14] 국민건강보험 보장률 추이(2012~2018)

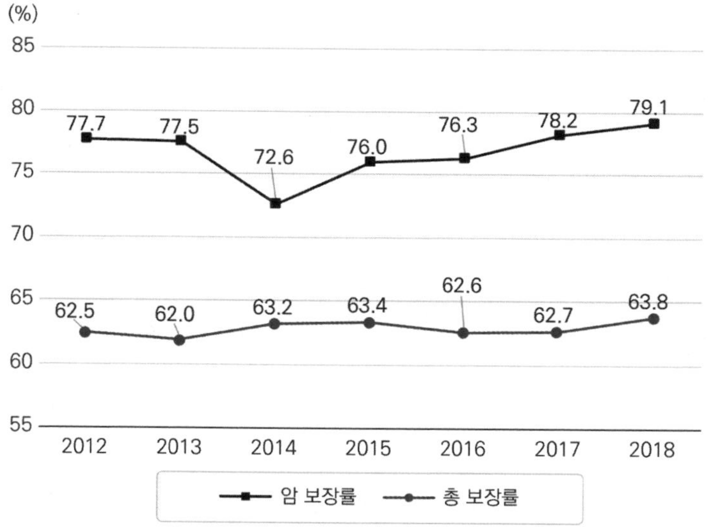

자료: e-나라지표, 건강보험 재정 및 급여율

이러한 결과는 보장성 강화를 위해 급여를 꾸준히 늘리고 있으나 비급여가 급여의 증가 속도보다 더 빠르게 증가하고 있기 때문이다. 비급여는 국민건강보험이 보장하지 않는 진료를 말하는데, 급여 항목인데도 불구하고 급여 기준에 따라 비급여로 적용되는 경우도 있다. 예를 들어 초음파 검사료, MRI 진단료, 보조생식술 등이 해당된다. 비급여는 정부가 개입하여 가격을 정하지 않고 진료를 제공하는 의료공급자가 가격을 정하기 때문에 가격의 적정성을 확인하기 쉽지 않고 가격 차이도 크다.

이러한 사정을 고려하여 건강보험심사평가원에서는 기존에 병원급까지만 의료기관을 조사하여 가격을 비교공시하던 것을 2021년부터는 의원급으로 확대하였다. 그리고 공개항목도 2020년 564개에서 2021년에는 615개로 조정하였다. 공시사례를 보면, 척추-경추 일반에 대한 자기공명영상진단료MRI 기본검사, 조영제 가격을 제외한 기본 촬영료 기준는 최저금액이 19만 원병원인데 최고금액은 81만 6,500 원상급종합병원이며, 평균금액이 45만 4,529원이다.222) 아울러 진료상 필요한 비급여는 항목과 가격을 환자가 사전에 알고 선택할 수 있도록 진료 전에 설명하는 비급여 사전설명제도를 2021년부터 시행했다.

나아가 급여와 함께 제공되며 직·간접적으로 해당 질환의 치료에 이용되는 처치에 대해 비급여 여부는 국민건강보험 재정을 고려하여 결정되기도 하지만 안전성이나 유효성도 동시에 고려하여 결정된다. 그렇기 때문에 요즘처럼 의학기술의 발전이 빠른 상황에서는 비급여 항목이 꾸준히 늘 수밖에 없고, 비급여의 비용도 추세적으로 증가하게 된다. 비급여를 실제 환자에게 적용할 때는 최종적으로는 환자나 환자의 보호자가 결정하는 것으로 보이지만, 실질적으로는 의사가 결정하는 것으로 볼 수 있다. 이는 진료의 방법이나 효과 등에 대해 의사가 갖고 있는 정보나 판단력에 비해 환자나 환자의 보호자는 현저히 낮은 수준에 있기 때문이다. 그렇기 때문에 환자나 환자의 보호자는 단지 의사에 대한 신뢰, 의사의 설명을 통해 제시되는 기대효과, 자신이 비용을 부담할 수 있는 능력 등을 고려하여 결정하게 된다. 이러한 상황에서 보험회사들이 실손의료보험으로 비급여를 보장하는 것은 비급여를 권유하는 의사나 이를 받아들이는 환자나 환자의 보호자가 쉽게 비급여 이용을 결정하게 하는 유인이 될 수 있다.

이에 국민건강보험공단은 2018년 7월부터 비급여 해소를 위한 정책을 추진해왔다. 대표적으로 MRI·초음파, 수술·처치, 치료재료 등 비급여3,600여 개 의료 중

치료에 필수적인 비급여는 급여화하면서 비용효과성이 미흡한 경우 예비급여를 적용하였다. 또한 3대 비급여에 해당하는 선택진료비 폐지, 2·3인실 보험 적용, 간호간병통합서비스 병상 확충 등도 추진하였다. 그 결과 치료에 필요한 비급여 6조 8천억 원의과기준 중 28%에 해당하는 1조 9천억 원 규모의 비급여를 해소하였으나 여전히 4조 9천억 원은 남아 있는 상황이라고 한다.[223]

보건복지부는 2021년부터는 해당 비급여를 급여로 전환할 필요성을 확인하기 위한 관리방안도 마련하기로 했다. 또한 비급여 의료기술의 효과를 검증하고 적정 진료를 유도하기 위해 단계적으로 의료기술을 평가하고 이를 바탕으로 급여화를 검토하여 국민들에게 관련 정보를 제공할 계획이다. 한편 의료기관마다 상이한 비급여의 명칭과 코드를 진료비용 공개 항목 등 관리 가능한 항목 중심으로 명칭 및 코드 표준화 방안도 마련하기로 했다.[224]

또한 전체 인구 중 노인인구의 비중이 높아지면서 재원을 조달하는 데는 한계가 있는 반면에 전체 의료비 지출은 급증하고 있어 문제가 되고 있다. 2019년 기준으로 65세 이상 노인의 수는 746만 명으로 전체 인구 중 14.5%를 차지하고

〈표 27〉 국민건강보험 적용 65세 이상 노인의료비 증가 추이(2010~2019년)

구분	2010	2011	2012	2013	2014	2015	2016	2017	2018	2019
전체 인구 (천 명)	48,907	49,299	49,662	49,999	50,316	50,490	50,763	50,941	51,072	51,391
65세 이상 인구 (천 명, %)	4,979 (10.2)	5,184 (10.5)	5,468 (11.0)	5,740 (11.5)	6,005 (11.9)	6,223 (12.3)	6,445 (12.7)	6,806 (13.4)	7,092 (13.9)	7,463 (14.5)
65세 이상 진료비 (조 원, %)	14.1 (32.4)	15.4 (33.3)	16.4 (34.4)	18.1 (35.5)	20.0 (36.7)	22.2 (37.8)	25.3 (38.8)	28.3 (40.0)	31.8 (40.8)	35.8 (41.4)
노인 1인당 연평균 진료비(천 원)	2,839	2,968	3,076	3,219	3,394	3,620	3,983	4,255	4,568	4,800
전체 1인당 연평균 진료비(천 원)	895	941	967	1,022	1,085	1,149	1,275	1,391	1,528	1,683

주: 1) 수진 기준(실제 진료받은 일자 기준)
   2) 전체 인구와 65세 이상 인구는 연도말 기준
   3) 노인 1인당 연평균 진료비 = 65세 이상 인구의 진료비 / 연도말 65세 이상 인구
   4) 전체 1인당 연평균 진료비 = 전체 진료비 / 연평균 적용 인구
자료: 국민건강보험공단·건강보험심사평가원, 『건강보험통계연보』, 각 연도.

있다. 이에 따라 국민건강보험이 부담한 65세 이상 노인의 의료비는 2011년 15조 4천억 원에서 2019년에는 35조 8천억 원으로 두 배 이상 증가하였다. 노인 1인당 연평균 진료비도 같은 기간에 297만 원에서 491만 원으로 증가하였다.

앞으로 65세 이상 인구의 비중은 2030년에 1,298만 명으로 25.0%로 높아진 후, 2050년에는 1,901만 명으로 39.8%가 될 것으로 전망되고 있다. 이렇게 노인인 구가 많아지면 의료비 지출도 크게 늘 것으로 예상되는데, 국민건강보험공단은 2018년 현재 31조 6,527억 원에서 2025년 57조 9,446억 원, 2035년 123조 288억 원, 2060년 337조 1,131억 원으로 늘어날 것으로 추산했다.[225] 그러나 보험료 수입이 크게 늘 가능성은 높지 않아 국민건강보험의 재정 적자 폭은 커질 것으로 예상된다. 우리나라는 국민건강보험료율의 상한을 법률로 8%로 정하고 있는데, 2025~2026년에 상한에 도달하게 되면 그 이후로는 건강보험료 수입의 증가율이 부과소득 자연증 가율인 2~3%에 머무를 것으로 예상되기 때문이다.[226]

이에 국민건강보험공단은 국고지원 20%를 법제화하기 위해 노력하고 있는 것으로 알려졌다. 이는 현행 국민건강보험법상 정부는 매해 해당연도 보험료 예 상수입액의 14%에 상당하는 국고를 지원할 수 있게 되어 있고, 국민건강증진법 에서 당해 연도 보험료 예상 수입액의 6%에 상당하는 건강증진기금을 지원하도 록 되어 있는데, 두 지원 모두 2022년 12월 31일까지만 법률적 효력이 있기 때 문이다. 계속해서 지원을 받으려면 결국 또 국민건강보험법과 국민건강증진법을 개정해야 하는데, 지원금액에 대한 법률상 모호함도 극복할 수 있게 아예 명확 하게 하겠다는 계획이다.

이렇듯 국민건강보험의 재정수지 적자가 향후 지속적으로 확대되면 정부재 정으로부터 매년 보험료 예상수입액의 14%가 지원되는 것에 더해 재정 지원이 확대될 가능성이 있다. 문제는 정부의 재정이 적자 상태에 있고 향후 더 확대되 어 후세대로 부담이 넘어갈 것이라는 점이다. 결국 국민건강보험료를 인상하지 못해 국민건강보험의 재정 적자가 국가 재정의 적자로 이어져 세대충돌을 야기 하는 상황이 초래될 수 있는 것이다. 다만 국민건강보험은 국민연금 등 공적연 금과 달리 재정 적자를 매년 해소할 수 있는 재정방식을 운영하고 있어 노력만 하면 국가 재정 지원의 확대로 이어지지 않게 할 수 있다. 따라서 국민건강보험 은 재정수지가 적자가 되지 않게 운영하는 것이 세대충돌을 막을 수 있는 방법 이 된다고 할 수 있다.

▌싱가포르의 건강보험 개혁 사례와 시사점

싱가포르는 2017년에 건강 관련 UN 지속가능한 개발 목표UN Sustainable Development Goals를 향한 발전에서 가장 높은 순위를 차지했고, 2018년 블룸버그 건강관리 효율성 지수에서 분석대상 56개국 중 2위를 차지할 정도로 건강관리 체계가 세계적으로 인정받고 있다. 특히 건강관리를 재정적으로 지원하는 보험제도는 의료저축 방식을 가미한 다층체계로 운영되고 있다. 즉, 싱가포르는 건강보험제도를 크게 메디세이브Medisave, 메디쉴드 라이프Medishield Life, 메디펀드Medifund 등으로 구성하여 운영하고 있다.

먼저 메디세이브 제도는 저출산·고령화의 심화를 극복하기 위하여 1984년 4월에 도입된 강제저축제도로, CPFCentral Provident Fund 가입자들이 특히 노년기에 대비하여 입원치료비용을 마련하기에 충분한 저축을 할 수 있도록 지원하기 위한 제도이다. 2016년 1월 이후로 모든 피고용자는 개인별 메디세이브 계좌에 월급의 8%~10.5%를 기여하는데, 연령이 높아질수록 상승한다. 연령이 높아질수록 기여율을 높인 것은 질병 리스크 상승에 대응한 것이다. 자영자로서 연간 6천 싱가포르달러(2020년 12월 31일 기준 약 494만 원) 이상의 순사업소득Net Trade Income을 번다면 메디세이브에 기여해야 한다. 자영자의 기여율은 소득과 연령을 동시에 고려하는데, 최저 4%에서 최고 10.5%까지 기여해야 한다. 기여금은 세금이 공제되며, 이자가 제공된다.

저축액은 계좌 소유자와 그의 직계가족에 한해 공공의료기관뿐만 아니라 인증된 민간 병원 및 의료기관의 병원비를 지불하기 위해서 인출될 수 있으나, 치료항목별로 인출 한도가 설정되어 있다. 즉, 급성질환, 재활, 종말기 의료, 외래치료 등으로 나뉘어 인출한도액이 각기 세세하게 정해져 있다. 인출 한도는 공공병원의 B2형5~6인실 또는 C형9인실 병실227)에 입원하는 데 드는 비용을 조달하기에 충분하다. 한도는 환자, 특히 민간병원 또는 공공병원의 다소 비싼 병실시설을 선택하는 환자들이 다소간의 현금 공동지불cash co-payment을 하는 데 드는 수준에 고정되어 있다. 이렇듯 현금 공동지불제도를 두는 것은 메디세이브의 신중한 이용을 장려하고 불필요한 입원치료를 막기 위한 것이다.

인출 한도에도 불구하고 민간병원 또는 공공병원의 A형1인실 병실을 사용하도록 허용된 사람들은, 특히 허용 이전에 현금 예치금cash deposit을 지불할 필요가 있다. 현금 예치금은 병원비 중 상환 한도를 초과하는 부분을 지불하기 위한 것이다.

메디세이브에는 적립 최저금액은 없는데, 차액의 과도한 적립을 방지하기 위해서 상한이 설정되어 있다. 이 상한은 BHSBasic Healthcare Sum라 하는데, 메디세이브 계좌에서 가입자가 필요로 하는 추정 저축액이다. BHS는 2020년 현재 65세인 사람은 6만 싱가포르달러로 설정되어 있고, 69세 이상인 사람은 BHS가 49,800싱가포르달러로 설정되어 있다. BHS는 65세 미만인 동일집단cohort에 대해 매년 조정된다. BHS를 초과하는 금액은 55세 미만은 특별계좌Special Account로 이전되나 유효한 퇴직준비금 최대액Full Retirement Sum을 초과하는 금액이 생기면 퇴직준비금 최대액을 보통계좌Ordinary Account로 이전시키며, 55세 이상은 퇴직계좌로 자동적으로 이전된다.

메디세이브 가입자 본인이 사망하면 계정의 잔액은 가입자 본인이 지명한 사람에게 상속되며 상속세는 면제된다. 메디세이브는 가족에게 잔액을 상속할지라도, 자신의 기여가 의료비 급여에 충당되기 때문에 의료비에 관한 급여와 부담의 관계가 명확한 제도이다. 따라서 메디세이브의 도입으로 가입자가 건강한 상태를 유지할 수 있도록 인센티브를 제공하며, 불필요한 의료서비스의 이용을 억제할 수 있다.

메디쉴드 라이프는 고액의료비에 대응하기 위한 기본 건강보험 제도이다. 메디세이브 계좌를 통한 시점 간 비용분산은 가입자들을 고령화에 대비할 수 있게 하고 도덕적 해이를 방지하는 역할을 하지만, 비용이 큰 질병이 발생했을 때 적절하게 대처할 수 없는 한계가 있다. 메디쉴드 라이프는 이러한 문제를 해결하기 위한 사회보험계좌로, 1990년 도입된 메디쉴드에서 2015년 11월부터 전환되었다. 메디쉴드가 메디쉴드 라이프로 전환한 것은 더 나은 보장과 더 높은 급부금을 종신토록 제공하기 위한 것이었다.[228] 즉 고비용의 치명적인 질병에 대비하기 위해 가입자들간 횡단적으로 비용을 분산하는 수단이다. 가입자들은 메디쉴드 라이프에서 입원, 중환자실 치료, 수술 등을 위한 비용을 청구할 수 있다.

한편 A형1인실 또는 B1형4인실 병실에 입원하기를 원하는 사람들을 위해 1994년 7월에 도입된 메디쉴드 플러스는 2005년 10월 1일부터 NTUC Income에 민영화되었다.

그리고 비용부담이 더 큰 치명적 질병에 대한 횡단면 비용분산 구간은 민영보험이 담당하고 있다. 현재는 메디쉴드 라이프와 추가 민간보험 보장을 통합하여 메디세이브 인증 민간 통합쉴드플랜Integrated Shield Plans, 즉 보험 플랜Insurance Plan이 있다.229) 싱가포르의 주요 민영 보험회사는 입원하려는 병실 또는 병원을 근거로 요구되는 보장 수준에 적합한 보험 플랜을 제공한다.

메디쉴드 라이프의 2019/20년 기준 연간 보험료는 저소득층의 경우 20세 이하에 대해 98싱가포르달러부터 시작하여 연령이 높을수록 보험료가 높아져 90세 이상은 765싱가포르달러인데, 고소득층의 경우 20세 이하에 대해서 130싱가포르달러부터 시작하여 연령이 높을수록 높아져 90세 이상은 1,530싱가포르달러이다. 고소득층을 제외한 중간 소득 이하의 사람들에게는 보험료 보조금이 제공된다. 2019/20년 기준으로 저소득층의 경우 40세 이하는 보험료의 25%에 해당하는 보조금을 제공받으며 연령이 많을수록 비율이 높아져 90세 이상은 보험료의 50%에 해당하는 보조금을 제공받는다. 상위 중간소득층의 경우 40세 이하는 보험료의 15%에 해당하는 보조금을 제공받으며 연령이 많을수록 비율이 높아져 90세 이상은 보험료의 40%에 해당하는 보조금을 제공받는다. 그리고 심각한 기왕증을 가진 사람들은 10년간 추가보험료를 납부해야 하는데, 통상의 보험료에 30%를 더한 금액을 납부한다.

메디쉴드 라이프의 급여는 메디쉴드에서 전환되면서 확대되었는데, 그럼에도 공제금액은 변동이 없으며 공동보험과 자기부담금은 축소되었다.

그리고 2002년에는 65세 이상의 노인을 대상으로 한 장기간병보험으로 엘더쉴드Eldershield를 도입하였다. 엘더쉴드는 심각한 장해를 입을 경우 저축을 보충하기 위해 디자인된 제도인데, 특히 65세 이상의 고령기에 장기간병을 필요로 하는 사람들에게 기본적인 재무적 보장을 제공한다. 가입한 엘더쉴드의 종류에 따라 월 4백 싱가포르달러를 최대 72개월간 받거나 월 3백 싱가포르달러를 최대 60개월간 받을 수 있다.

2020년에는 새로운 기본장기간병보험으로 케어쉴드 라이프Careshield Life가 도입되었는데, 심각한 장애를 입었을 때 장기간병 비용의 불확실성에 더 나은 보장과 보험을 제공하기 위해 지급기간을 제한하지 않고 시간의 경과에 따라 지급금이 더 커지는 특징을 가지고 있다.

한편 극빈자를 위한 사회안전망으로 메디펀드가 1993년에 2억 싱가포르달러 규모로 설립되었다. 메디펀드는 지속성을 유지하기 위해 기금의 이자소득만을 의료비 급부에 사용하는 것으로 되어 있다. 메디세이브와 메디쉴드 라이프를 통해서도 의료비용을 전부 지불할 수 없는 환자들의 경우에는 병원 메디펀드위원회로부터 자산조사를 통해 보조금을 지급받을 수 있다.

2020년 1월 31일부터는 30세 이상으로 케어쉴드 라이프, 엘더쉴드, 그리고 고령자를 위한 일시적 장해 지원 프로그램Interim Disability Assistant Programme for the Elderly, 이하 IDAPE의 혜택을 받지 못하고 장기간병 니즈를 충족하기에는 낮은 수준의 메디세이브 차액과 불충분한 개인저축을 갖고 있는 심각한 장애를 입은 저소득층을 지원하기 위해 엘더펀드Elderfund가 도입되었다. 이 제도는 계약자가 적합한 자격을 유지하고 있는 한은 매월 최대 250싱가포르달러까지 현금급여가 제공된다.

저출산·고령화에 대응하기 위해 국가보조금, 메디세이브, 메디쉴드 라이프그리고 통합쉴드플랜과 엘더쉴드, 메디펀드라는 다층시스템을 도입한 싱가포르의 국내총생산 대비 의료비 지출의 비중은 1980년대 3%이었던 것이 2001년에 2.37%까지 낮아진 후, 다시 급격히 오르는 추세를 보이기 시작하여 2008년 3.9%로 높아진 후 2017년부터는 4.4%로 높아졌다.

이는 2010년대에 들어서 입원과 통원치료 건수가 늘어나고 민간병원을 중심으로 진료비가 높아지면서 의료비가 증가하는 추세를 보인 것과 관련 있다. 이러한 추세의 배경에는 인구의 고령화, 높아진 건강 의식, 의료시설 접근성 강화, 의약기술의 발전 등이 있었다. 또한 변칙적 진료 및 진료비 청구, 소비자가 비용을 의식하게 하지 않는 상품설계, 보험 플랜 계약자를 의료기관에 소개하고 받는 수수료, 의료비 청구 내역의 투명성을 저하시키는 정보 비대칭성 등도 꼽혔다.

그렇다 하더라도 2018년 기준으로 호주 9.3%, 오스트리아 10.3%, 캐나다 10.7%, 프랑스 11.2%, 독일 11.2%, 일본 10.9%, 한국 8.1%, 네덜란드 9.9%, 스웨덴 11.0%, 스위스 12.2%, 영국 9.8%, 미국 16.9%, OECD 평균 8.8%에 비해서는 크게 낮은 것이다.[230] 이렇게 상대적으로 낮은 수준으로 유지할 수 있었던 것은 다른 여러 요인들도 있으나 무엇보다도 자신의 의료저축계좌에서 의료비의 일부를 직접 조달하도록 함으로써 다른 의료보험제도에서 쉽게 보기 어려운 비용의식이 높아졌기 때문이다.[231] 그리고 이러한 비용의식은 병원 등의 서비스 및 가격에 대한 투명성이 높아지면서 더욱 촉진되었다.

그럼에도 HITFHealth Insurance Task Force[232]는 의료비를 급증시키는 원인을 찾아 해결하기 위해 진료비 벤치마크 또는 가이드라인 도입, 부적절한 진료를 표면화시켰는데, 기존 프로세스의 투명화, 우선적 의료공급자 패널 운영, 공동보험 및 공제

제도 운영, 진료 사전 승인 등 보험 절차 강화, 소비자교육 강화를 제안하였다.[233]

물론 의료저축계좌 방식으로 의료비 재원을 조성하여 조달하는 것이 일반적으로 비효율적이고 공평성이 없으며 적절한 재무적 보장을 제공하지 못한다는 평가와 함께 장기적으로 의료비에 미치는 영향도 명확하지 않다는 평가도 있다.[234] 싱가포르에서 MSA의 재원을 조달하기 위해 급여소득을 이용하는 것이 은퇴자, 실업자, 장애인, 만성질환자를 차별한다고 한다. 그리고 부유층에게 보조금 혜택이 더 많이 돌아간다는 비판도 있다.

이러한 논란에도 불구하고 WHO는 2000년에 전반적 성과를 기준으로 할 때 싱가포르 의료시스템을 세계 191개국에서 6번째에 속하는 것으로 평가했다.[235] 그리고 싱가포르가 의료비를 성공적으로 통제하면서도 세계에서 최고 수준의 의료질을 유지하고 있다고 평가하면서, 그 초석은 의무적으로 가입하는 메디세이브라는 연구결과도 있다.[236] 아울러 정부가 소유하고 운영하는 16개 병원이 의료비를 통제하는 데 중요했으며, 균일하고 이용할만한 가격을 정하고 각종 정보를 공개하여 이용자들이 정보에 입각한 의사결정을 할 수 있도록 하게 한 것도 중요했다고 본다. 다만 강한 가족 유대에 기초하여 환자 본인의 계좌뿐만 아니라 가족들의 계좌에서 자금을 인출하여 의료비를 조달하는데, 향후 가족 간 유대가 약해지면 이러한 방식이 작동하지 않게 될 뿐만 아니라 미리 자금을 인출해준 가족의 경우 자금이 부족할 수 있다는 점이 우려되기도 한다.[237]

싱가포르 모델이 주목할 만한 성공을 거두었다는 평가는 이미 2013년에도 나왔는데,[238] 현재도 이처럼 여러 지표로 비교하여 알 수 있듯이 싱가포르의 의료성과는 세계에서 최고 수준으로 평가되고 있다.[239] 2017년 기준으로 싱가포르 정부의 의료비 지출은 97.6억 싱가포르달러로 GDP 대비 2.1%인데,[240] 총 의료비지출은 GDP 대비 4.44%로 주요국에 비해 가장 낮은 수준이다. 이렇게 의료비를 적게 지출하는데도 싱가포르의 영아사망률은 2017년 기준으로 세계에서 4번째로 낮으며 우리나라는 11번째로 낮다. UN 인구국 추계 2020년 기준 기대수명도 싱가포르는 84.07세로 세계에서 5번째로 길며, 83.50세로 세계 11위인 우리나라보다 길다. 또한 UN 인구국 추계 2020년 건강기대수명도 싱가포르는 83.8세로 세계에서 세 번째로 82.8세로 열 번째로 높은 우리나라에 비해 더 길다.

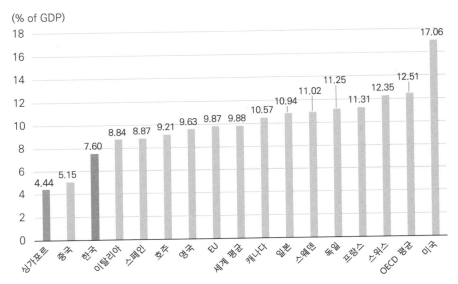

[그림 15] 총 의료비 지출의 국제 비교(2017년 기준)

(% of GDP)

싱가포르 4.44, 중국 5.15, 한국 7.60, 이탈리아 8.84, 스페인 8.87, 호주 9.21, 영국 9.63, EU 9.87, 세계 평균 9.88, 캐나다 10.57, 일본 10.94, 스웨덴 11.02, 독일 11.25, 프랑스 11.31, 스위스 12.35, OECD 평균 12.51, 미국 17.06

자료: World Health Organization, Global Health Expenditure database 2000-2017.

이러한 성과가 문화나 생활습관이 긍정적으로 영향을 미친 것으로도 볼 수 있을 것이나, 정부가 중장기적 계획을 가지고 적절히 잘 대응해 온 데서 가능했던 것으로 평가해야 할 것이다. 특히 보건의료체계를 체계적으로 갖추기 시작한 1960년대와 1970년대부터 공공병원을 집중적으로 육성하여 2019년 기준으로 급성 병원의 입원환자를 위한 병상 수가 전체에서 차지하는 비율이 83.1%에 이르고 있다. 이에 따라 정부가 의료비를 관리하는 데 적절한 여건을 갖추고 있다고 평가할 수 있다.

▌ 세대충돌을 방지하기 위한 건강보험 개혁방안

국민건강보험의 재정 적자는 중장기적으로 세대충돌을 불러올 수 있으므로 적자가 후세대의 부담으로 전가되지 않게 제도를 운영할 필요가 있다. 국민건강보험은 매년 재정수지를 관리하므로 연단위로 적자가 나지 않도록 수입과 지출을 효율적으로 관리해야 한다. 지출의 효율성 관리와 함께 보험료 인상 등을 통한 수입의 확충도 같이 모색하는 것이 바람직하다.

먼저 지출의 효율성 관리는 보장 수준을 높이면서 비용효율성을 높이는 방식으로 이루어져야 할 필요가 있다. 보장 수준을 강화하는 노력과 함께 의료비용을 억제하는 노력을 강화하는 것은 얼핏 들으면 모순일 수 있으나, 실제 진료과정에서 불필요하거나 과잉진료를 억제하기만 해도 동일한 비용으로 상당 수준의 보장 강화효과를 얻을 수 있다. 실제로 많은 국가에서는 의료서비스의 질을 유지하면서도 비용을 억제하려는 대책을 전개해왔다.

우리나라는 다른 복지 선진국에 비교할 때 공적 보험의 의료보장 수준이 낮은 상태에 있다. 따라서 국민건강보험의 보장수준을 70~80%까지는 높일 필요가 있다. 그러나 비급여가 적절히 통제되지 않아 의료비가 급증하고 결과적으로 보장률이 정체되고 있으므로 비급여를 적절히 통제할 수 있어야 할 것이다. 현재 국민건강보험은 비급여로 되어 있는 진료에 대해서 비록 낮은 수준의 보장밖에는 하지 못한다 하더라도 가능한 한 급여의 범위에 포함시키려고 하고 있다. 그러나 의료기술의 발전과 함께 비급여 항목은 꾸준히 새롭게 나올 것이므로 이러한 노력을 얼마나 지속할 수 있는지가 관건이 될 수 있다.

현재 비급여 의료행위에 대해서는 공시를 하고 있음에도 시장기능이 적절히 작동하지 않고 있다. 이렇듯 시장기능이 제대로 작동하지 않아 소비자의 후생이 극대화되지 않는다면 정부의 적절한 개입이 필요한데, 이를 위해 비급여의 급여화가 필수적일 것이다. 이렇게 되면 가입자인 국민의 입장에서는 본인부담금이 낮아져 이익이 커질 것이다.

이러한 제도 개선과 함께 국민건강보험 진료비 지불 제도의 개편이 필요하다. 현재는 행위별수가제가 시행되고 있는 상황에서 이에 따른 문제점을 해결하고자 신포괄수가제가 시범사업으로 병행하여 수행되고 있다. 정부는 본래 1997년부터 7개 질병군을 대상으로 포괄수가제도를 시행하였고, 다시 2009년부터는 7개 질병군에 4대 중증질환까지 포함시킨 신포괄수가제도를 시행하고 있다. 이렇게 제도를 전환한 데는 여러 이유가 있으나 특히 기존 포괄수가제 모형으로는 복잡한 질병군을 대상으로 단순 질병군과 같은 지불정확성을 확보하는 것은 불가능하였기 때문이다.241)

신포괄수가제도는 기존의 포괄수가제에 행위별수가제적인 성격을 반영한 혼합모형 지불제도로 입원기간 동안 발생한 입원료, 처치 등 진료에 필요한 기본적인 서비스는 포괄수가로 묶고, 의사의 수술, 시술 등은 행위별 수가로 별도 보상하는 제도이다.[242] 신포괄수가제도는 먼저 공공병원을 중심으로 시범사업을 하다, 문재인케어의 일환으로 2018년 8월부터는 민간병원에도 확대적용하기 시작했다. 2020년 1월 2일 기준으로 신포괄수가제 시범사업 참여 의료기관은 총 106개 기관이며 병상수는 36,578개 병상이다. 기존 공공병원 42개를 포함하여 2018년에 14개 기관, 2019년 13개 기관, 2020년 1월부터 37개 기관이 참여하고 있다.[243]

신포괄수가제 시범사업에 대한 평가는 2020년 1월까지 다섯 번이 이루어졌다. 다섯 번의 평가를 통해 볼 때 신포괄수가제는 아직 제도 도입의 목표를 이루고 있지 못한 것으로 보인다. 우선 다섯 번의 평가에서 전체 의료비 또는 건강 의료비가 비교 대상에 비해 모두 증가한 것으로 나타났다. 또한 재원일수나 의료의 질 측면에서도 일부 사례를 제외하고는 모두 목표와 상반되는 결과를 초래하고 있다. 이는 우선은 신포괄수가제의 수가를 행위별수가제의 수가에 비해 높게 설정한 데 기인하는 바가 크다. 대조군과 비교는 수가 차이로 인해 신포괄수가제 실시 병원이 더 높았다 하더라도 연도별 금액은 줄어드는 추세를 보였어야 했으나 오히려 늘었다. 이에 따라 신포괄수가제에 대한 부정적 의견도 크게 존재하는 것이 현실이다.

〈표 28〉 신포괄수가제 시범사업의 국민건강보험에 대한 영향 평가

		1차	2차	3차	4차	5차
시범기간		'09.4~'10.6	'10.7~'11.6	'11.7~'12.6	'12.7~'13.6	'13.7~'18.6
대상기관		일산병원	일산병원	일산병원, 공공병원(3)	일산병원, 공공병원(40)	일산병원, 공공병원(40) + 국립중앙의료원, 민간병원(14)
대상질병군		20개	76개	553개/76개	550개	567개
평가기간		'10.5~'10.12	'11.8~'12.3	'13.1~'13.7	'13.10~'14.4	'19.5~'20.1
분석기간		'09.7~'10.6	'10.7~'11.6	'11.7~'12.6	'12.7~'13.6	'13.7~'18.6
전체 진료비	총액	2.9%〉	2.1%〉	3.6%〉	4.5%〉	–
	환자	7.9%▼	9.2%▼	2.3%▼	10.8%▼	–
	공단	9.5%▲	8.1%▲	4.4%▲	12.3%▲	–

	1차	2차	3차	4차	5차		
건당 진료비	–	–	–	–		A/C	B/C
					일산1	1.57	1.39
					일산2	1.25	1.10
					공공1	1.12	0.97
					공공2	1.19	1.03
						A/D	B/D
					민간1	1.73	1.52
					민간2	1.29	1.14
재원일수	0.4일▼	0.1일▼	일산: 0.3일▼ 공공: 0.8일▼	일산: 0.4일▼ 공공: 0.9일▼	일산1	1.8일▲	
					일산2	0.6일▲	
					공공1	1.4일▲	
					공공2	1.5일▲	
						신포괄 도입 전후	대조군 비교
					민간1	0.9일▲	1.3일▲
					민간2	0.5일▲	0.1일▲
의료의 질	–	–	–	1. 일산: 1.26 공공: 1.07 2. 일산: 0.80 공공: 1.14 3. 일산: 1.08 공공: 1.01	일산	0.9%p▲	
					공공	1.2%p▲	
						신포괄 도입 전후	대조군 비교
						2.7%p▲	0.9%p▲

주: 1) 의료의 질 1.은 퇴원 후 30일 내 재입원, 2.는 퇴원 후 3일 내 재입원, 3.은 입원 30일 내 사망
    2) 5차 사업에 대한 건당진료비, 재원일수, 의료의 질 분석은 2018년 기준임. 건당 진료비와 재원일수의 1.은 중증도 보정 전, 2.는 중증도 보정 후
    3) 재원일수의 신포괄 도입 전후는 신포괄수가제 참여 병원의 재원 일수의 도입 전후 비교이며, 대조군 비교는 신포괄수가제 참여 병원의 신포괄수가제 도입 후 대조군과의 비교임
    4) 의료의 질은 퇴원 30일 내 재입원율임. 의료의 질의 신포괄 도입 전후는 신포괄수가제 참여 병원의 퇴원 30일 내 재입원율의 도입 전후 비교이며, 대조군 비교는 신포괄수가제 참여 병원의 신포괄수가제 도입 후 대조군과의 퇴원 30일 내 재입원율 비교임

자료: 신현웅 외(2020).

그러나 신포괄수가제는 기존 포괄수가제에 비해 질병군을 확대하고 시범사업에 참여하는 병원을 민간병원으로까지 확대하여 의료비의 변동을 관찰할 토대를 마련했다는 성과를 거두었다는 점은 인정할 필요가 있을 것이다. 앞으로 그러한 사항들을 고려하여 개선방안을 마련할 필요가 있는데, 특히 포괄수가제를 하는 데 있어 기본이 될 수 있는 수가에 대한 정확한 원가를 평가하여 반영하는 노력이 필요한 상황이다. 비급여에 대한 대책을 좀 더 적극적으로 찾기 위해서 신포괄수가제의 성공적 정착이 필요하다.

비급여대책으로 우선 검토할 필요가 있는 것 중의 하나가 예비급여제도이다. 예비급여는 문재인 케어의 등장과 함께 필요성이 강조되었는데, 치료에 필요하지만 일부 비용효과성이 불확실한 비급여 중 본인부담을 50~90%까지 높여 예비적으로 급여화한 급여를 말한다. 예비급여는 3~5년 주기의 재평가를 통해 급여 또는 비급여로 전환하거나 예비급여 유지 등을 결정하는데, 안정성·유효성 등 의료기술 평가 필요 시 심층평가를 실시하게 된다. 정부는 비의학적 급여가 2017년 기준으로 약 3,600개로 약 4조 원인데, 그중 2조 4천억 원은 급여화하고 1조 6천억 원은 비급여로 남게 될 것이라고 발표했다.

구체적으로는 과도하게 높게 책정된 비급여의 가격을 적정 수준으로 조정하고 기존에 낮게 설정된 급여의 수가를 높여 비급여의 급여화에 따른 손실이 생기지 않게 하겠다는 것이다.[244] 예비급여제도를 시행하게 되면 비용효과성이 명확하지 않더라도 치료효과가 있고 사회적 요구가 있는 의료행위의 수가를 표준화하여 병원별로 차이가 커서 발생할 수 있는 불합리의 해결과 함께 환자의 권익을 보호할 수 있게 될 것이다. 다만 수가를 어느 수준에서 정할지에 대해서는 다른 급여와 마찬가지로 이해관계자 간에 충분한 협의가 있어야 할 것이다. 이와 관련하여 정부는 의료계, 학계, 시민단체 등이 참여하는 급여평가위원회에서 논의하여 결정하게 될 것이지만, 급여평가위원회에 의사협회, 병원협회, 시민단체의 참여를 확대할 예정임을 밝혔다.[245]

국민의료비의 빠른 증가는 의료제도와 보험제도의 허점이 맞물려 부정적 효과를 만들어내는 데서 비롯되기도 한다. 비급여를 담당하는 민영건강보험이 비급여진료 가격과 보험금 지급을 적절히 통제할 수 없는 상황에서 행위별 수가제도가 의료공급자의 도덕적 해이를 초래하고 있다. 민영건강보험을 대표하는 실손의료보험의 보험금 청구는 의원급 비급여 진료의 증가, 근골격계·안과질환에

[그림 16] 문재인케어의 급여 제도 개선

현행	
급여	비급여

↓ ↓

비용효과성

개선		
필수급여	예비급여	비급여

↓ ↓

비용효과성 치료필요성

자료: 보건복지부·국민건강보험공단·건강보험심사평가원(2018), p. 12.

집중, 소수 의료이용에 편중되는 특징을 보이고 있다.[246] 그러나 보험회사는 의료공급자가 발행하는 진료비 영수증, 약제비 영수증, 처방전, 진료비세부내역서, 입원확인서, 진단서 등을 제출하도록 하나 이를 제대로 심사할 제도적 장치가 없어 도덕적 해이를 통제하지 못하고 있다. 그 결과 의료비 지출은 늘어나고 선량한 가입자들은 보험료가 인상되는 피해를 입고 있다.

이러한 문제점을 해결하기 위해서는 두 차원에서 접근이 필요하다. 우선은 비급여진료의 가격을 의료공급자와 민영보험회사가 협의하여 정할 수 있도록 하고, 보험계약자가 그러한 협의에 참여한 의료공급자를 이용할 수 있게 보험회사가 안내하는 것이 필요하다. 비급여 진료비용 공개 제도는 2021년부터는 병원, 치과병원, 한방병원, 요양병원, 종합병원은 물론 의원급도 포함하여 실시되고 있으며, 비급여 가격이 615개 항목에 대하여 심사평가원에서 통합 비교공개되고 있다. 그러나 의료의 이용이 비급여항목을 하나씩 비교하여 결정되는 것이 아니라서 정보공개만으로 비급여가격이 적절히 통제된다고 보기는 어렵다. 현재는 보험회사가 개별 또는 전체 의료공급자와 협상을 통해 적정한 수준으로 가격협상을 할 수 없다. 따라서 보험회사가 수가협상을 행한 의료기관을 안내하는 행위를 알선행위에서 제외하는 의료법 개정 등 제도 개선이 필요하다.

또한 이와 함께 진료의 적정성 여부를 심사하는 과정이 적절히 확립될 필요가 있다. 현재는 피보험자가 진료 후에 진료비를 납부하고서 발급받은 영수증 등의 서류를 보험회사에 제출하여 보험금을 환급받는 방식으로 보험금 지급이 이루어지고 있다. 그러나 서류심사만으로는 의료의 적정성 여부를 확인하는 데 한계가 있으므로 이를 실지심사할 수 있게 할 제도 개선이 필요하다. 이를 민영보험회사가 직접 하는 것도 방법이지만, 전문성이나 급여와 통일성을 고려할 때는 건강보험심사평가원에 위탁하거나 제3의 기관을 설립하는 것도 적극 고려할 필요가 있다.

현재의 보험제도는 국민건강보험이든 민영건강보험이든 모두 사후적인 치료비 지급에 초점을 맞추어 운영되고 있다. 그러나 사후적 치료보다는 사전에 예방을 할 수 있다면 국민들 입장에서는 건강한 신체를 유지할 수 있게 될 뿐만 아니라 의료비도 절감할 수 있게 될 것이다. 따라서 국민건강보험과 민영건강보험이 힘을 합하여 예방 중심의 보험제도로 전환할 수 있도록 노력할 필요가 있다.

국민건강보험은 예방 중심의 보험제도 운영을 위해 건강검진 사업 등 다양한 사업을 시행하고 있다. 그러나 이러한 사업만으로는 적극적 건강관리 행위로 이어지는 데 한계가 있다. 이에 반해 민영건강보험은 건강체, 비흡연자 등에 대한 보험료를 할인해주는 상품을 개발하여 운영함으로써 질병유발요인을 감소시키려고 노력하고 있다. 또한 4차 산업혁명에 따른 기술발전을 반영하여 웨어러블 기기를 이용한 인센티브를 부여하여 건강관리를 적극적으로 하게 할 수도 있다. 예를 들어 1개월에 매일 1만 보 이상을 걸을 경우 커피 등의 상품을 제공하거나 보험료를 인하해주고 있다.

민영건강보험은 국민건강보험의 보장성이 확대됨에 따라 역할이 축소되고 있다. 그렇지만 국민건강보험의 보장성 확대가 사실 빠르게 진행되기 어려운 것이 현실이다. 그렇기 때문에 민영건강보험은 국민건강보험의 보장성이 미흡한 영역을 맡아서 국민들에게 효과적이면서도 효율적인 방법으로 통합보장성을 강화할 필요가 있다.

특히 민영건강보험은 리스크에 따른 보험료를 부과하고 있으므로 이를 적절히 활용하여 건강보험 가입자가 스스로 리스크를 관리하게 하는 역할을 할 수 있다. 그러한 점에서 국민건강보험의 중장기적 목표 보장성 수준이 결정될 필요가 있다. 국민건강보험과 민영건강보험을 통합한 보장 수준을 높이되, 민영건강보험의 역할을 적절한 수준에서 분담해줌으로써 가입자의 도덕적 해이를 적절히 통제하면서도 보장성을 높일 수 있기 때문이다.

문제는 노후의료보장을 위한 민영건강보험의 역할이다. 노후에는 소득의 흐름은 현저히 약화된 상황인데, 리스크의 확대로 보험료 부담이 무거워지기 때문이다. 이와 관련하여 금융위원회는 노인의료비보장보험을 개발하여 내놓았으나 보장 수준을 낮추고 보험료를 인하하고 가입자의 연령을 높이는 수준에 그쳤다. 그러나 새로운 발상으로 노인의료보장을 강화할 수 있는 방안을 찾을 필요가 있다.

이를 위해서는 싱가포르의 메디세이브의 원리를 응용하여 민영건강보험을 생애저축형으로 전환할 필요도 있을 것이다. 즉, 국민건강보험의 본인부담금을 납부하는 용도로만 이용할 수 있게 하고, 남은 금액은 운용을 통해 적립금을 늘릴 수 있게 하는 것이다. 이렇게 본인의 계좌에 적립을 쌓아두고 적절히 관리하여 절약된 누적 금액을 정작 의료비가 많이 필요하게 되는 노후에 의료비를 지불하는 데 사용될 수 있게 할 필요가 있다. 이는 사회보장제도의 일부로서 운영되는 점을 고려하여 연금저축처럼 일정 범위의 보험료에 대해 세액공제 혜택을 부여하는 방안도 검토할 필요가 있다.

CHAPTER 12 세대충돌 극복을 위한 재정 및 조세 정책

공적 연금제도에 존재하는 후세대의 불리함이나 국민건강보험제도에 잠재하는 후세대 부담 확대 가능성은 그 자체로 제도 개선 등을 통해 해결해갈 필요가 있다. 그러한 과정에서 정부의 재정 부담은 일정 정도 생길 수밖에 없고 이로 인해 다시 재정 적자가 확대될 가능성도 부인하기는 어려운 상황이다. 결국 문제의 해결은 재정 적자를 가능한 한 줄일 수 있게 재정지출을 효율화하는 한편으로 재정 부담을 적정한 수준으로 높이고 경제주체들 간에 분담하는 것이다.

▌사회보장 급여와 기여의 연계성 강화

사회보장 급여는 증가하는 경향을 보이나 사회보장에 대한 기여는 정체되거나 축소되는 속성을 가지고 있다. 사회보장 급여와 기여에 대한 의사결정은 큰 틀에서는 투표권을 가지고 있는 국민들이 행하나 실제의 정치적 과정은 복잡하다. 그럼에도 유권자가 큰 틀을 결정하는 가장 큰 힘인 것을 고려할 때 사회보장제도의 급여와 기여의 연계성을 강화하는 것은 필요하다. 다만 국민기초생활수급자의 경우에는 여러 요인에 의해 사회경제적으로 취약한 상태에 있을 뿐만 아니라 급여별 선정기준 및 최저보장 수준이 중위소득과 연동되어 결정되므로 이러한 원칙이 일률적으로 적용되기는 어려울 것이다.

먼저 사회보험 제도로 운영되고 있는 국민연금과 국민건강보험의 경우 기본적으로 급여가 기여와 연계하여 제도가 설계되어 있음에도 재정 적자가 발생할 가능성이 점점 커지고 있는 상황이다. 국민연금의 경우 보장 수준을 높이지 않고 현행 급여 수준을 유지하는 데도 적자가 예상되므로 보험료율을 인상해야 하는데 국민들의 반대로 인상하지 못하고 있다. 가장 최근인 2019년 10월에 발표된 조사[247] 결과에 따르면, "국민연금 보험료 인상과 관련해 어떤 의견에 동의하느냐"라는 질문에 51.8%는 "현세대의 부담이 가중되므로 보험료를 인상하면 안 된다"고 했고, "다음 세대의 부담을 덜기 위해 보험료를 인상해야 한다"고 응답은 39.2%에 그쳤다. 또한 "경제사회노동위원회가 국민연금 소득대체율 45%를 유지하는 대신 연금보험료를 현행 9%에서 12%로 올리는 방안을 제시했는데, 이에 대해 어떻게 생각하느냐"라는 질문에 48.0%는 "소득대체율이 낮아지더라도 연금보험료 인상에는 반대한다"고 답했고, "소득대체율 45%를 유지하기 위해 연금보험료를 올려야 한다"는 응답은 37.2%에 머물렀다.[248]

국민건강보험도 이와 유사한데, 조사 시점에 따라 다소 의견이 달랐다. 2019년 국민건강보험공단 건강보험정책연구원에서 행한 설문조사에 따르면, 62.7%인 보장 수준을 설문응답자들이 원하는 평균보장수준 73.1%로 높이기 위해서 1만 6천 원이 필요하다는 숫자를 제시하고 설문을 한 데 대해 77.1%가 인상이 필요하다는 데는 동의했으나 7,533원을 추가 부담할 수 있다고 응답한 결과를 얻었다. 결국 보장 수준에 비해 부담은 47.1%로 절반도 하지 않겠다는 응답을 한 것이다. 그러나 코로나19가 발생한 이후인 2020년 6월 30일에서 7월 3일까지 4일간에 걸쳐 국민건강보험공단이 행한 조사결과[249]에 따르면, 코로나19 상황에서 "우리나라 국민건강보험제도를 누릴 수 있다면 적정수준의 보험료는 부담할 가치가 있다고 생각하게 되었다"에는 87.0%(매우 동의 39.3%, 대체로 동의 47.7%)가 동의하는 것으로 나타났다.

여론이 부정적이라 하여 보험료율 인상을 방기하거나 미루는 것은 현세대가 져야 할 책임을 후세대로 미루는 것이 된다. 재원이 적절히 조달되지 않는 사회보장제도는 적자를 정부 재정에 의존하여 조달함으로써 재정 적자를 확대시킬 우려가 있기 때문이다. 공적 연금을 받는 은퇴자들이 많이 늘어나고 코로나19와 같은 전염병 위기를 겪으면서 공적 연금과 국민건강보험의 필요성은 충분히 인지되었고 지지도도 제고되었다. 그렇다면 이제 그러한 것이 거저 얻어지는 것이 아니라 가입자들의 부담으로 얻어진다는 것을 설득해서 제도의 지속가능성을 높여야 한다.

▌자조 노력을 장려하기 위한 재정 지원

사회보장제도는 포괄성 및 적정성과 지속가능성을 함께 유지할 필요가 있는데, 지속가능성에 무게중심을 더 두면 보장 수준의 제약이 생길 수 있다. 그러므로 사회보장을 강화하더라도 자조 노력을 하도록 지원할 필요가 있다. 자조 노력을 강화하게 되면 그만큼 정부의 재정 부담은 줄어들 것이며 후세대로 전가되는 부담이 낮아져 궁극적으로는 세대 간 충돌도 약화된다. 따라서 정부는 자조 노력에 대해 인센티브를 제공할 필요가 있다.

실제로 많은 국가들이 이러한 재정 지원을 통한 자조노력을 장려하는 각종 프로그램을 운영하고 있다. 독일의 경우 우리나라에도 널리 소개된 리스터연금 제도가 대표적이라 할 수 있을 것이다. 리스터연금 제도는 쉬뢰더의 개혁으로 인해 공적 연금의 역할이 축소되는 것에 대응해 사적 연금 가입을 지원하여 보완하려는 제도이다.250)

현재 우리나라에서도 개인연금과 개인형퇴직연금IRP에 대해서 세제혜택을 주고 있다. 그러나 이러한 세제혜택은 주로 중산층 이상의 고소득층에서 향유되는 것으로 나타났다. 특히 고소득층의 세제혜택을 감소시키기 위해 2014년에 소득공제를 세액공제로 전환한 이후에는 전체적으로 연금저축 납입액이 감소하였는데, 부정적 영향은 고소득층에 비해 저소득층을 중심으로 훨씬 크게 나타났다. 이는 2001년, 2006년, 2011년에 세제혜택 한도 상향조정 등 사적 연금의 확대를 위한 기조의 정책이 펼쳐질 당시 연금저축 가입률 및 납입액이 증가했던 것과는 대조적이다.251)

2018년의 경우 납세 인원 1,805만 명 중 736만 명이 종합소득세를 납부하였고, 그중 691만 명이 2018년 귀속 종합소득세를 자진신고하였다. 691만 명 중 연금저축 세액공제를 받은 인원은 68만 3,588명인데, 소득이 높을수록 연금저축 세액공제를 받은 인원의 비중이 높은 경향을 보였다. 그 이유는 여러 가지가 있겠으나 무엇보다도 개인연금을 가입할 수 있는 소득 여력이 소득이 적을수록 낮기 때문이다. 따라서 중위소득 이하의 계층에 대해서는 연금저축 가입 시 보조금을 일부 지원하는 방안을 검토할 필요가 있다. 이렇게 보조금을 지원할 경우 개인의 자조 노력을 장려하여 적은 국가 부담으로 큰 금액의 국가 부담을 줄일 수 있을 것이다.

〈표 29〉 개인연금저축 소득공제와 연금저축 세액공제 현황(2018)

(단위: 명, 백만 원, %)

종합소득규모	인원(A)	개인연금저축 소득공제		연금저축 세액공제	
		인원(B)	금액(C)	인원(D)	금액(E)
0원 이하	250,643	1,208 (0.5)	744 〈2.5〉	472 (0.2)	138 〈0.1〉
1천만 원 이하	2,763,987	7,213 (0.3)	3,733 〈12.3〉	52,489 (1.9)	9,138 〈4.0〉
2천만 원 이하	1,538,240	6,667 (0.4)	3,651 〈12.0〉	90,664 (5.9)	25,422 〈11.2〉
3.5천만 원 이하	1,009,271	6,479 (0.6)	3,619 〈11.9〉	118,559 (11.7)	44,741 〈19.7〉
4천만 원 이하	181,461	1,466 (0.8)	813 〈2.7〉	31,730 (17.5)	13,105 〈5.8〉
5천만 원 이하	257,104	2,352 (0.9)	1,320 〈4.4〉	53,324 (20.7)	18,621 〈8.2〉
6천만 원 이하	180,909	2,409 (1.3)	1,349 〈4.5〉	46,658 (25.8)	16,520 〈7.3〉
8천만 원 이하	234,896	5,108 (2.2)	2,793 〈9.2〉	76,956 (32.8)	27,832 〈12.2〉
1억 원 이하	142,023	4,874 (3.4)	2,750 〈9.1〉	56,014 (39.4)	20,798 〈9.2〉
2억 원 이하	232,760	10,690 (4.6)	6,585 〈21.7〉	101,862 (43.8)	33,119 〈14.6〉
3억 원 이하	56,951	2,368 (4.2)	1,470 〈4.9〉	26,600 (46.7)	8,610 〈3.8〉
5억 원 이하	35,409	1,225 (3.5)	765 〈2.5〉	16,688 (47.1)	5,434 〈2.4〉
7억 원 이하	11,936	430 (3.6)	272 〈0.9〉	5,404 (45.3)	1,765 〈0.8〉
10억 원 이하	6,876	282 (4.1)	181 〈0.6〉	2,990 (43.5)	977 〈0.4〉
10억 원 초과	8,622	361 (4.2)	255 〈0.8〉	3,178 (36.9)	1,039 〈0.5〉
계	6,911,088	53,132 (0.8)	30,302 〈100.0〉	683,588 (9.9)	227,258 〈100.0〉

주: ( )안의 비중은 인원(A) 대비 비중이며, 〈 〉안의 비중은 금액(C)와 금액(E)의 계에 대한 비중임
자료: 국세청(2019), 『2019년 국세통계연보』.

미국에는 SSDISocial Security Disability Insurance 고용지원 프로그램과 PASSPlan to Achieve Self-Support가 있다. SSDI 고용지원 프로그램은 장애를 가지고 있는 사람에게 장기간에 걸쳐서 일할 수 있는 능력을 시험하고 일을 계속하여 점차적으로 자조적이고 독립적이 될 수 있게 도와준다. 일반적으로 일할 수 있는 능력을 시험할 수 있는 기간은 최소 9년이다. 여기에는 최소 12개월의 근로활동 동안 전액 현금 지급, 적격성 연장 기간 동안 36개월의 재자격부여 기간, 그리고 신규 신청을 하지 않고도 현금급여를 다시 시작할 수 있는 5년 기간이 포함된다. 이 기간 동안에는 또는 그보다 더 길게도 메디케어 보장을 계속해서 받을 수 있다. 또한 PASS 승인을 받으면 그에 의거하여 재정적으로 자립하기 위한 업무 목표에 도달할 수 있도록 합리적인 시간 동안 수입과 자원을 따로 확보할 수 있다. 따로 모은 수입과 자원을 사용하여 훈련이나 교육을 받고 장비를 구입하며 사업을 시작하는 등의 작업을 할 수 있게 한다.[252]

이러한 자조 노력 지원제도들은 단지 정부의 재정을 절감하는 차원을 넘어서 자조 노력을 통해 자립적 생활을 영위할 단초를 마련할 수 있게 된다는 점에서 의의가 있다. 사회구성원으로서 지원에만 의존하지 않고 자기능력이 닿는 범위에서 노력함으로써 의존적이지 않은 삶을 영위할 수 있게 된다. 그러한 노력이 점차로 확대되면 자신의 삶에 대한 자신감이 커지면서 다른 사회구성원들과 맺는 관계의 질도 개선될 것이다.

▌세대 내 조세 부담 강화로 후세대 부담 완화

재정 적자가 후세대로 이전되는 것을 막기 위해서는 무엇보다도 재정 적자를 줄여야 한다. 재정 적자를 줄이기 위해서는 재정 수입과 재정 지출만 고려하면 여러 조합이 가능할 것이다. 그런데 재정 지출을 줄이거나 고정하는 것은 현실적으로 실현하기 어려운 목표이므로 재정 지출의 증가를 가능한 한 억제하고 효율화하면서 재정 수입을 강화하는 것이 채택될 가능성이 높은 방안이다. 무엇보다도 재정 적자를 세대 내에서 해결하겠다는 정책 목표를 갖는 것이 중요할 것이다. 결국 재정 수입의 대종을 차지하는 조세 수입을 어떻게 증가시킬 것인지가 검토되어야 할 것이다. 조세 수입을 지나치게 증가시킬 경우 근로의욕과 투자 동기를 억제하여 경제활동이 위축됨으로써 현세대는 물론 후세대까지 부정적 영향을 받을 수 있는 점도 고려해야 할 것이다. 그렇기 때문에 조세를 거두어 지출한다 하더라도 직간접적으로 생산적 성과를 얻을 수 있게 지출 측면에 대한 관리도 필요하다.

우리나라는 법에 명시되어 있지는 않지만 관행상 국가채무비율을 국내총생산 대비 40% 이하에서 관리하는 것을 정책목표로 삼아왔다. 그러나 2020년 들어서는 코로나19 등으로 인한 추경편성으로 인해 국가채무비율이 40%를 넘어서 43.5%가 되고, 2021년에는 46.7%가 되는 것을 전제로 예산이 편성되어 있다. 또한 2024년까지 전망치도 최대 58.3%까지 상승할 것으로 전망하고 있다.[253] 구성면에서 보면 적자성채무의 비율이 금융성채무의 비율에 비해 점유율이 꾸준히 높아지고 있다. 2013년에 51.7%이던 것이 2020년에는 60.2%까지 상승했다. 이는 오랫동안 증세를 하지 않은 상황에서 세출이 꾸준히 증가하여 일반회계상의 적자가 확대되어 온 결과로서 이해된다. 더구나 적자성채무는 2023년에는 711조 원으로 증가하여 국가채무 중 76%를 차지할 전망이다. 적자성채무는 조세 등 실질적으로 국민이 부담해서 해결해야 한다는 점을 고려할 때 향후 재정운영에 큰 부담을 주는 요인으로 작용할 것이다.

[그림 17] 국가채무비율 추이(2013-2020년)

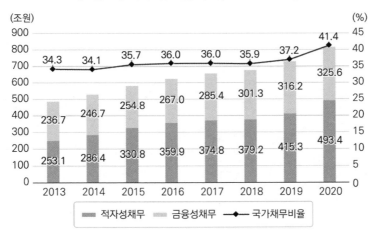

주: 1) 2018년까지는 결산 기준, 2019년은 전망치, 2020년은 제2회 추경 예산 기준
　　 2) 한국은행 신계열 GDP 기준(2010년 → 2015년 기준년 개편, 2019. 6. 4)
자료: 국회 예산정책처(2020a), p. 90.

이에 기획재정부는 우리나라 여건에 맞는 재정준칙을 국가재정법에 근거를 두고 제정하여 국가채무를 관리하겠다는 계획을 세웠다.[254] 구체적으로는 첫째, 준칙성이다. 국가채무 60% 및 통합재정수지 △3%를 기준으로 재정운용, 한도 초과 시 건전화 대책 마련을 의무화한다. 둘째, 보완성이다. 위기 시 적용 면제 및 이에 따른 채무비율 증가분은 공제 후 점진 가산, 경기둔화 시 통합재정수지 기준을 완화한다. 셋째, 실효성이다. 2025회계연도부터 적용하되, 한도는 5년마다 재검토하고, 재정건전화를 위해 필요한 제도적 장치를 보강한다.

그러나 우리나라 국가채무비율은 OECD 회원국들 중에서 가장 높은 일본은 물론 미국, 유로지역, OECD 평균에 비해서는 크게 낮다. 물론 2000~2017년간 우리나라의 국가채무 증가율은 11.5%로 OECD 32개국 중 네 번째로 높은 증가율을 보이고 있으므로 향후 철저한 관리가 필요한 것도 사실이다.[255] 이러한 점을 고려할 때 사회보장 지출을 확대하려면 세입의 상황에 연동시킬 필요가 있다. 이는 조세 수입 확대가 어려우니 필요한 사회보장을 확대하지 말자는 것보

[그림 18] OECD 주요국의 국가채무 비교

주: 1) 각 국가 회계연도 기준
    2) 유로지역 자료는 2019년 5월 자료임
자료: 국회 예산정책처(2020a), p. 101.

다는 필요한 재정 지출을 세입 확보방안을 마련해서 같이 시행해야 한다는 의미이다. 일본의 경우 1960~1970년대에 사회보장제도가 확대된 후 거품경제의 붕괴와 인구의 고령화가 맞물리면서 적자 폭이 확대되었는데, 경직적인 사회보장 급여를 유지하기 위해 2012년에 소비세 세율을 인상하였다. 일본정부는 소비세 인상 방안을 만들면서 그를 계기로 사회보장제도의 강화만이 아니라, '공평·투명·납득'의 3원칙에 기반을 둔 조세제도의 근본적 개혁을 지향했다. 그것은 저출산·고령화 등 인구 구조의 변화, 비정규 노동자의 증대 등 고용기반의 변화, 가족형태·지역기반의 변화, 빈곤·격차 확대 등 사회경제적 정세 변화에 대응하기 위해 사회보장제도의 지속가능성 확보와 기능 강화, 그리고 이를 위한 안정적 재원 확보와 재정 건전성을 동시에 달성하는 것을 목표로 했다.256)

일본의 사례에서처럼 꾸준히 증가하는 경향을 보이는 정부 지출에 대응하여 결국 세입을 확충할 필요가 있다. 세입의 대종을 이루는 것은 어디까지나 조세이며, 사회보장기여금은 대부분 사회보험제도와 관련되어 있다. 그런데 우리나라는 사회보장 관련 세출이 억제되어 왔고 아직은 미성숙하여 세출 규모가 다른 국가들에 비해 작아 낮은 조세 부담으로도 국가채무비율을 낮게 유지해올 수 있었다. 그러나 앞서 보았듯이 국가채무비율이 빠르게 증가할 것으로 전망되고 있기 때문에 조세 부담과 사회보장기여금 부담을 높이는 것이 필요할 것이다.

문제는 이러한 당위성에도 불구하고 조세부담률이 높아지기는커녕 오히려 2018년 이전의 수준으로 낮아질 가능성이 크다는 데 있다. 이러한 현상이 나타나는 것은 우선은 코로나19로 인해 경제활동이 크게 위축되면서 수입 기반이 약해져 조세를 거두기 어려운 환경에 처하게 된 데 있다. 그리고 조세 개혁을 통해

〈표 30〉 조세부담률 및 국민부담률 국제비교(2017년 기준)

(단위: %)

	한국	미국	스웨덴	프랑스	독일	이태리	영국	OECD 평균
조세부담률	18.8	20.6	34.7	29.3	23.3	29.4	26.9	24.9
국민부담률	25.4	26.8	44.4	46.1	37.6	42.1	33.3	34.2

주: 국민부담률 = 조세부담률 + 사회보장부담률

단, 조세부담률 = 조세/GDP, 사회보장부담률 = 사회보장기여금/GDP

자료: e나라지표(http://www.index.go.kr/potal/main/EachDtlPageDetail.do?idx_cd=1122)

〈표 31〉 연도별 조세부담률 전망

(단위: %)

연도	2018	2019p	2020p	2021p	2022p	2023p	2024p
조세부담률	19.9	20.0	19.3	18.7	18.8	18.9	19.0

자료: 기획재정부(2020b), p. 4.

새로운 세원을 발굴하거나 기존의 세원을 확대하지 못하는 데 있다고 볼 수 있다. 조세 부담을 확대하는 것은 정치적으로 인기 없는 정책이기 때문에 정부가 적극적인 조세 개혁을 추진하지 못하고 있다.

단기적으로 아무리 인기 없는 정책이라 하더라도 재정 지출의 확대와 재정 적자의 후세대 전가 방지를 위해서는 조세 개혁을 통한 조세 수입의 확대가 필요하다. 이에 향후 조세 개혁을 통해 세대 내에서 조세 부담을 강화할 때 몇 가지 원칙을 지킬 필요가 있다. 첫째, 소득의 원천에 관계없이 종합과세하고 소득 수준이 높을수록 세 부담을 가중하는 누진과세의 원칙을 유지해야 한다. 둘째, 저소득층이라 하여 소득세를 완전히 감면하기보다는 낮은 세율로라도 사회보장을 위한 조세를 납부하게 할 것을 검토할 필요가 있다. 저소득층도 간접세를 부담하기는 하지만 이렇게 저율로라도 과세를 하여 재정지출을 늘리기 위해서는 자신의 조세 부담이 늘어난다는 것을 인식할 수 있게 해야 한다. 셋째, 연금소득에는 인센티브를 더 부여하고 반면에 재산에 대한 과세를 적극 강화할 필요가 있다. 소득흐름이 좋지 않으나 재산을 많이 소유한 사람들에게 부담을 늘려 적극 유동화하거나 매각하게 함으로써 재산의 집중과 지나친 가격상승을 방지할 수 있어야 한다. 넷째, 증여 및 상속세의 실질부담을 강화하여 부의 대물림을 최소화해야 할 것이다.

이러한 원칙에 입각할 때 조세 개혁은 부동산 등 자산 관련 과세를 강화할 필요가 있다. 이는 우리나라의 순자산 불평등도를 보여주는 지수를 통해서 확인할 수 있다. 2020년의 경우 1분위와 2분위의 경계값인 P10을 기준으로 지수를 계산해보면 9분위와 10분위의 지수는 82.5로 나타났다. 이는 2019년 가구소득을 기준으로 계산했을 때 10.3으로 나타난 것에 비하면 엄청난 격차라 할 수 있다. 더구나 P10~P30은 2019년에 비해 2020년에 순자산이 줄었으나 P40~P90은 순자산이 늘었고, 특히 P90의 증가 폭이 가장 컸다.

<표 32> 순자산 및 가구소득의 분위별 지수(2020년)

(단위: 만 원)

	순자산				가구소득			
	2019년	지수	2020년	지수	2018년	지수	2019년	지수
P10	1,070	1.0	1,011	1.0	1,088	1.0	1,153	1.0
P20	4,331	4.0	4,320	4.3	1,864	1.7	1,915	1.7
P30	8,950	8.4	8,884	8.8	2,721	2.5	2,746	2.4
P40	14,065	13.1	14,110	14.0	3,632	3.3	3,666	3.2
P50	20,050	18.7	20,217	20.0	4,565	4.2	4,652	4.0
P60	27,496	25.7	27,780	27.5	5,576	5.1	5,757	5.0
P70	36,914	34.5	37,940	37.5	6,878	6.3	7,045	6.1
P80	51,700	48.3	53,600	53.0	8,695	8.0	8,793	7.6
P90	81,012	75.7	83,372	82.5	11,813	10.9	11,819	10.3

주: 1) P10은 1분위와 2분위의 경계값이며, P90은 9분위와 10분위의 경계값임
　　2) 지수는 P10을 기준으로 산출한 값임
자료: 통계청·금융감독원·한국은행(2020)

　　순자산 점유율을 5분위로 나누어 계산해보면 최하위인 1분위가 0.4%밖에 차지하지 못한 데 비해 최상위인 5분위는 62.0%를 차지하는 것으로 나타났다. 금융자산을 기준으로 할 때는 1분위가 4.0%를 차지한 데 비해 5분위는 48.6%를 차지했다. 그리고 실물자산을 기준으로 할 때는 1분위가 0.9%를 차지한 데 비해 5분위는 62.3%를 차지했다. 이렇듯 소수에게 자산이 집중된 현상은 금융자산보다는 실물자산에서 더 두드러지고 있다.

　　개인소득세도 자산의 집중도에 비해서는 덜하지만, 가구소득이 P10과 P90 간에 격차가 크고 상위 5% 이상 소득자의 종합소득이 더 많이 증가하는 현실을 고려하여 조세 개혁이 단행될 필요가 있었다. 이러한 점 등을 고려하여 2020년 정기국회에서 의결된 2020년 개정세법에 따르면, 소득세는 10억 원 초과구간을 신설하여 그에 대해 45%의 세율을 적용하기로 하였다. 이에 따라 모두 7단계에 걸쳐 과세하게 되는데, 최저과세구간은 1,200만 원 이하에 대해 6%의 세율을 적용하여 과세한다. 그러나 2018년 기준으로 전체 근로자의 38.9%인 722만 명이 소득세를 내지 않고 있는 점은 개선할 필요가 있다.

〈표 33〉 국세의 세목별 구성비

(단위: 억 원, %)

구분	2018년		2019년	
	금액	비중	비중	비중
총 국세	2,935,704	100.0	2,934,543	100.0
[일반회계]	2,858,920	97.4	2,860,320	97.5
− 내국세1)	2,547,702	86.8	2,558,045	87.2
• 소득세	844,616	28.8	835,620	28.5
• 법인세	709,374	24.2	721,743	24.6
• 상속증여세	73,589	2.5	83,291	2.8
• 부가가치세	700,091	23.8	708,283	24.1
• 개별소비세	104,510	3.6	97,191	3.3
• 증권거래세	62,412	2.1	44,733	1.5
• 인지세	8,812	0.3	8,456	0.3
• 과년도수입	44,298	1.5	58,728	2.0
− 교통·에너지·환경세	153,348	5.2	145,627	5.0
− 관세	88,152	3.0	78,821	2.7
− 교육세	50,987	1.7	51,111	1.7
− 종합부동산세	18,728	0.6	26,713	0.9
[특별회계]	76,784	2.6	74,223	2.5
− 주세	32,609	1.1	35,041	1.2
− 농특세	44,175	1.5	39,182	1.3

주: 1) 지방교부세법의 규정에 의하여 해당 세목의 세수가 지방교부 대상이 되는 내국세 세목(세수 사용목적
      이 특정되지 않고 일반적인 재정수요에 충당하는 세목)을 말하는 것으로 강학상의 내국세 범위와는
      다름
자료: 기획재정부, 『조세개요』, 각 연도.

마지막으로 검토할 수 있는 세원은 국세 중에서 중요성이 큰 간접세인 소비
세를 인상하는 것이다. 이는 우리나라의 소비세 수준이 높지 않다는 점도 있지
만, 경제의 디지털화가 심화되고 플랫폼 노동이 확산되면서 제대로 세원이 포착
되지 않는 소득의 비중이 높아지고 있기 때문이다. 그렇다면 입구 단계에서 과

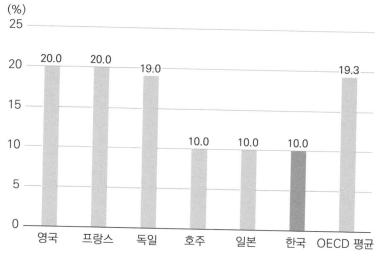

[그림 19] OECD 주요국의 부가가치세율

주: 일본은 2019년 10월 1일부터 8%에서 10%로 인상
자료: 기획재정부(2020b), p. 15.

세하기 위해 행정력을 소모하기보다는 출구단계에서 과세함으로써 과세행정의 편의성과 효과성을 동시에 도모할 필요가 있다. 따라서 고소득층에 대한 부담과 함께 소비세의 중심인 부가가치세율을 인상하여 사회보장재원을 확보할 필요가 있다. 정부는 부가가치세율이 OECD 회원국들에 비해서는 크게 낮지만 일본, 대만, 싱가포르에 비해서는 낮지 않은 수준이라 생각하고 세율 인상에는 소극적이다. 그러나 재정 적자가 확대될 것으로 예상되는 상황에서는 좀 더 적극적으로 부가가치세율을 인상하는 것을 검토할 필요가 있다.

다만 소비세가 소득재분배에 갖는 역진성이 우려될 수 있다. 이는 부가가치세의 면세품목을 조정한다거나 조세로 확충한 사회보장재원으로 저소득층을 지원을 강화함으로써 역진성을 극복하고 지원효과를 높여야 할 것이다.

의식주와 관련된 기초생활필수 품목을 면세품목으로 전환하는 등 면세항목의 조정과 적정 수준의 경감세율 도입을 통해 상대적으로 부담능력에 따른 과세원칙도 구현할 필요가 있다.[257] 또한 부가가치세율을 급격히 인상할 경우 영세사업자들과 상거래에 부정적 영향이 생겨날 수 있으므로 중장기에 걸쳐 단계적으로 세율 인상계획을 밝히고 추진할 필요가 있다.

그리고 소득불평등이 커지고 있는 상황이므로 개별소비세도 과세를 강화할 필요가 있다. 우리나라 개별소비세교통·에너지·환경세, 주세, 담배세 등 포함의 세수 비중은 2019년 기준으로 총조세 대비 12.3%, GDP 대비 2.4% 수준인데, OECD 평균 개별소비세 세수 비중은 2018년 기준으로 총조세 대비 13.4%, GDP 대비 3.1%에 비해 낮기 때문이기도 하다. 또한 환경오염, 건강 악화 등을 야기하는 품목에 대한 과세를 강화하여 경제사회적인 부정적 영향을 최소화할 필요가 있기 때문이기도 하다.

▌새로운 세원으로 재정 적자 완화

4차 산업혁명 등으로 디지털 전환이 빠르게 추진되면서 기존의 과세체계로는 과세되지 않거나 조세를 회피하는 현상이 전 세계적 수준에서 진행되고 있다. 경제의 디지털화에 따라 일부 글로벌 기업들은 국내에 고정사업장을 두지 않고도 사업을 진행시켜 수익을 창출할 수 있게 되는데, 이렇게 국내에서 발생한 수익에 대한 과세를 어떻게 할 것인지가 문제가 된다. 대개는 조세 부담이 가장 낮은 곳에서 과세될 수 있게 사업모델을 구성하므로 우리나라에서 수익이 발생했음에도 과세를 전혀 하지 못하는 경우도 생길 수 있다.

이러한 이슈는 이미 국제적으로 많은 검토를 통해 대안을 모색하는 단계에 와 있는데, 대표적인 것이 OECD가 G20과 함께 2012년부터 시작한 세원잠식과 소득이전Base Erosion and Profit Shifting, 이하 BEPS 프로젝트이다. BEPS 프로젝트는 2015년 11월에 15개의 액션플랜으로 구성된 최종보고서가 G20 정상회의에 보고되면서 1단계 작업을 마쳤다. 이후 액션플랜의 충실한 이행을 위해 2016년 6월에 OECD/G20 다자간 협의체Inclusive Framework가 출범되었는데, 다자간협의체는 2018년에 제출한 중간보고서에서 디지털화에 따른 과세문제가 세원 잠식을 종식시키는 것에 그치지 않고 국경을 넘는 경제활동으로 창출된 이익의 배분 문제로 확대될 필요가 있다고 판단하였다. 이에 따라 다자간협의체의 구성원은 이익의 배분과 과세연계점 기준profit allocation and nexus rule에 대한 새로운 국제조세 기준을 마련하기로 하였다. 한편, 2019년 6월 G20은 디지털 경제에서의 새로운 과세권 배분 원칙 및 세원잠식방지 방안의 필요성에 대해 공감하여, 2020년 말까지 디지털 과세에 대한 국제합의안을 작성할 것을 합의하였다. 세부적으로 2020년 1월 OECD IF 총회에서 디지털세의 기본 골격에 대해 합의하였고, 12월 말까지 세부방안을 마련하는 것을 목표로 논의를 진행하였다.258)

디지털 과세의 세부방안이 마련되면 현재 국내에서 과세가 제대로 되고 있지 않은 많은 디지털기업에 대해 과세가 가능해져 새로운 세원이 확보될 것이다. 물론 실제로 디지털세가 시행되기 위해서는 한 국가만으로는 어렵기 때문에 상당한 시간이 더 필요할 수는 있을 것이다. 그럼에도 세계경제를 이끄는 G20가 합의한 방안이기 때문에 구속력은 클 것이다.

과세권을 어느 관할권에서 행사할지가 주된 이슈인 디지털세와 함께 검토할 필요가 있는 새로운 세원은 로봇세이다. 로봇세는 알고리즘에 기반한 로봇의 광범위한 사용으로 고용구조를 변화시키고 실업을 야기하기 때문에 기본소득을 제공하기 위한 세원으로서 논의가 시작되었다. 그런데 로봇의 광범위한 사용이 고용에 부정적일지 여부는 아직 논란의 영역이다. 분명한 것은 로봇의 사용으로 이익을 보는 영역과 불이익을 보는 영역이 생기며, 이익은 소수에게 집중되는 경향을 보이고, 전환과정에서 실업은 불가피하다는 것이다. 물론 이익과 불이익이 동시에 발생하여 총량적으로 이익 여부를 따져야 하는 경우도 많을 것이다.

또한 로봇이 완성된 객체가 아니라 앞으로 여러 단계에 걸쳐 진화할 것으로 정의를 일률적으로 내리기 어렵다는 점과 관련된다. 현재를 기준으로 보면 로봇은 일부 기능에서 인간에 비해 훨씬 더 나은 능력을 보여주지만 종합적으로는 인간과 대등한 능력을 갖추지 못했다고 평가되며 별도의 인격도 부여되어 있지 않다. 이렇듯 로봇의 법률적 의미와 경제적 지위를 따져보면 아직은 독립된 인격이 부여되어 있지 않고 인간을 보조하는 생산수단이라는 점에서 기존의 기계장치와 달리 과세상 대우할 필요가 있는가라는 반론도 가능할 것이다. 그리고 로봇을 채택하여 수익을 더 많이 벌어들이는 기업들이 세금을 더 많이 낸다는 것을 고려할 때도 이익을 재분배하기 위해서 과세상 다른 대우를 할 필요가 있는가라는 반론도 가능할 것이다.

실제로 로봇에 대해 법인격을 인정하여 별도로 과세하지 않는 현재는 로봇을 소유하고 생산과정에 투입하는 기업이 어떤 형태든 이익에 대한 조세를 부담하고 있다. 그러나 그러한 이익을 벌어들이는 데 실업 등의 사회적 비용을 유발한다면 그에 상응하는 비용을 부담시킬 필요가 있다. 그것이 로봇세가 아닌 자동화세(automation tax[259])라는 이름으로 부과되든, 아니면 다른 이름으로 부과되든 큰 문제는 아닐 것이다.

다만 어떠한 기준을 가지고 일관되게 원칙을 적용할 것인지가 중요한 문제라 할 수 있다. 실제로 우리나라에서는 2017년 세법개정을 통해 기업이 생산성을 높이는 첨단기계에 투자할 경우 투자액의 3~7%를 법인세에서 감면해주는 생산성 향상시설 투자세액공제 제도를 개편했는데, 대기업의 경우 3%에서 1%로 낮추고 중견기업은 5%에서 3%로 낮추었고 중소기업에 대해서는 7%를 그대로 유지하였다. 그러나 2019년 세법개정에서는 2020년 말까지 대기업은 2%로, 중견기업은 5%, 중소기업은 10%로 올리되, 2021년에는 대기업 1%, 2022년에는 중견기업 3%로 공제율을 단계적으로 축소 조정하는 것으로 했다.

디지털 전환으로 새롭게 주목해보아야 할 세목으로 로봇세와 함께 빅데이터세가 있다. 이는 빅데이터를 구성하는 데이터가 국민들의 데이터이고 익명처리를 했다 하여 무상으로 이용될 것은 아니라는 점에서 출발한다. 물론 데이터 이용에 대한 보상을 어떻게 할 것인가도 여전히 합의되지 않은 상태이지만, 그에 앞서 데이터 이용에 대해 보상해야 한다는 합의가 있어야 할 것이다. 빅데이터는 데이터를 제공한 사람들의 공동자산으로 인식되고 데이터를 제공한 사람들은 공동자산으로부터 창출된 가치의 일부를 보상받을 권리가 있는 것이다. 또한 빅데이터는 인공지능과 결합하여 생산성을 향상시키고 새로운 가치를 만들어내지만 궁극적으로는 고용을 축소시키기 때문에 고용을 축소시키는 데 따른 사회적 비용을 부담할 의무가 있다고 볼 수 있다. 이러한 의미에서 빅데이터세를 세대충돌을 완화시키기 위한 새로운 세원으로 하는 것은 필요하다고 볼 수 있다.

세대 간 정의와 연대를 위하여

경제가 저성장 또는 역성장을 하는 시대를 살다보니 많은 사람이 자신의 작은 이익에도 민감해졌다. 특히 공적으로 부담해야 하는 조세나 사회보험료에 대해서는 과연 내가 부담한 만큼 혜택을 받을 수 있을 것인가 하는 문제의식이 커졌다. 이는 인구의 고령화와 맞물려 정부의 재정 적자가 갈수록 커지고 자신에게 복지 혜택을 줄 각종의 사회보험 재정의 지속가능성이 염려되기 때문이다. 그렇다 보니 이제 세대 간 이해가 충돌하는 문제를 단순히 사회의 연속성을 위해서는 세대가 연대하고 협력해야 한다는 당위론만으로 풀기에는 어려운 상황이 되었다.

이 문제를 풀기 위해서는 각 세대가 생각하는 바의 차이를 메울 수 있는 다리를 놓아야 하며, 그 다리를 놓기 위해서는 세대에 대한 이해가 필요하다. 세대는 개념으로 정의할 수는 있지만, 그 실체는 명확하지 않다. 예를 들어 1955년생부터 1963년생까지를 1차 베이비붐 세대라고 하지만, 1954년생과 1955년생이, 1963년생과 1964년생이 다른 세대로서 구별될 수 있는가? 그리고 같은 세대라고 하지만 자산이 많은 사람과 자산이 없는 사람이 같은 세대로서 유대감을 얼마나 가질 것인가는 의문이다. 그런 의미에서 세대라는 단어는 제한적 분석을 위해서는 유용할 수 있으나 현실적으로 활용하는 데는 많은 주의가 필요하다고 생각한다.

이렇게 세대를 이해할 때 세대 간 정의는 과연 어떻게 확립될 수 있을 것인가? 세대 간 정의는 세대와 정의를 어떻게 이해하는가에 따라 여러 차원에서 접근될 수 있을 것이다. 그러나 이 책에서 중심적으로 살펴보았던 경제적 문제를 기준으로 볼 때는 우선은 출생연도를 기준으로 분류한 세대 간 부담과 혜택에 공평성이 유지되는 것을 말한다. 그런데도 현실적으로는 세대 간 부담과 혜택을 측정할 범위, 기준, 방법 등이 확정되어 있지 않아 어떤 상태가 공평성이 있는 것인지 말하기 어렵다. 보통은 세대 간 공평을 언급하는 많은 논문이나 저서는 경제 일부분에서 공평성이 유지되는지를 기준으로 파악한다. 그러나 세대 간에는 경제의 일부만 관련되는 것이 아니라 전체가 관련되기 때문에 한계가 있다. 더구나 경제 전체에 걸쳐서 공평성을 측정하는 것은 어렵다. 결국, 부분을 기준으로 공평성을 측정하며 세대 간 공평성을 얘기할 수밖에 없다.

또한, 한 세대를 평균수명, 예를 들어 100년을 기준으로 분석하는 것도 현실적 유용성이 떨어진다. 더구나 현실 사회는 세대가 불연속되어 있는 것이 아니라 연속되어 있고 후세대는 전세대와 현세대가 이룬 것을 받아들여 살아간다.

공평성을 기준으로 어느 한 측면에서는 후세대에 유리하지만 다른 측면에서는 현세대에게 유리할 수도 있기 때문이다. 만약 세대가 고정된 집단이 아니라 시간의 흐름 속에서 위치가 바뀌게 되고 연속해 있는 세대를 다른 세대로 보는 것 자체가 큰 오류를 낳을 수 있다. 그렇다면 세대 간 공평성을 절대화하여 얘기할 사안은 아니라 할 수 있다.

이렇게 세대 간 정의를 이해한다면 세대는 이익을 두고 다투는 대립적 관계가 아니라 각 세대가 살아가는 동안 다양한 문제를 같이 해결할 연대적 관계에 있다고 할 수 있다. 그렇다면 세대 간 연대를 강화할 방법이 모색될 필요가 있다. 세대 간 연대야말로 사회를 유지할 수 있는 가장 강력한 근거가 되기 때문이다.

세대 간 연대를 위한 장치로서 사회보험에서 연대란 위험을 공유하는 것을 말하는데, 그것은 권리_{보장}와 의무_{기여} 모두를 수반한다. 연대는 부유한 사람이 가난한 사람을 보조하고 건강한 사람이 건강하지 못한 사람을 보조하는 재분배 및 보조 제도이다.[260] 또한, 현재 드러난 위험을 모든 세대가 같이 노력하여 극복함으로써 세대를 이어가고 현세대의 과실을 후세대와 공유하는 장치이다. 예를 들어 현세대가 구축하는 사회적 인프라는 후세대를 위해서도 이용될 수 있는 것이다. 그러나 때로는 역사적으로 큰 사건을 겪으면서 불운한 세대가 생겨날 수 있다. 예를 들어 식민지나 전쟁을 경험하거나 외환위기나 코로나19와 같은 위기를 겪으면서 불운한 세대가 생길 수 있다. 그럼에도 불구하고 세대는 이어져야 하며 불운한 세대를 다른 세대가 보조하여 불운의 고통을 완화할 필요가 있다. 그러한 역할을 하는 것이 세대이다.

현세대는 당면한 문제를 해결하기 위해 스스로 의사결정을 할 수 있다. 그러나 후세대는 아직 태어나지 않았거나 의사결정에 참여할 자격이 주어지지 않아 현세대보다 불리한 위치에 있다고 할 수 있다. 어느 세대나 전세대가 형성해놓은 환경에서 경제 및 사회활동을 시작한다. 스스로 의사결정을 하지 못했다 하여 후세대가 늘 불리한 것만은 아니다. 전세대나 현세대가 세대 이기주의에 빠져 후세대에 불리한 결정만 하는 것은 아니기 때문이다. 전세대나 현세대가 최선의 노력을 다했음에도 결과가 좋지 않아 후세대가 그 부담을 고스란히 떠안아야 할 수도 있다. 결국, 세대는 현실에서는 명확하게 구분되지 않은 채 연결되어 당면한 문제를 해결하는 공동체에 속하는 단위라고 볼 수 있다.

현실에서는 현세대가 이해를 달리 하는 개인 또는 집단으로서 의사결정에 직접 참여할 수 있어서 후세대에 부담을 넘기는 것보다 현세대 내에서 부담을 어떻게 나눌 것인지를 결정하기가 더 어렵다. 복지를 위한 재정지출 확대를 결의하기는 쉬워도 그에 따른 증세를 결정하기는 어렵다. 이렇듯 현세대 내에서 문제가 해결되지 않으면 그 부담은 후세대에 넘겨진다. 세대충돌을 일으키는 이러한 결정은 도덕적으로 당연히 비난받아 마땅하다. 그렇다면 복지 문제는 세대 내에서 해결해야 하고, 결국 계층 간의 문제로 귀결된다.

세대충돌을 해결하기 위해서는 현세대가 조세, 사회보험, 자조 노력을 적절히 결합하여 인간적 삶을 영위할 수 있는 최저한 이상을 보장하는 사회를 만드는 노력을 할 필요가 있다. 고령자를 위한 복지를 현세대와 후세대만 책임지는 것이 아니라 전세대의 능력 있는 고령자도 책임을 질 필요가 있다. 그러한 차원에서 조세, 사회보험제도의 개선이 필요하다.

이러한 분석을 통해 볼 때 국민연금 등에서는 세대 간에 공평성이 없는 것이 확실하나, 현실적으로 전체 경제 차원에서 세대 간 공평성이 맞지 않는지는 확실하지 않다고 생각한다. 오히려 세대를 나누어 경제 및 사회적 이슈를 접근하는 것이 적절하지 못하다는 판단이다. 그럼에도 국가채무를 늘려서 후세대에게 전가하는 것은 적절한 정책이 아니므로 현세대 내에서 분배문제를 해결하는 것이 타당할 것이다.

감사의 글

   최근 들어 세대충돌은 일상에서 빈번해지고 있으며 전면적이고 심각해서 중요한 사회적 이슈로 등장하고 있다. 이를 해결하려면 세대충돌이 발생하는 메커니즘이 정확하게 규명될 필요가 있다. 이를 위해서는 ① 우리 사회는 왜 세대충돌이 구체적 양상을 띠고 나타나게 되었을까? ② 세대충돌이 격화된다면 어떠한 결과가 초래될 것인가? ③ 만약 세대충돌이 파국을 초래하는 상황으로까지 가는 것을 막기 위해서는 어떠한 대안을 마련해야 할까? ④ 세대충돌이 격화되는 상황에서 세대연대는 어떠한 의미가 있을까? 등과 같은 질문에 답을 할 필요가 있다. 이러한 질문들에 대해 답을 주기 위한 것이 이 책을 쓰게 된 가장 직접적인 동기가 되었다.

   이러한 동기를 가지고 책을 쓰기 시작했으나 막상 과연 어떻게 이 이슈들에 접근해야 올바를 것인가는 또 다른 과제였다. 세대충돌이란 무엇을 의미하는가? 세대충돌이 사회적 이해관계의 충돌에서 어느 위치에 있는가? 세대충돌이 다른 사회적 충돌의 원인인가 아니면 결과인가? 세대충돌이 다른 사회적 충돌과 관계가 있다면 어떻게 분석해야 할 것인가? 등의 과제가 제기되었다. 이들 질문에 답을 주기 위해서는 세대 문제를 분석하는 접근방법과 더불어 저출산·고령시대에 세대 간 연대가 갖는 경제적 측면을 분석하는 접근방법이 확립되어야 할 것으로 보았다.

   결국 우리나라 사회보장제도에 국한하지 않고 노동, 민간보험, 조세 등 다양한 제도를 연구하고 국내외 사례를 조사하여 정리하는 작업을 해야 했다. 그렇다보니 원래 예정했던 것보다 많은 시간이 흘렀다. 시간이 많이 지체되었음에도 불구하고 책의 출판을 기대하고 기다려준 대산신용호기념사업회에 먼저 감사드린다. 많은 어려움 속에 이 책을 출판할 수 있게 된 것은 모두 사업회의 지원 덕분임을 밝혀둔다.

아울러 이 책의 원고를 꼼꼼히 읽고 좋은 조언을 해준 상명대학교의 유경원 교수님과 보험연구원의 강성호 박사님에게도 감사드린다. 초고를 작성하고 적절한 검증을 받을 필요가 있었는데, 두 분은 바쁜 중에도 자신의 저서처럼 생각하고 많은 조언을 해주었다.

마지막으로 이 책의 출판을 기꺼이 수락하신 박영사의 안종만 회장님, 안상준 대표님과 관련 임직원분들께 감사드린다. 책이 이렇게 좋은 모습으로 출판될 수 있었던 것은 출판사의 노력에 힘입은 바가 크다. 특히 기획을 담당한 정연환 선생님, 편집을 직접 담당한 박송이, 배규호 선생님의 기여가 컸다.

이 책의 내용에는 쟁점이 많이 있는데, 한 권의 책에 담으려다 보니 어느 면에서는 부족한 부분도 있을 것으로 생각한다. 그런 부분에 대해서는 독자의 의견을 구하는 바이며, 추후 출판의 기회에 반영하고자 한다. 이 책의 내용과 관련한 어떠한 오류도 모두 저자에게 있음도 밝혀두고자 한다.

아무쪼록 이 책이 고령사회 대한민국의 세대 간 충돌을 해결하기 위한 초석으로 역할할 수 있기를 기대하며 많은 독자에게 참고가 되기를 기대한다.

2021년 4월
광화문에서 오영수

참고문헌

강길원(2016), 「신포괄수가제 시범사업의 성과와 과제」, 『HIRA 정책동향』, 제1권 제2호, 건강보험심사평가원, pp. 39~43.

강병원의원실(2020), 「2020년 보건복지부 국정감사 질의서」, 2020. 10. 22.

강성은(2020), 『세계 수출시장 1위 품목으로 본 우리 수출의 경쟁력 현황』, 한국무역협회 국제무역통상연구원, 2020. 4.

강성호(2013), 「세대간 공평성 관점에서 본 공적연금 개선방향」, 제2차 고령사회포럼자료, 한국보건사회연구원.

강신욱 외(2017), 『소득보장제도 체계화 방안 연구』, 한국보건사회연구원.

고용노동부(2019), 「「2018~2028 중장기 인력수급 전망」 발표」, 보도자료 설명자료, 2019. 12. 17.

고용노동부·한국고용정보원(2016), 『인생2막, 새로운 도전 - 베이비부머 직업 탐색 가이드』.

곽민서(2020), 「지난달 그냥 쉰 2030 대졸자 19.3만 명 … 1년새 40%」, 연합뉴스, 2020년 12월 27일자 기사.

관계부처 합동(2020), 「모든 취업자를 실업급여로 보호하는 전 국민 고용보험 로드맵」, 보도자료 설명자료, 2020. 12. 23.

국민건강보험공단(2019), 「건강보험 보장성 강화대책 주요 성과 및 향후 계획」, 보도자료 설명자료, 2019. 7.

국민연금관리공단(1998), 『국민연금 재정추계』, 1998. 4.

국민연금발전위원회(2003a), 『2003 국민연금 재정계산 및 제도개선방안』, 국민연금재정계산 연구보고서, 2003. 6.

국민연금발전위원회(2003b), 『2003 국민연금 재정계산 및 제도개선방안』, 국민연금재정계산 자료집, 2003. 6.

국민연금운영개선위원회(2008), 『2008 국민연금 재정계산: 국민연금 운영개선방향』, 국민연금재정계산 보고서 2008. 11.

국민연금재정추계위원회(2008), 『2008 국민연금 재정계산: 국민연금 장기재정추계』, 국민연금재정계산 보고서 2008. 11.

국민연금재정추계위원회(2018), 『제4차 국민연금 재정계산 장기재정전망결과』, 설명자료, 2018. 8.

국민연금재정추계위원회·국민연금제도발전위원회·국민연금기금운용발전위원회(2013),

『2013 국민연금 재정계산: 국민연금 장기재정추계, 국민연금 제도 및 기금운용 개선 방향』, 국민연금재정계산 보고서 2013. 10.

국민연금재정추계위원회(2018), 『제4차 국민연금 재정계산 장기재정전망 결과』, 2018. 8.

국민연금재정추계위원회·국민연금제도발전위원회·국민연금기금운용발전위원회(2018), 『2018년 재정계산 결과를 바탕으로 한 국민연금 제도개선 방향에 관한 공청회 자료집』, 2018. 8.

국세청(2019), 『2019년 국세통계연보』.

국회예산정책처(2018), 『2018~2027년 기초연금 재정소요 추계』, 2018. 11.

국회예산정책처(2019), 『2019~2028년 8대 사회보험 재정전망』, 2019. 11.

국회예산정책처(2020a), 『2020 대한민국 재정』, 2020. 6.

국회예산정책처(2020b), 『사회보장정책 분석(Ⅱ): 소득보장』, 2020. 6.

국회예산정책처(2020c), 『사회보장정책 분석(Ⅳ): 사회서비스』, 2020. 6.

국회예산정책처(2020d), 『4대 공적연금 장기 재정전망』, 2020. 7.

국회예산정책처(2020e), 『2020 NABO 장기 재정전망』, 2020. 9.

권순미(2019), 「일본의 소비세 인상 경험과 시사점」, 『월간 복지동향』, 참여연대.

기획재정부(2019), 『조세개요』.

기획재정부(2020a), 『2021년 예산안』.

기획재정부(2020b), 『중장기 조세정책 운용계획』.

기획재정부(2020c), 「재정준칙 도입 방안」, 보도자료 별첨자료, 2020. 10. 5.

김기식·주민지(2020), 『노인빈곤율에 대한 비판적 검토와 지속가능한 노후소득보장체계를 위한 정책방향 제언』, 더미래연구소.

김대철(2013), 「국민연금 재정안정화 방안과 세대간 공평성 분석: 시나리오별 세대간 보험료 부담 비교」, 『대한경영학회지』, 제126권 제6호(통권 104호), 2013년 6월, pp. 1653~1668

김상호(2004), 「국민연금법 개정(안)과 세대간 소득재분배」, 『사회보장연구』, 제20권 제3호, 한국사회보장학회, pp. 83~104.

김상호(2012), 「국민연금법 및 사학연금법 개정의 재정안정화 효과」, 『재정학연구』, 제5권 제1호, 한국재정학회, pp. 37~65.

김상호·우해봉(2008), 「독일 리스터연금 운영 현황 및 평가」, 국외출장보고서, 한국보건사회연구원.

김선업(2014), 『초저출산·초고령사회 위험과 사회갈등』, 한국보건사회연구원.

김수현(2018), 「군산시 고용 동향과 이직자의 일자리 이동 특성」, 『지역고용동향 브리프』,

2018년 봄호, 한국고용정보원.

김신영(2013), 「노령세대와 베이비붐 세대의 판별요인 분석: 문화활동을 중심으로」, 『통계연구』, 제18권 제1호, 통계청.

김연명(2015), 「국민연금이 세대간 공평성을 저해하는가?: 현세대의 '이중부담' 구조에 근거한 국민연금 세대간 공평성의 재해석」, 한국사회복지정책학회, 『사회복지정책』, 제42권 제4호, pp. 127~151.

김연주(2020), 「베이비부머 기초연금 첫 수령…부담 눈덩이」, 『매일경제신문』, 2020년 9월 13일.

김용하(2015), 「공적연금 재정안정화를 위한 정책과제와 개선방안」, 『예산정책연구』, 제4권 제2호 2015년 11월 13일, 국회예산정책처.

김용하(2020), 『저출산 고령화로 인한 연금고갈 문제』, 기획재정부·글로벌지식협력단지·한국개발연구원.

김용하·임성은(2011), 「베이비붐 세대의 규모, 노동시장 충격, 세대간 이전에 대한 고찰」, 『보건사회연구』, 제31권 제2호, 한국보건사회연구원, pp. 36~59.

김준(2015), 『우리나라 노동시장의 유연성과 안정성: 현황과 과제』, 국회 입법조사처 현안보고서, 제280호.

김진무 외(1997), 『각국의 공적 연금제도 비교(Ⅲ)』, 국민연금연구센터.

김태일(2015), 「국민연금의 세대내·세대간 공평성 분석과 개혁방향」, 『예산정책연구』, 제4권 제2호, 국회예산정책처.

남재량(2018), 『정년 60세 이상 의무제 시행의 고용효과 연구』, 연구보고서, 한국노동연구원.

노기성 (편)(2011), 『사회서비스 정책의 현황과 과제: 사회복지 서비스를 중심으로』, 한국개발연구원.

대통령자문 정책기획위원회(2008), 『국민연금개혁: 지속가능한 연금제도 개선』, 참여정부 정책보고서.

로런스 J. 코틀리코프, 스콧 번스(2012), 『세대충돌』(정명진 역), 부글북스.

박시내(2019), 「고령화와 노년의 경제·사회활동 참여」, 『KOSTAT 통계플러스』, 2019년 가을호, 통계청 통계개발원.

반기웅(2020), 「쉬워진 해고, 단지 코로나 때문인가」, 『주간 경향』, 제1396호, 2020. 9. 28, 경향신문사.

배준호(1997), 「노령사회의 소득격차와 상속세」, 『경제학연구』, 제45권 제3호, 한국경제학회, pp. 47~76.

배준호 외(2020), 『내 연금이 불안하다』, 책과 나무.

베르나르드 스피츠(2009), 『세대간의 전쟁』, 경연사.

보건복지부·국민건강보험공단·건강보험심사평가원(2018), 「의료인의 질문에, 복지부가 답합니다」, 2018. 4.

보건복지부(2020), 「비급여관리 혁신, 국민중심 의료보장 실현"「건강보험 비급여관리강화 종합대책」수립」, 보도자료, 2020. 12. 31.

사학연금재정재계산위원회(2016), 『사학연금 장기재정추계』.

서강대 현대정치연구소(2019), 『서울시 청년활동지원사업 참여자 분석 연구』.

석재은(2013), 「한국 공적연금의 세대간 이전의 공평성과 연금개혁 방안: 기초연금 개혁안을 중심으로」, 한국사회보장학회 세미나 자료.

석재은(2015), 「기초연금 도입과 세대간 이전의 공평성」, 『보건사회연구』, 제35권 제2호, 한국보건사회연구원, pp. 64~99.

석진홍·박우성(2014), 「인력 고령화가 기업의 생산성과 인건비에 미치는 영향」, 『노동정책연구』, 제14권 제3호, 한국노동연구원, pp. 79~104.

송호근(2003), 『한국, 무슨일이 일어나고 있는가』, 삼성경제연구소.

신동균(2013), 「베이비붐 세대의 근로생애사」, 『보건사회연구』, 제33권 제2호, pp. 5~32.

신현웅(2020), 「보건의료정책 현황과 과제: 지속가능성 확보를 중심으로」, 『보건복지포럼』, 2020년 1월호, 한국보건사회연구원, pp. 9~22.

신현웅 외(2020), 『신포괄지불제도 시범사업 평가 연구』, 건강보험심사평가원·한국보건사회연구원.

안우진·전영준(2018), 「경기중립적 세대간 회계를 이용한 정부재정 유지가능성 및 세대간 불균형 평가」, 한국재정학회 추계학술대회, 2018년 10월.

오승연·이정택(2016), 「기대수명 증가와 의료비: 생애 말기 의료비를 중심으로」, 『고령화 리뷰』, 제2호, 보험연구원.

오영수 외(1997), 『사회환경변화와 민영보험의 역할(Ⅰ): 총론』, 보험개발원 보험연구소.

오영수 외(1998), 『사회환경변화와 민영보험의 역할(Ⅱ): 연금개혁과 보험회사의 역할』, 보험개발원 보험연구소.

오영수 외(1999), 『사회환경변화와 민영보험의 역할(Ⅲ): 의료보험개혁과 보험회사의 역할』, 보험개발원 보험연구소.

울리케 유라이트·미하일 빌트(2014), 「세대들」, 울리케 유라이트·미하일 빌트, 『'세대'란 무엇인가』, 한울.

유근춘 외(2004), 『고령화와 의료비간의 상호관계 분석과 세대간 공평성 제고방안』, 한국보건사회연구원.

유근춘(2014), 「사회보장에서의 세대간 공평성 현황과 전망」, 『보건·복지 Issue & Focus』, 한국보건사회연구원, 제242호.

유호선 외(2017), 『독일의 공·사적 연금제도 연구』, 국민연금공단 국민연금연구원.

윤석명(2015), 「고령 사회에 대처하기 위한 공적 연금 개편방향」, 『적정복지논쟁Ⅱ: 고령 사회에 대처하기 위한 공적연금 개편 방향』, 정책&지식포럼 제810회, 한국정책지식센터.

이기영(2012), 「인구구조의 고령화와 세대간 소득이전」, 『재정학연구』, 제5권 제1호, 한국재정학회, pp. 135~162.

이수연·이동헌·조정완(2015), 『65세 이상 노인 진료비 지출 중장기 추계 연구』, 국민건강보험공단 건강보험정책연구원.

이혜림(2012), 「조세·사회보장 부담과 혜택 세대간 격차 크다」, LG경제연구소, 『LG Business Insight』, 2012. 7. 4.

장윤섭·양준석(2017), 「근로자 고령화가 기업의 신기술 도입과 생산성에 미치는 효과」, 『노동정책연구』, 제17권 제1호, 한국노동연구원, pp. 109~136.

전병목(2016), 「세대간 상생을 위한 공적연금제도의 개혁방안」, 『재정포럼』, 2016년 5월호, 한국조세연구원.

전승훈(2019), 「응능과세원칙을 고려한 부가가치세 역할 강화 방안」, 『재정정책논집』, 제21권 제3호, 한국재정정책학회, pp. 93~123.

전영준(1997), 「인구구조 변동과 국민연금 - 세대별 후생분석을 중심으로 -」, 『한국경제의 분석』, 제3권 제1호, 한국금융연구원.

전영준(1998), 『국민연금제도 개선안의 세대간·세대내 재분배효과』, 한국조세연구원.

전영준(2003), 「공적 연금제도에 대한 재정분석 - 세대간 회계를 이용한 접근」, 『재정논집』, 제17권 제2호, 한국재정·공공경제학회, pp. 111~151.

전영준(2004a), 「사회보장지출 및 세대간 재정부담 추계」, 『정부학연구』, 제10권 제2호, 고려대학교 정부학연구소, pp. 59~95.

전영준(2004b), 「건강보험 재정부담의 귀착: 세대간회계를 이용한 접근」, 『경제학연구』, 제52집 제2호, 한국경제학회, pp. 193~240.

전영준(2006), 「고령화와 재정정책의 저축에 대한 효과분석」, 『한국경제의 분석』, 제12권 제1호, 한국금융연구원, pp. 55~111.

전영준(2008), 「연금과세가 장기재정에 미치는 효과분석 - 세대간 회계를 이용한 접근」, 『재정학연구』, 제1권 제2호, 한국재정학회, pp. 1~35.

전영준(2009a), 「근로장려세제의 근로의욕 증진효과」, 『노동리뷰』, 통권 제56호, 2009년 8

월호, 한국노동연구원, pp. 55~68.

전영준(2009b), 「장기요양제도의 재정부담 귀착: 세대간 회계를 이용한 접근」, 『재정학연구』, 제2권 제3호(통권 제62호), 2009년 8월호, 한국재정학회, pp. 1~49.

전영준(2012a), 『세대간 회계를 이용한 세대간 재정부담 분석』, 국회예산정책처.

전영준(2012b), 「복지지출 확대가 세대간 공평성에 미치는 효과 분석: 세대간 회계를 이용한 접근」, 『한국개발연구』, 제34권 제3호, 한국개발연구원, pp. 31~65.

전영준(2013), 「세대간 불평등도 해소를 위한 재정정책과제 - 복지정책을 중심으로 -」, 『응용경제』, 제15권 제2호, 한국응용경제학회, pp. 107~151.

전영준·김성태·김진영(2013), 「복지패러다임 전환의 경제적 효과 분석 - 보편적 복지 vs. 선택적 복지 -」, 『경제학연구』, 제61권 제2호, 한국경제학회, pp. 69~111.

정기혜 외(2012), 『주요국의 사회보장제도: 독일』, 한국보건사회연구원.

정성희·문혜정(2020), 「실손의료보험 청구의 특징과 과제」, 『KIRI리포트』, 보험연구원, 2020. 12. 7.

정원석(2018), 「연금저축 세제혜택 세액공제 전환에 따른 연금저축 납입행태 변화 분석」, 『보험금융연구』, 제29권 제3호, 2018년 8월호, 보험연구원, pp. 77~102.

정해식·주은선(2015), 「국민연금과 세대간 계약의 재구성」, 『응용통계연구』, 제28권 제4호, 한국통계학회, pp. 807~ 826.

정형선(2015), 『국민의료비 미래추계 구축방안』, 보건복지부·연세대학교 원주산학협력단·한국보건사회연구원.

조종도(2020), 「김호일 대한노인회장 예비후보 "대한노인회를 법정단체로 승격시킬 것"」, 『백세시대』, 2020년 9월 25일.

조현승 외(2017), 『우리나라 각 세대의 특징 및 소비구조 분석 - 포스트베이비부머를 중심으로』, 산업연구원.

채병완·이성주(2020), 「부가가치세 부담의 역진성과 과세 공평성에 대한 연구」, 『벤처혁신연구』, 제3권 제1호, 한국벤처혁신학회, pp. 165~182.

최기홍(2016), 「세대간 회계에 의한 국민연금의 세대간 공평성과 지속가능성 측정」, 『경제분석』, 제22권 제2호, 한국은행 경제연구원.

카를 만하임(2013), 『세대문제』, 책세상.

통계청(2019), 「장례인구특별추계: 2017~2067년」, KOSIS, 2019. 3. 27.

통계청·금융감독원·한국은행(2020), 『2020년 가계금융·복지조사 결과』, 보도자료, 2020. 12. 17.

하르트무트 자이페르트(2015), 「독일 노동시장과 유연성」, 한국노총·민주노통·프리드리히 에버트재단 공동 주최 노동포럼 발표자료.

한국개발연구원(2011), 『사학연금 재정악화요인 분석 및 제도개선방안 연구』, 2011.

한국경영자총협회(2012), 『청년실업과 세대간 일자리 갈등에 관한 인식』조사 결과』, 2012. 5.

한국은행(2016), 「주요 선진국의 고령층 고용현황 비교 및 시사점」, 『국제 경제리뷰』, 2016. 11. 24

한국은행(2020), 『통화신용정책보고서』, 2020. 9.

한요섭(2019), 『60세 정년의무화의 영향』, 정책연구시리즈 2019-03, 한국개발연구원.

황기돈(2011), 『베이비붐 세대의 직업생애사와 고용정책』, 사업연구보고서, 한국고용정보원.

황남희(2013), 「인구고령화와 가계생산: 국민시간이전계정(National Time Transfer Accounts)의 개발」, 『여성연구』, 제84권 제1호(2013년 6월 27일), 한국여성정책연구원, pp. 135~170.

황남희 외(2014), 『인구구조 변화와 공·사적 이전 분담실태 연구』, 한국보건사회연구원.

황수경(2013), 「정년연장 법안 통과 이후 남은 과제」, 『KDI FOCUS』, 제33호, 2013년 6월 27일, 한국개발연구원.

AARP(2020), *The Economic Impact of Age Discrimination: How discriminating against older workers could cost the U.S. economy $850 billion*, AARP.

Anderson, Karen(2019), "New Dutch agreement in principle on a major reform of the pension system", European Social Policy Network, ESPN Flash Report 2019/4.

Auerbach, Alan J,. Jagadeesh Gokhake, and Laurence J. Kotlikoff(1992), "Social security and medicare policy from the perspective of generational accounting", NBER, *Tax Policy and the Economy*, Vol. 6, pp. 129~145.

Böheim René(2014), "The effect of early retirement schemes on youth employment", *IZA World of Labor*, June 2014.

Börsch-Supan, Axel and Reinhold Schnabel(2010), "Early Retirement and Employment of the Young in Germany", in Gruber, Jonathan and David A. Wise (eds.)(2010).

Dekker, Fabian(2017), "Challenges for the Dutch polder model", ESPN Flash Report 2017/40, p. 1.

Douglas, Roger and Robert MacCulloch(2017), "Welfare: Savings not Taxation", IZA DP No. 10632, IZA Institute of Labor Economics, March 2017.

etui(2019), "Pension reform in France: background summary − An overview of pension reforms since the 1990s", updated July 31, 2019.

Eurostat(2011), *Active ageing and solidarity between generations − a statistical portrait of the*

European Union 2012.

Ferejohn, John A.(1991), "Changes in Welfare Policy in the 1980s", Alesina, Alberto and Geoffrey Carliner(eds.), *Politics and Economics in the Eighties*, University of Chicago Press.

Genda, Y., A. Kondo, and S. Ohta(2010), "Long－Term Effects of a Recession at Labor Market Entry in Japan and the United States," *Journal of Human Resources*, 45(1), pp. 157~196.

Gokhale, Jagadeesh and Laurence J. Kotlokoff(2001), "Is War Between Generations Inevitable?", NCPA Policy Report No. 246, National Center for Policy Analysis.

Gruber, Jonathan and David A. Wise(eds.)(2010), *Social Security Programs and Retirement around the World: The Relationship to Youth Employment*, National Bureau of Economic Research.

Haseltine, William(2013), *Affordable Excellence: The Singapore Healthcare Story,* Brookings Institution.

HITF(2016), *Managing the Cost of Health Insurance in Singapore*, Life Insurance Association.

Hollanders, D. A. and F. Koster(2013), *Aging and the politics of the welfare state*, Network for Studies on Pensions, Aging and Retirement.

ICPM Working Group(2017), "An Outsider's View on the Dutch Pension Reform", ICPM, October 2017.

Klenert, D., E. Fernández－Macías and J. Antón(2020), *Do robots really destroy jobs? Evidence from Europe*, Seville: European Commission, JRC118393.

Kohli, Martin(2004), "Generational changes and generational equity", Johnson, Malcolm, Vern L. Bengtson, Peter Coleman and Tom Kirkwood (eds.), *The Cambridge Handbook of Age and Ageing*, Cambridge: Cambridge University Press, pp. 518~526.

Kohli, Martin(2006), "Aging and justice", Binstock, Robert H. and Linda K. George (eds.), *Handbook of Aging and Social Sciences*, 6th edition, San Diego, CA: Academic Press, pp. 456~478.

Kotlikoff, Laurence L.(1993), *Generational Accounting: Knowing Who Pays, and When, for What We Spend*, Free Press.

Lim, M.－K. (2002), "Singapore's Medical Savings Accounts － Beyond the Rhetoric and Doctrine to "What Works": A Response from Singapore", *Journal of Health Politics, Policy and Law,* Vol. 27 No. 2, pp. 302~304.

Laun, Lisa and Mårten Palme(2017), "The Recent Rise of Labor Force Participation of Older Workers in Sweden", IFAU Working Paper.

Ministry of Health(2014), *MediShield Life Review Committee Report.*

Myles, John(2002), "A New Social Contract for the Elderly?", Gøsta Esping—Andersen (ed.), *Why we need a new welfare state*, Oxford University Press, pp. 130~172.

Monti, Luciano(2017), "Generational Divide: A New Model to Measure and Prevent Youth Social and Economic Discrimination", Canadian Center of Science and Education, *Review of European Studies*, Vol. 9 No. 3, pp. 151~175.

OECD(2006), *Live Longer, Work Longer: Ageing and Employment Policies*, OECD Publishing, Paris.

OECD(2010), *Off to a Good Start? Jobs for Youth*, OECD Publishing, Paris.

OECD(2011), 『한국의 성장과 사회통합을 위한 틀』.

OECD(2013), *OECD Employment Outlook 2013*, OECD Publishing, Paris.

OECD(2019a), *Health at a Glance 2019*, OECD Publishing, Paris.

OECD(2019b), *Pensions at a Glance 2019*, OECD Publishing, Paris.

OECD(2020), *Promoting an Age—inclusive Workforce: Living, Learning, and Earning Longer*, OECD Publishing, Paris.

OOI, Vincent and Glendon Goh(2019), " Taxation of Automation and Artificial Intelligence as a Tool of Labour Policy", SMU Centre for AI & Data Governance Research Paper No. 2019/01.

Oreopoulos, P., T. von Wachter, and A. Heisz(2012), "The Short— and Long—Term Career Effects of Graduating in a Recession", *American Economic Journal: Applied Economics*, 4(1), pp. 1~29.

Schreyögg, J. (2004), "Demographic Development and Moral Hazard: Health Insurance with Medical Savings Accounts", *Geneva Papers of Risk and Insurance*, Vol. 29 No. 4, pp. 690~705.

Social Security Administration(2020), *RED BOOK: A SUMMARY GUIDE TO EMPLOYMENT SUPPORTS FOR PEOPLE WITH DISABILITIES UNDER THE SOCIAL SECURITY DISABILITY INSURANCE (SSDI) AND SUPPLEMENTAL SECURITY INCOME (SSI) PROGRAMS.*

Tepe, Markus and Pieter Vanhuysse(2009), "Are Aging OECD Welfare States on the Path to Gerontocracy?: Evidence from 18 Democracies, 1980—2002", *Journal of*

Public Policy, 29(1), pp. 1~28.

United Nations(1995), "Conceptual framework of the programme for the preparation and observance of the International Year of Older Persons in 1999", A/50/114, 22 March 1995.

UN DESA(2020), *World Population Ageing 2019.*

van der Aa, Maartje J. et al.(2017), "Solidarity in Insuring Financial Risks of Illness: A Comparison of the Impact of Dutch Policy Reforms in Health Insurance and Disability Insurance since the 1980s", *Journal of Comparative Policy Analysis: Research and Practice,* Vol.21 No.2, pp.199~215.

Vanhuysse, Pieter(2013), *Intergenerational Justice in Aging Societies: A Cross−national Comparison of 29 OECD Countries,* Gütersloh: Bertelsmann Stiftung.

Walker, A.(2010), "The Emergence and Application of Active Aging in Europe", *Soziale Lebenslaufpolitik,* Part 8, pp. 585~601.

World Economic Forum(2016), *The Future of Jobs.*

World Health Organization(2000), *Health Systems: Improving Performance,* The World Health Report 2000, WHO: Geneva.

Wouters, Olivier J. et al.(2016), "Medical savings accounts: Assessing their impact on efficiency, equity and financial protection in health care", Health Economics, Policy and Law, Vol. 11 Issue 3, July 2016, Cambridge University Press, pp. 321~335.

高木朋代(2008),『高年齢者雇用のマネジメント』,日本経済新聞社.

大石　亜希子(2013),「雇用をめぐる世代間問題」,『連合総研レポート』, No. 278, 2013年 1月号, 連合総合生活開発研究所, pp. 5~8.

藤村　博之(2013),「高齢者雇用は若年層の雇用に悪影響を及ぼすか？」,中央職業能力開発 協会,『JAVADA情報マガジン』, 2013年 12月号.

山田篤裕 (2009)「高齢者就業率の規定要因 ― 定年制度, 賃金プロファイル, 労働組合 の効果」『日本労働研究雑誌』No.589, pp. 4~19.

岸田泰則・石山恒貴(2015),「高齢者と若年者が共存する職場のマネジメントの検討―中小 企業の経営サイドからの分析」,『地域イノベーション』, 第8号.

永野仁(2007),「企業の人材採用の変化―景気回復後の採用行動」,『日本労働研究雑誌』, No. 567.

永野仁(2014),「高齢層の雇用と他の年齢層の雇用―「雇用動向調査」事業所票個票データ

の分析」,『日本労働研究雑誌』, No. 643.

佐藤圭光(2007),「医療保険制度改革と管理競争: オランダの経験に学ぶ」,『会計検査研究』, No. 36, 2007. 9.

川口大司(2012),「賃金カーブの平坦化は不可避だ」,『中央公論』, 2012年 12月号, pp. 56−63.

清家篤・山田篤裕(2004),『高齢者就業の経済学』, 日本経済新聞社.

太田聰一(2012),「雇用の場における若年者と高齢者—競合関係の再検討」,『日本労働研究雑誌』, No. 626.

미주

1) 세대갈등에 대하여 고연령층보다 저연령층에서 갈등이 더 크다고 봤다. 세대갈등이 크다고 본 비율은 20대에서 71.9%로 가장 높았고, 30대 69.5%, 40대 62.1%, 50대 50.6%였다. 60세 이상은 44.6%만이 세대갈등이 크다고 답했다. 노년층으로 갈수록 세대갈등이 크다고 본 비율이 감소한 것은 노년층 응답자가 세대갈등 수준을 보통으로 평가하는 비율이 높았기 때문이다. 출처: 아산정책연구원 홈페이지. http://www.asaninst.org

2) 『중앙선데이』, 입력 2017.05.14 00:20 수정 2017.05.14. 01:20, http://news.joins.com/article/21569285

3) 송호근(2003).

4) 김선업(2014), pp. 26~27.

5) 카를 만하임(2013).

6) 카를 만하임(2013), p. 71.

7) 김신영(2013), p. 18.

8) 올리케 유라이트·미하엘 빌트(2014), p. 30.

9) 물론 제2차 세계대전을 기준으로 나누는 것은 주로 서구 선진자본주의 국가들에 국한될 것이다. 대부분의 개발도상국가들은 20세기 후반이나 21세기 들어서야 비로소 사회보장제도를 확립해가기 때문이다. 또한 사회보장제도가 확립된다 하여 그 이외의 가족부양이나 비영리 자선단체, 종교단체 등을 통한 보장이 필요하지 않거나 없어지는 것을 의미하지는 않는다.

10) 이 책에는 후세대와 유사한 개념으로 미래세대라는 표현이 나오는데, 이는 다른 저서나 논문에서 저자들이 그렇게 사용한 것이므로 그대로 미래세대라는 표현을 사용한다.

11) 여기에서는 자산 보유도 반영하는 개념으로 이해한다. 다만 자산은 유동화를 통해서든 어떤 방식으로든 소득수준에 반영된다고 가정한다.

12) 이와 동일한 견해를 논문으로 발표했던 김용하·임성은(2011)도 1955년에서 1974년 사이에 태어난 세대까지 포함하는 거대 인구집단으로 정의하는 것이 인구 및 노동시장 분석에 보다 정확하게 적용될 수 있다고 본다.

13) 이 세대는 대학진학률이 20~30% 정도로 낮았기 때문에 대졸자가 이 세대를 대표하는 집단이라고 보는 데는 한계가 있다.

14) 조현승 외(2017), p. 76. 필자들은 베이비붐 세대와 포스트베이비붐 세대로 구분하고 있는데, 내용상으로는 차이가 없으므로 본서의 일관성을 위해 1차 베이비붐 세대와 2차 베이비붐 세대로 표현한다.

15) OECD, "Employment by job tenure intervals — average tenure".

16) 아시아경제, 2016. 11. 26. http://view.asiae.co.kr/news/view.htm?idxno=2016112610392004185 (2016. 11. 26. 19:58 조사)

17) 비즈니스 포스트, 2016. 11. 25. http://www.businesspost.co.kr/news/articleView.html?idxno=37759 (2016. 11. 26. 20:05 조사)

18) 반기웅(2020)

19) 김민재, 「'재앙 수준' 청년실업…문재인표 '특단 대책' 나왔다」, 『노컷뉴스』, 2018. 3. 15.

20) 사람인(www.saramin.co.kr)이 구직자 1,092명을 대상으로 대기업에 들어가고 싶은 이유를 물은 결과, '사내복지 및 복리후생'(62.4%, 복수응답), '높은 연봉'(55.1%), '회사비전'(33.3%),

'자기계발 등 커리어 향상 가능'(31%), '대외평판 등 기업 이미지'(23.6%), '업계 기술력 및 전문성 보장'(21.1%), '정년보장 등 안정성'(20%) 등의 순이었다. 사람인, 「"입사하고 싶은 대기업 1위, 삼성전자"」, 보도자료, 2018. 3. 13.

21) OECD(2019b), p.179.

22) 취업포털 사람인이 기업 1,110개사를 대상으로 '저성과자 일반해고 지침 시행에 대한 생각'을 조사한 결과, 70%가 이 지침에 찬성하는 것으로 나타났다. http://www.saramin.co.kr/zf _user/help/live/view?idx=31457

23) 남재량(2018)

24) 석진홍·박우성(2014)은 인력의 고령화는 생산성에 부정적 영향을 미치나 인건비를 증가시키지 않는 것으로 분석했다. 이에 반해 장윤섭·양준석(2017)은 신기술의 정의 등 여러 한계로 인해 기존 연구들과 다른 결론을 얻었을 가능성이 있다고 조심스럽게 언급하면서도 기존의 연구에서 고령화가 기업의 신기술 도입 또는 생산성에 미치는 부정적 효과들을 실제보다 과대 추정하였을 수도 있다고 보았다.

25) 「장미빛 고용안정? 더 커진 불안감!」, 『신동아』, 2015년 8월호, pp. 228~237.

26) 김용하·임성은(2011)은 우리나라는 일본처럼 단기간 내에 베이비붐 세대가 형성된 것은 아니어서 이들 세대의 은퇴에 따른 노동력 인구 감소도 느리게 나타날 것이며, 2030년대 이후 2040년대가 될 가능성이 크다고 보았다. 이에 반해 황수경(2013)은 만약 65세 이상의 고령 노동력을 제외한다면 노동력의 순유출이 나타나는 시기는 2010년대 후반으로 앞당겨지고 그 속도도 매우 가파를 것으로 예상하였다.

27) 황수경(2013)은 1차 베이비붐 세대의 고용흐름은 예상과 달리 핵심적 지위가 빠른 속도로 젊은 근로자들로 대체되면서 저가치 부문으로 이동하는 양상을 보이고 있다고 지적하고 있다.

28) 김기식·주민지(2020), pp. 10~15.

29) 1952년생 이전은 60세, 1953~1956년생은 61세, 1957~1960년생은 62세, 1961~ 1964년생은 63세, 1965~1968년생은 64세, 1969년생 이후는 65세부터 노령연금의 수급이 개시된다.

30) 김수현(2018)

31) 강성은(2020)

32) World Economic Forum(2016), p. 13.

33) Klenert, David, Enrique Fernández‒Macías and José‒Ignacio Antón(2020)

34) 고용노동부·한국고용정보원(2016)

35) 고용노동부(2019)

36) 고용노동부(2019)

37) 관계부처합동, 「제3차 고령자 고용촉진 기본계획」, 2017년 12월 20일.

38) 김준(2015)

39) 관계부처합동, 「제3차 고령자 고용촉진 기본계획」, 2017년 12월 20일.

40) Genda, Y., A. Kondo, and S. Ohta(2010)

41) Oreopoulos, Wachter and Heisz(2012). 大石 亜希子(2013), p. 6에서 재인용.

42) Genda, Kondo and Ohta(2010)

43) 大石 亜希子(2013), p. 6.

44) Börsch‒Supan, Axel and Reinhold Schnabel(2010)

45）藤村　博之(2013).

46）大石　亜希子(2013), p. 7.

47）高木(2008)와 山田(2009)의 연구 참조

48）太田(2012)

49）厚生労働省,『雇用動向調査』, 2004~2008年.

50）大石　亜希子(2013), p. 7., 岸田泰則·石山恒貴(2015), p. 4.

51）永野(2007, 2012)

52）川口(2012)

53）清家·山田(2004)

54）OECD(2006)

55）Gruber, Jonathan and David A. Wise(eds.)(2010). 이 국제공동연구에서는 미국, 일본, 캐나다에 주요 EU 제국을 포함시킨 12개국이 참가하고 있고, 1970년대부터 2007년경까지의 각국 데이터를 이용하여 고령자 취업과 청년고용 간 관계를 검증하고 있다. 그 결과 미국을 제외하고 모든 국가에서는 경기순환과 연금제도 개정이 가져오는 영향을 통제하고서도 고령자 취업률의 상승이 청년 실업률을 낮춘다는 일치된 경향이 관찰되고 있다. 또한 고령자 취업률과 중년층의 취업률이 수평하게 움직인다(정의 상관관계에 있다)는 점에서도 일치된 결과가 얻어졌다.

그리고 미국의 경우 남성에 한정하여 분석하면 다른 국가들과 마찬가지로 고령자 취업률 상승이 청년 실업률을 낮춘다는 결과가 나타났다. 결국 과거 30년간에 여성 노동력의 증가가 영향을 미치고 있음을 알 수 있다.

56）大石　亜希子(2013), p. 7.

57）藤村　博之(2013).

58）한요섭(2020)

59）「사회서비스 이용 및 이용권 관리에 관한 법률」에서는 사회서비스를 "사회복지사업법에 따른 사회복지서비스, 보건의료기본법에 따른 보건의료서비스, 그 밖에 이에 준하는 서비스로서 대통령령으로 정하는 서비스"로 정의하고 있다. 그 이외에도 「사회적 기업 육성법」, 「사회복지사업법」 등에서도 사회서비스를 정의하고 있다. 사회서비스의 정의와 관련하여 자세한 내용은 노기성(편)(2011) 제2장 사회서비스의 개념과 현황 참조.

60）사회복지 서비스의 구분은 노기성(편)(2011) 제2장 사회서비스의 개념과 현황 참조.

61）정부 재정이 조세로부터만 조달되는 것이 아니므로 순수하게 조세에서 조달된다고 할 수 없으나, 2021년 중앙정부 본예산을 기준으로 볼 때 국세 수입의 비중이 90.8%를 차지하므로 조세가 주된 재원이라고 할 수 있다. 그러나 이를 기금까지 포함시킨 통합재정수지 차원의 총수입에서 국세가 차지하는 비중을 보면 2019년 기준으로 66.1%로 나타난다.

62）2011년 12월 31일에 개정된 「국민건강보험법」 부칙 제2조의 규정에 의함

63）제40조제1항 단서 및 제3항제1호에 따라 면제 및 감경됨으로 인하여 공단이 부담하게 되는 비용을 포함한다.

64）강병원의원실(2020)

65）2014년은 기초노령연금과 기초연금을 합하여 6조 8,4565억 원을 지출했다.

66）이수연·이동헌·조정완(2015).

67）중앙정부 지원인 국고지원비율은 사회보장비 지수와 재정자주도를 기초로 하여 세 가지 유

형에 따라 국고보조비율을 정하도록 하고 있다.

68) 「제2차 사회보장기본계획」에서는 노인장기요양보험을 사회서비스 분야의 주요 과제로 설정하여 사회서비스로 분류하나, 본서에서는 노인장기요양보험을 사회보험 분야로 별도로 분류하였다.

69) 국회예산정책처(2020d)

70) 국회예산정책처(2020d)

71) 국회예산정책처(2018)

72) 김연주(2020)

73) 일부 기금을 적립하나 기본적으로는 부과방식을 유지하고 있다.

74) 국회예산정책처(2020e), p. 38.

75) 통계청(2019a), p. 32.

76) 통계청, 2019년 3월 공표 장래인구추계.

77) 2020년 실질경제성장률 전망치는 한국개발연구원(KDI)은 -1.1%, 한국은행은 -1.3%로 전망하였다.

78) 한국은행(2020)

79) 국회예산정책처(2020d)는 재정수지가 2039년에 흑자에서 적자로 전환하고 적립금은 2055년에 소진될 것으로 전망하였다.

80) 국회예산정책처(2020e), p. 40.

81) 네 차례의 개혁에 대해서는 국회예산정책처(2019:85~88) 참조.

82) 윤석명(2015), pp. 18~21.

83) 국회예산정책처(2020d), p. 122.

84) 국회예산정책처(2020d), p. 113.

85) 정형선(2015:117)은 자신이 국민의료비를 전망하면서 선행연구를 검토한 결과 모든 연구가 '연령'을 주요한 요인으로 다루고 있다고 밝혔다.

86) 오승연·이정택(2016), p. 12.

87) 이수연·이동헌·조정완(2015), p. 111.

88) 국회예산정책처(2020e), p. 92.

89) 국민연금관리공단(1998), p. 101, p. 104.

90) 국민연금발전위원회(2003a), p. 103, p. 234.
동 보고서 작성의 기초가 된 재정계산 보고서의 기초자료에 따르면, 당시의 수익비를 최저소득등급인 1등급의 수익비는 6.54, 10등급은 4.28, 20등급은 2.41, 30등급은 1.71, 40등급은 1.41, 최고등급인 360만 원 소득자의 경우도 1.31로 전체 가입자 모두가 1.0을 상회하는 것으로 파악하며, 현 세대 간의 소득계층 간 소득재분배를 하는 것이 아니라 현 세대 내에서는 국민연금으로 손해보는 계층이 전혀 없고 후세대에 부담을 전가시키는 구조를 가지고 있는 것으로 보았다. 국민연금발전위원회(2003b), p. 387.

91) 김용하(2020), p. 26.

92) 김상호(2004), 김대철(2013), 최기홍(2016) 등의 연구 참조

93) 강성호(2013), 전병목(2016) 등의 연구 참조

94) 김태일(2015)의 연구 참조

95) 김연명(2015)

96) 김연명(2015)

97) 김태일(2015)

98) 기초연금 도입 과정에 대해서는 석재은(2015) 참조

99) 기초연금 수급액 산정의 자세한 내용에 대해서는 보건복지부 기초연금 홈페이지(http://basi cpension.mohw.go.kr/Nfront_info/basic_pension_3.jsp) 참조.

100) 지방세에 대해서는 정부에서 직접세와 간접세로 나누어 통계를 분류하지 않아서 저자가 분류한 것이다.

101) '평균기준소득월액'이란 재직기간 중 매년 기준소득월액을 공무원보수인상률 등을 고려하여 대통령령으로 정하는 바에 따라 급여의 사유가 발생한 날(퇴직으로 급여의 사유가 발생하거나 퇴직 후에 급여의 사유가 발생한 경우에는 퇴직한 날의 전날을 말한다. 이하 같다)의 현재가치로 환산한 후 합한 금액을 재직기간으로 나눈 금액을 말한다. 다만, 「공무원연금법」 제43조제1항·제2항에 따른 퇴직연금·조기퇴직연금 및 제54조제1항에 따른 퇴직유족연금(공무원이었던 사람이 퇴직연금 또는 조기퇴직연금을 받다가 사망하여 그 유족이 퇴직유족연금을 받게 되는 경우는 제외한다) 산정의 기초가 되는 평균기준소득월액은 급여의 사유가 발생한 당시의 평균기준소득월액을 공무원보수인상률 등을 고려하여 대통령령으로 정하는 바에 따라 연금 지급이 시작되는 시점의 현재가치로 환산한 금액으로 한다.

102) 공무원연금법 시행령 부칙 제10조 참고

103) 연금지급률은 퇴직연금, 조기퇴직연금 등을 결정하는 비율이다.

104) 자세한 내용은 공무원연금공단 홈페이지 「연금지급률이 내려간다고요」 참조.

105) 강성호(2013)는 공무원연금 제도는 수지상등 원칙을 고려할 경우 그만큼 후세대 부담 수준이 높아지며, 또한 동일 수급기간에서는 조정계수가 클수록, 동일 조정계수에서는 수급기간이 길수록 세대 간 소득재분배가 강하게 나타났다고 분석했다. 그리고 공무원연금은 가입 기간에 연동된 이행률이 지속적으로 증가하는 형태로 나타나 세대 간 소득재분배 효과가 지속적으로 증가할 것으로 예측하였다.

106) 한국개발연구원(2011), p. 97.

107) 국회예산정책처(2020d), p.113.

108) 2016년 이전에 신규 임용된 공무원과 비교하면 공무원연금의 수익비가 2.08이어서 국민연금의 수익비 1.8에 비해 훨씬 크다.

109) 배준호 외(2020).

110) 시지프스 현상은 고령화와 의료비 간의 상승적인 상호작용을 말한다. 즉, 의료비의 상승이 그 효과로서 잔여기대 수명을 늘리면 노인인구의 수와 비중이 증가하고, 인구의 고령화는 다시 의료비의 상승을 가지고 온다는 것이다. 이 상승작용이 존재하면 계속해서 연쇄적으로 의료비의 상승이 발생한다. 의료비 상승은 세대 간 공평의 문제가 계속되는 보험료의 상승을 통해 다이내믹하게 심화되는 것을 의미한다. 유근춘 외(2004:93) 참조.

111) 유근춘 외(2004)

112) 노인장기요양보험법 시행령 제4조

113) 노인장기요양보험법 제58조제1항에 따라 당해연도 노인장기요양보험료 예상수입액의 20%에 상당하는 금액을 국고로 지원해야 한다.

114) 전영준(2009b), p. 35.

115) 보건복지부가 2017년 7월에 국회에 제출한 자료

116) 이 금액은 물가상승률을 고려하지 않고서 현재의 의료비를 적용하여 단순 계산하여 얻은 값이다.

117) 전영준(2013), pp 61~62.

118) 전영준(2004), p. 61.

119) 전영준(1997), 전영준(1998), 전영준(2004b), 전영준(2008), 전영준(2012a), 전영준(2012b), 전영준(2013), 전영준·김성태·김진영(2013), 안우진·전영준(2018), 이기영(2012), 이혜림(2012), 황남희(2013), 황남희 외(2014) 등을 들 수 있다.

120) 전영준(1997), 전영준(1998), 전영준(2012a), 전영준(2012b), 이혜림(2012)

121) 전영준(2012a)

122) Vanhuysse(2013), p. 37.

123) Luciano Monti(2017), p. 152.

124) 이기영(2012)은 국민이전계정과 세대 회계를 이용하여 한국의 사적이전과 공적이전의 특성을 분석하였다.

125) 황남희(2013)

126) United Nations(1995), p. 8. 국제연합은 2020년에는 코로나19로 인한 팬데믹에 대응하기 위해 17개 목표를 담음 '새로운 사회계약'을 제시하였다.

127) A. Walker(2010)

128) 시행초기에는 10인 이상의 사업장을 대상으로 1992년 1월부터 5인 이상으로 1995년 7 월부터 농어촌지역으로 확대

129) 김선업(2014), p. 41.

130) 국회예산정책처(2020e), p. 17.

131) 동아일보, 「아이 낳아 대학까지 보내려면 직장인 10년치 연봉 쏟아부어야」, 2019년 10월 10일자. 보건복지부가 2013년에 행한 「전국 출산 및 가족보건·복지실태 조사」 결과에서는 의식주, 교육, 용돈을 포함해 자녀 1명당 대학 졸업까지 드는 비용은 평균 약 3억 896만 원으로 조사되었다.

132) 삼성생명 은퇴연구소가 2016년 5월에 발표한 「자녀의 결혼, 부모의 노후」 보고서에 따르면 자녀가 모두 결혼한 부모는 총 결혼비용으로 평균 1억 2,506만 원(평균 자녀 수 2.2명)을 지원한 것으로 나타났다. 그리고 신한은행이 2017년 3월에 발표한 「2017 보통사람 금융생활 보고서 − 추가 이슈 분석」에 따르면 결혼자금은 남성이 1억 311만 원으로 여성의 7,202만 원보다 3천만 원 정도 많았는데, 최근 3년 내 자녀를 결혼시킨 부모의 결혼자금 지원액은 평균 6359만 원이었다.

133) UNECE 외에도 아프리카 지역의 UNECA, 남아메리카와 캐리비언 지역의 UNECLAC, 아시아태평양 지역의 UNESCAP, 서아시아지역의 UNESCWA 등도 참여했다.

134) Eurostat(2011), p. 114.

135) Kohli, M.(2004), p. 3.

136) 보건복지부는 2008년 1월 1일부터 기초노령연금을 지급하기 위한 선정기준액(지급대상이 되는 노인가구의 소득과 재산의 수준)을 배우자가 없는 노인은 월 40만 원, 배우자가 있는 노인부부는 월 64만 원으로 2007년 12월 13일부터 12월 18일까지 고시한 후에 확정하였다. 이에 따라 1단계로 2007년 12월 31일에 192만 여명에 대해 수급결정자로 확정하여 통

보하였는데, 이는 70세 이상 전체 노인 297만여 명의 61%에 해당한다

137) 우리나라에서 기초연금 도입 논의가 처음 제기된 것은 1989년에 이루어진 정경배, 박능후, 박경숙이 행한 두 연구이다. 다만 이 연구는 정부 차원에서 공식적으로 검토되지 못한 데다 1인 1연금 체제를 제시하지 못한 한계점 등을 고려할 때 최초의 주장이라 하기에는 어려움이 있을 것이다. 자세한 사항은 석재은(2015:69) 참조.

138) 박근혜 정부의 인수위원회안은 소득 기준으로 하위 70%와 상위 30%로 나누되 모든 고령층에게 기초연금을 지급하는 안을 구상했다. 그렇다 하더라도 소득을 기준으로 차등하여 기초연금을 지급한다는 점에서는 공약 위반이라고 할 수 있다. 석재은(2015:79~80) 참조.

139) 이에 대해 석재은(2015:90)은 세대 간 이전의 공평성 관점에서 볼 때 여러 제도가 존재할 경우, 즉 기초연금과 국민연금이 같이 존재할 경우 두 제도의 세대 이전분의 합이 같게 하는 것이 필요하고, 그러한 차원에서 볼 때 국민연금수급자 중 고소득층의 경우 이미 연금 급여 중 세대 간 이전분을 기초연금액 이상으로 수급하고 있으므로 기초연금을 받지 않는 것이 자연스럽다고 본다.

140) 석재은(2015:92)은 오히려 국민연금 가입기간이 길수록 세대 간 이전액이 많기 때문에 불공평하다고 보며, 기초연금과 국민연금 연계를 통해서도 세대 간 이전의 공평성을 확보하는 데 한계를 보인다고 한다. 이러한 분석에도 불구하고 미래세대가 받을 세대 간 불공평에 대해서는 특별한 언급을 하지는 않는다.

141) 보건복지부와 기획재정부 차관이 당연직 위원으로 참여하고 사용자 대표 2명, 근로자 대표 2명, 지역대표 2명, 세대대표 4명이 민간위원으로 위촉됐다.

142) 석재은(2015), pp. 80~81.

143) 자세한 기준은 기초연금법 제3조제3항 참조.

144) 1995년도 인구통계를 기준으로 추정되었을 때는 2033년에 재정 적자를 보이기 시작하여 2048년에는 기금이 완전히 고갈되는 것으로 예측되었다. 그러나 2000년도 인구통계를 기준으로 새로 추정한 결과 기존에 비해 기금고갈이 4년 앞당겨진 것으로 나타났다.

145) 위원회는 위원장(장지연 한국노동연구원 부원장) 외에 노사위원 각 2인(한국노총, 민주노총, 경총, 대한상의 각 1인), 청년 2인(청년유니온 위원장, 복지국가청년네트워크 대표), 비사업장가입자 4인(소상공인연합회 사무총장, 한국여성단체연합 공동대표, 공적연금강화국민행동 집행위원장, 대한은퇴자협회 대표), 정부위원 3인(보건복지부 연금정책국장, 고용노동부 근로기준정책관, 기획재정부 경제구조개혁국장), 공익위원 3인(김용하 교수, 주은선 교수, 윤홍식 교수)으로 구성되었다.

146) 경제사회노동위원회 연금개혁특위는 본래 6개월의 운영시한을 두고, 필요 시 3개월 이내에서 연장할 수 있도록 되어 있었다. 그리하여 2018년 10월 30일의 제1차 전체회의를 시작으로 총 17차례 전체회의(2019. 4. 26)를 개최하였는데, 본위원회 개최 불발로 연장이 되지 않아 종결되었다(이상 '제1기 연금개혁특위'라 함). 이후 경제사회노동위원회 6인 대표자회의(2019.7.26.)에서 해당 의제 논의를 재개하기로 의견을 모음에 따라, 8월 2일부터 논의를 재시작하여 5차례 전체회의를 추진하기로 했다.

147) 가입기간에 따른 차등지급률을 폐지하고, 가입기간에 관계없이 지급

148) 미국에서 전국적으로 활동하는 노인권익옹호단체는 AARP(조직 명칭을 1999년부터 American Association of Retired Persons의 머리글자를 딴 AARP로만 사용), TSC(The Seniors Coalition), AMAC(Association of Mature American Citizens)등이 대표적이다.

149) 회원 수가 감소된 이유는 클럽의 활동이 신규 회원의 니즈를 충족시키지 못하면서 신규 회

원 가입률이 낮아졌기 때문이라고 한다. 그 결과 클럽의 회원조직 자체가 고령화하여 사업 운영이 원활하게 이루어지지 않고 클럽 유지가 곤란해지는 악순환이 생기고 있다고 한다. 斉藤徹, 「浮上する 「老人クラブ」の'高齢化問題'」, 2016. 5. 12.

150) 회원수는 공식적으로 확인되지 않으나 김호일 회장이 선거기간 중인 2020년 9월 25일에 인터뷰한 자료에 근거한 것이다. 조종도(2020)

151) 김선업(2014), pp. 65~76.

152) Tepe and Vanhuysse(2009)

153) Hollandersa and Kosterb(2013)

154) 「[대선후보 경제공약 여론조사] 선별복지, 50대 이상 60% 넘게 찬성… 20대 44% 그쳐」, 『세계일보』, 2017. 5. 1. http://www.segye.com/newsView/20170430002161

155) 김선업(2014), p. 37.

156) 유형별 순서는 에스핑-앤더슨의 분류와 달리 자유주의 복지 체제를 맨 뒤로 돌렸다.

157) 요양보험은 1995년에 도입되었다.

158) 하르츠 개혁의 성과에 대해서는 논란이 많다. 예를 들어 하르츠 개혁으로 파견근로가 증가했다는 것이며, 고용의 안정도 하르츠 개혁 덕분이 아니라 단체협약을 통한 노동시간계좌와 노동시간 변화, 그리고 단기간 근로에 대해 정부가 보조금을 지원했기 때문이라고 한다. 하르트무트 자이페르트(2015) 참조.

159) 다만 가입경력이 45년 이상이 되는 장기가입자에 대해서는 예외적으로 65세부터 완전노령연금의 수급자격을 부여할 수 있게 하였다.

160) 정기혜 외(2012), p. 330.

161) 이는 2000년대까지 사회보험료를 GDP의 40% 수준까지 낮추는 것을 목표로 하였다.

162) 이 법에서는 1996년 5월에 시행된 『위험구조조정』에 의해 보험요율 인상이 필요한 경우 이외에는 원칙적으로 보험요율 인상이 불가능하다는 규정을 두었다. 이 법의 시행으로 독일의 질병금고는 1997년 1월 1일자로 보험요율을 0.4%포인트 인하하였다.

163) 농업질병금고, 선원금고, 연방광산질병금고는 제외되었다.

164) 법정 질병보험 일반의 지역협회(Kassenztliche Vereinigung (KV))로 구성된 연방 차원의 KV 즉 KBV(Kassenärztliche Bundesvereinigung)와 전국법정질병금고연합(GKV-SV) 간 협의를 통해 결정되는데, 이 과정에 패널의사서비스평가위원회(Bewertungsausschuss, BA)가 개입하여 단일평가벤치마크(EBM)을 결정 및 개정하는 역할을 하면서 법정 질병보험 일반의가 제공하는 의료서비스의 보상을 통합하는 규칙을 결정한다.

165) 건강기금은 보험료와 국가 보조금으로 구성되며 개별 질병금고로 다시 분배된다. 이 과정에서 연방질병금고최고협회는 필요한 가입자 전체의 성·연령·유병률 등의 정보 생산을 위한 질병금고들 간의 정보교환의 표준화와 제공 절차 등을 개발하는 역할을 수행한다. 건강기금은 최소한 모든 질병금고 전체 지출의 95%를 충당할 수 있어야 하며, 그렇지 못할 경우 보험료율을 인상할 수 있다.

166) 2018년 추계 평균치는 1.0%이다.

167) RSA는 근로하러 복귀하는 데 있을 수 있는 장애를 제거할 목적으로 만들어졌다.

168) 바르는 본래 경제학자로서 대학 교수였는데, 케인스경제학에 반대하는 통화주의적 접근을 하였다.

169) CMU는 건강보험 가입 자격이 없는 프랑스 거주자, 질병보험 가입기간, 보험료 납부액, 급

여기간 등 요건을 갖추지 못한 피보험자, 프랑스 거주의 외국 노동자, 의료부조 수급자 등을 대상자로 한다.

170) 자원이 없는 사람들에게 세대 구성에 따라 최저 수준의 수입을 제공한다.
https://www.service-public.fr/particuliers/vosdroits/N19775 참조

171) 이후 연금기여기간을 2012년까지 41년으로 그리고 2020년까지 42년으로 연장했는데, 그에 따라 소득대체율도 75%에서 67%로 낮아졌다. 또한 7.85%이던 연금기여율을 2008년부터 10.35%로 상향조정하였다.

172) 이는 이들이 20세 이전부터 경제활동을 시작하여 연금에 가입했기 때문이다.

173) etui(2019)

174) 본래 쥐페플랜에 포함되어 있었는데, 시행되지 않다가 조스팽 내각에서 시행되었다.

175) 스웨덴 사회민주당은 1932년에서 1976년까지 44년 동안 농민당과 두 차례의 연정과 1940~1948년간의 거국정부 구성을 제외하면 최대정당임에도 의석의 절반 이하를 차지한 소수정권일지언정 단독으로 정부를 구성했다.

176) 사회민주당은 1932~1976년, 1982~1991년, 1994~2006년, 2014년 이후 기간 집권하였다.

177) 1995년 이후 세율이 다시 인상되어 1996년에 61.4%가 되었으나, 2000년에 51.5%까지 낮아진 후 다시 인상되어 2003년에 57%가 된 후 2020년 기준으로 57.2%이다.

178) 고용주세는 그 후 다소 변동이 있었으나 2020년 기준으로 31.42%이다.

179) 2012년까지 26.3%였으나, 2013년에 인하되기 시작하여 2020년 현재 20.6%이다.

180) 이후 세율이 다소 인상되어 2020년 기준으로 일반적인 경우 25%이다.

181) Ministry of Health and Social Affairs(1992), *A Reformed Pension System - Background, Principles and Outline.*

182) 지급방식은 5년, 10년, 종신의 본인연금 및 유족연금 중에서 수급자가 선택할 수 있게 하였다.

183) https://www.svenskforsakring.se/statistik/skadeforsakring/sjukvardsforsakring

184) 1991년 선거에서 사회민주당이 집권하지 못하고 중앙당, 자유당, 보수당, 기독민주당이 연립정부를 구성하였다.

185) 명목확정기여형은 NDC(Non-financial Defined Contribution)형, 완전적립방식은 FDC(Financial Defined Contribution)형이라고도 불린다.

186) 기존 부과방식 연금에서는 제도 유지를 위해 2%의 경제성장을 전제하고 있었다.

187) Laun, Lisa and Mårten Palme(2017), p. 21.

188) Laun, Lisa and Mårten Palme(2017), pp. 4~5.

189) SCB, *The future population of Sweden 2019-2070*, 2019. 4. 12.

190) OECD 자료에 따르면 2013년에 0.268에서 2017년에는 0.282로 확대되었다.
https://data.oecd.org/inequality/income-inequality.htm

191) Göran Therborn(2018), "Twilight of Swedish Social Democracy", p. 21.

192) 제1부류의 기여금은 기초 종업원(1차)과 고용주(2차)의 기여금인데, 그 기여금은 고용주의 총보수에서 공제되었다. 제2부류와 제4부류의 기여금은 이윤이 일정 수준 이상인 자영자들의 기여금인데, 각각은 고정된 주당 금액과 자기정산과정의 일부로서 매년 납부되었다. 제3부류의 기여금은 개인의 기여기록상의 갭을 채우기 위해 자발적으로 납부되었다.

193) 보충급여는 전후 도입되었던 국민부조를 1966년에 명칭을 바꾼 것인데, 명칭을 바꾼 후 사회복지공무원의 재량권이 강화되자 수급 신청자가 30만 명 정도가 더 늘었다 한다. 이는

국민부조를 수급할 경우 생길 낙인효과를 극복한 효과라 할 수 있다.

194) 실업자를 위한 소득부조는 1996년에 소득 기반의 구직자 수당이 되었다. 소득부조의 아동 및 가족 관련 요소는 점진적으로 아동세액공제(Child Tax Credit)로 전환되었다.

195) "Adult social care - 10 Key Facts", Institute for Government.

196) "Private companies' involvement in the NHS", Patient4NHS.

197) "Private firms handed £15bn in NHS contracts over past five years". *The Guardian*, 29 November 2019.

198) John A. Ferejohn(1991), p. 126.

199) '네덜란드 병'이라는 용어는 1977년에 이코노미스트The Economist 지가 네덜란드 경제의 고뇌를 묘사하기 위해 만들어낸 용어이다. 1959년에 대규모의 가스 매장량이 발견되었고, 네덜란드의 수출은 급증하였다. 그러나 "외적으로는 건강해 보이나 내적으로는 병을 앓고 있는" 대조적 상황에 있었다. 1970년에서 1977년 사이에 실업률이 1.1%에서 5.1%까지 높아졌다. 기업의 투자는 빠르게 줄어들고 있었다. 이코노미스트는 당시 네덜란드 통화인 길더(guilder)의 가치가 높아진 것을 들어 퍼즐을 설명하였다. 가스의 수출이 외화의 유입으로 이어졌고, 외화의 유입은 길더의 수요를 증가시켜 길더를 더욱 강하게 만들었다. 그것은 경제의 다른 부분들이 국제시장에서 경쟁력이 낮아지게 만들었다. 그것만이 문제가 아니라 가스 추출이 자본집약적인 사업이라서 일자리를 거의 만들어내지 못했다. 길더가 너무 빠르게 평가되는 것을 중지시키려는 시도에서 네덜란드는 금리를 낮게 유지했다. 그것은 투자가 해외로 빠져 나가도록 촉발시켰고, 미래의 경제적 잠재력을 방해하였다.
자세한 내용은 다음의 링크를 참조.
https://www.economist.com/blogs/economist - explains/2014/11/economist - explains - 2
http://lexicon.ft.com/Term?term = dutch - disease

200) 사회경제위원회는 한층 구조적이고 장기적인 사회경제정책에 관여하고 정부 및 의회에 대한 자문을 목적으로 산업조직법에 근거하여 1950년에 설립되었다.

201) Fabian Dekker(2017), p. 1.

202) ICPM Working Group(2017), p. 1.

203) Karen Anderson(2019)

204) 질병금고령을 대체하였다

205) 1980년대에는 60여 개의 질병보험금고가 존재하였다

206) 이 같은 가입대상 확대로 제도의 가입요건이 고용상태에서 수입수준으로 바뀌었는데 이는 건강보험이 지닌 비스마르크적 제도 특성을 변경한 것을 의미한다. 1999년에는 가입자가 1백만 명이 넘는 거대 질병금고가 6개나 생겨났고 이들 금고 가입자는 1천만 명으로 전체 국민의 60%를 포괄하게 되었다.

207) 특별의료비보상제도AWBZ(1968)는 강제가입 전 국민 건강보험으로 1년 이상 장기입원, 정신과치료, 고령자 장애자 시설, 재택 요양 등이 급여대상이다. 2000년대 초 기준 전체 의료비의 44%를 점하며 2005년 개혁 이전 건강보험의 제1영역이었다. 제2영역은 급성질환으로 질병금고(동 37%)와 민간보험(동 16%)이 제공하고 제3영역은 건강보험 외 보충형 민영 건강보험(3%) 영역이다. 佐藤圭光(2007) pp. 42~43

208) 네덜란드 정부의 규제는 모든 국민에 대한 강제의료보험, 보험자에 대한 위험조정인두불제, 반카르텔 정책, 의료의 질에 대한 통제와 정보의 공시 등을 중심으로 이루어지고 있다.

이러한 사항은 규제의 완화가 아니라 재규제(re‑regulation)를 의미하는 것이다.

209) Myles(2002) pp. 138~139.

210) OECD(2013), pp. 49~52.

211) René Böheim(2014)

212) 한요셉(2019)

213) 관계부처 합동(2020)

214) OECD(2020), pp. 51~67.

215) AARP(2020)

216) OECD(2020), p. 10.

217) 소득인정액 = 소득평가액(실제소득 ‑ 가구특성별 지출비용 ‑ 근로소득공제) + 재산의 소득환산액[(재산 ‑ 기본재산액 ‑ 부채) × 소득환산율]
다만, 소득평가액 및 재산의 소득환산액이 (‑)인 경우는 0원으로 처리

218) 일하는 청년 생계 수급자가 청년희망키움통장을 통해 본인의 가처분 소득 감소 없이 자산을 축적하고, 청년의 자립을 위한 특화된 금융교육과 복지서비스 및 근로유인보상 체계의 결합으로 빈곤의 대물림 예방하는 제도이다.

219) 단, 6개월간 50만 원씩을 전액지원을 받은 경우는 제외된다.

220) 서강대 현대정치연구소(2019)

221) 곽민서(2020)

222) 2020년 7월 26일 11시 40분에 건강보험심사평가원에서 검색한 결과이다. https://www.hira.or.kr/re/diag/hospitalTeme.do?pgmid=HIRAA030009040000

223) 국민건강보험공단(2019)

224) 보건복지부(2020)

225) 「초고령사회 예상 2025년 노인진료비 58조 원…8년 새 83%↑」, 『국제신문』, 2019. 10. 6.

226) 신현웅(2020), pp. 10~11.

227) 싱가포르에서 병실은 A, B1, B2, C형으로 나뉘는데, A형은 1인실, B1형은 4인실, B2형은 5~6인실, C형은 9인실이다.

228) 이와 관련하여 자세한 내용은 Ministry of Health(2014) 참조

229) IPs는 1994년에 민간의료보험제도PMIS: Private Medical Insurance Scheme라는 명칭으로 도입되었는데, 2005년에 재구조화 과정을 거쳐 IPs로 명칭이 변경되었다. IPs는 두 부분으로 구성되어 있다. 첫 번째 부분은 CPF가 운영하는 메디쉴드 라이프Medishield Life이며, 두 번째 부분은 민영 보험회사가 제공하는 추가민영보험이다. 메디쉴드 라이프와 추가민영보험 간에는 중복된 보장은 제공되지 않으며, 보건당국이 갱신 보증과 공동지불(co‑payments) 특징을 요구하고 있다. IPs는 보험금 지급률claims ratio이 최근 급증하면서 2015년에는 82%에 이르렀고 언더라이팅 마진도 ‑5%가 되어 처음으로 적자를 기록했다.

230) OECD(2019a), p. 153.

231) Lim(2002), pp. 302~3; Schreyögg(2003), pp. 78~86.

232) 급증하는 보험플랜(IPs)의 클레임 비용에 대처하기 위해 보건부와 싱가포르생명보험협회의 주도로 2016년 2월에 구성되었다.

233) HITF(2016), pp. 9~23.

234) Olivier J. Wouters et al.(2016)

235) World Health Organization(2000)

236) Douglas and MacCulloch(2017)

237) 2010년 기준을 환자 본인의 계좌에서 나온 자금의 비율은 56%에 지나지 않았다.

238) William Haseltine (2013)

239) Timothy Ho, "Singapore's Healthcare Outcomes Are Among The Best In The World. Why Is The Government Still Planning To Spend More?", *Dollars and Sense*, February 9, 2018.

240) Ministry of Health 홈페이지(https://www.moh.gov.sg/resources−statistics/singapore−health−facts/government−health−expenditure−and−healthcare−financing)

241) 강길원(2016), p. 39.

242) 건강보험심사평가원 홈페이지
https://www.hira.or.kr/dummy.do?pgmid=HIRAA030066000000

243) 「에이치플러스 양지병원, 신포괄수가제 시범 의료기관 지정」, 『메디포뉴스』, 2020년 1월 2일.

244) 보건복지부·국민건강보험공단·건강보험심사평가원(2018), pp. 7~8.

245) 보건복지부·국민건강보험공단·건강보험심사평가원(2018), pp. 12.

246) 정성희·문혜정(2020)

247) 국회 보건복지위원회 김광수 의원(민주평화당)이 여론조사 전문기관 타임리서치에 의뢰해 2019년 9월 26~27일 이틀간 전국 만 19세 이상 성인남녀 1천11명을 대상으로 조사하였다.

248) 서한기, 「국민 52%, 국민연금 고갈 예상돼 불안…보험료 인상도 반대」, 『연합뉴스』, 2019. 10. 2.

249) 한국리서치에 의뢰하여 전국 만 18세 이상 성인남녀 2,000명을 대상으로 전화면접조사를 실시했다.

250) 리스터연금에 대해 긍정적 평가만 있는 것은 아니다. 예를 들어 리스터 연금제도는 저소득 계층이나 자녀가 있는 경우 그리고 결혼한 경우에 유리한 것으로 예상되었으나 실제 가입자는 소득이 높은 경우에 그리고 자녀 유무와 결혼 여부에 상관없이 가입되는 현상을 보였다는 비판도 있다. 유호선 외(2017) 참조.

251) 정원석(2018)

252) Social Security Administration(2020)

253) 기획재정부(2020a), p. 3.

254) 기획재정부(2020c)

255) 국회 예산정책처(2020), p. 102.

256) 권순미(2019)

257) 채병완·이성주(2020)a, p. 176, 전승훈(2019), p. 117.

258) 국회 예산정책처(2020), pp. 41~43.

259) 자동화세에 관해서는 OOI, Vincent and Glendon Goh(2019) 참조

260) van der Aa et al.(2017), p. 3.

저자 소개

오영수

김·장 법률사무소 고문. 성균관대학교 경제학과를 졸업하고, 동 대학원에서 경제학석사와 경제학박사 학위를 취득하였다.

보험개발원 보험연구소장과 보험연구원 정책연구실장, 고령화연구실장을 맡아 고령화, 연금, 건강보험 분야의 연구를 하였다.

저서로는 ≪국가와 기업의 초고령사회 성공전략≫(공저, 2021), ≪백세시대 생애설계≫(공저, 2020), ≪내 연금이 불안하다≫(공저, 2020), ≪건강보험의 진화와 미래≫(공저, 2012), ≪연금의 진화와 미래≫(공저, 2010), ≪은퇴혁명시대의 노후설계≫(2004)가 있다.

고령사회의 사회보장과 세대충돌
– 고용, 사회보험, 민간보험, 조세의 조합을 통한 대안 모색

초판발행   2021년 4월 15일

지은이   오영수
펴낸이   안종만 · 안상준

편 집   배규호
기획/마케팅   정연환
표지디자인   박현정
제 작   고철민 · 조영환

펴낸곳   (주) **박영사**
                 서울특별시 금천구 가산디지털2로 53, 210호(가산동, 한라시그마밸리)
                 등록 1959. 3. 11. 제300-1959-1호(倫)

전 화   02)733-6771
f a x   02)736-4818
e-mail   pys@pybook.co.kr
homepage   www.pybook.co.kr
ISBN   979-11-303-1255-2 03320

* 본 저서는 (사)대산신용호기념사업회의 지원을 받아 연구되었습니다.

정 가   15,000원